怀集县革命老区发展史

怀集县革命老区发展史编委会　编

SPM 南方出版传媒 广东人民出版社

·广州·

图书在版编目（CIP）数据

怀集县革命老区发展史 / 怀集县革命老区发展史编委会编. —广州：广东人民出版社，2021.7
（全国革命老区县发展史丛书·广东卷）
ISBN 978-7-218-14781-9

Ⅰ. ①怀… Ⅱ. ①怀… Ⅲ. ①怀集县—地方史 Ⅳ. ①K296.54

中国版本图书馆 CIP 数据核字（2020）第 250336 号

HUAIJI XIAN GEMING LAOQU FAZHANSHI
怀集县革命老区发展史
怀集县革命老区发展史编委会 编

出 版 人：肖风华

责任编辑：廖智聪
装帧设计：张力平等
责任技编：吴彦斌　周星奎

出版发行　广东人民出版社
地　　址：广州市海珠区新港西路 204 号 2 号楼（邮政编码：510300）
电　　话：（020）85716809（总编室）
传　　真：（020）85716872
网　　址：http://www.gdpph.com
印　　刷：广州市浩诚印刷有限公司
开　　本：715mm×995mm　1/16
印　　张：21.5　插　页：16　字　数：260 千
版　　次：2021 年 7 月第 1 版
印　　次：2021 年 7 月第 1 次印刷
定　　价：72.00 元

微信扫描二维码 ◀◀◀
您立即获得本书主要内容/
丛书介绍。

广东省编纂《革命老区县发展史》丛书
指导小组

组　　长：陈开枝（广东省老区建设促进会会长）

副组长：林华景（广东省老区建设促进会常务副会长）

　　　　宋宗约（广东省农业农村厅二级巡视员、广东省老
　　　　　　　　区建设促进会副会长）

　　　　刘文炎（广东省老区建设促进会副会长）

　　　　郑木胜（广东省老区建设促进会副会长）

　　　　姚泽源（广东省老区建设促进会副会长兼秘书长）

　　　　谭世勋（广东省老区建设促进会副会长）

　　　　廖纪坤（广东省农业农村厅总经济师）

办公室

主　　任：姚泽源（兼）

副主任：韦　　浩（广东省农业农村厅扶贫协作与老区建设处
　　　　　　　　　处长）

　　　　柯绍华（广东省老区建设促进会副秘书长）

　　　　伍依丽（广东省老区建设促进会副秘书长）

《怀集县革命老区发展史》编纂委员会

一、2018 年 5 月 10 日

顾　　问：刘卫红　　申翰杰

编委会

主　　任：温天蔚

副主任：陈任光　　倪罗桥　　黄长健　　植玉威　　林　昉

委　　员：梁杰恒　　植伟平　　李冠强　　梁勇新　　严耿文

　　　　　苏寅莲　　聂树华　　李锟安　　谢活信　　李天斌

　　　　　高克聪　　阎海鸿　　卢罗生　　邓丁茂　　谢忠诚

　　　　　何志刚　　丘全胜　　梁沂清　　黄肖璋　　梁罗河

　　　　　吴群峰　　梁汝稳　　罗　远　　朱志勇　　陈始冰

　　　　　郑静生　　石钟洪　　刘海全　　邓洛然

二、2019 年 5 月 31 日

顾　　问：黎晓华　　陈树源

编委会

主　　任：温天蔚

副主任：陈任光　　黄长健　　植玉威　　倪罗桥　　林　昉

委　员：梁杰恒　丘全胜　李冠强　梁勇新　何志刚
　　　　苏寅莲　黄安权　谢活信　李天斌　高克聪
　　　　阎海鸿　植嘉升　聂树华　邓丁茂　盘卫平
　　　　李锟安　梁沂清　梁罗河　吴群峰　梁汝稳
　　　　罗　远　朱志勇　陈始冰　石钟洪　孔令云
　　　　陈志根　刘海全　邓洛然

三、编委会办公室

主　任：林　昉（兼任）

在举国欢庆新中国成立70周年前夕，中国老区建设促进会王健会长请我为《全国革命老区县发展史》丛书作序，作为一名在老区战斗过并得到老区人民生死相助的老兵，回首往事，心潮澎湃，感慨万千，深感义不容辞，欣然应允。

中国革命老区，是以毛泽东为代表的中国共产党人在领导人民推翻帝国主义、封建主义和官僚资本主义三座大山，争取民族独立和人民解放伟大斗争中建立的革命根据地，在这片红色的土地上，诞生了无数可歌可泣的革命英雄儿女，为后人树起了一座不朽的丰碑，她是新中国的摇篮，是党和军队的根。

在艰苦卓绝的战争年代，老区人民把自己的命运与中华民族的命运紧紧地联系在一起，与中国共产党和人民军队的命运紧紧地联系在一起，他们生死相依，患难与共。我曾亲历过战争年代，并得到过老区红哥红嫂的救助，切身感受到发生在身边的一幕幕撼天动地的革命故事，在那极其艰难的条件下，老区人民倾其所有、破家支前，不怕艰难困苦，不怕流血牺牲。"最后一碗米送去做军粮，最后一尺布送去做军装，最后一件老棉袄盖在担架上，最后一个亲骨肉送去上战场"，这是当时伟大的老区人民为建立新中国做出巨大牺牲的真实写照，它将永远镌刻在中国共产党、中国人民解放军、中华人民共和国的历史丰碑上。他们的光辉业绩永载史册，他们的革命精神必将影响一代又一代的革命新人，造就一代又一代的民族脊梁。

在社会主义革命和建设时期，革命老区和老区人民响应党的号召，面对落后的面貌、脆弱的经济、恶劣的生态环境，他们本色不变，精神不丢，自力更生，艰苦奋斗，干一行爱一行。始终坚持"革命理想高于天"，自觉做共产主义远大理想的坚定信仰者和忠实实践者，勇于向恶劣的自然环境和贫穷落后宣战，他们在各条战线上为国建功立业，用平凡的双手创造了一个又一个不平凡的奇迹，彰显了老区人的崇高精神和人格力量。

在改革开放的伟大进程中，老区人民解放思想，勇于创新，发奋图强，攻坚克难，老区的经济社会建设取得了辉煌成就。特别是在改变中国的面貌、中华民族的面貌、中国人民的面貌、中国共产党的面貌的伟大实践中发挥了至关重要的作用。老区人民既是改革开放的参与者，也是改革开放的推动者。

艰苦练意志，危难见精神。老区人民在近百年的革命战争、社会主义建设和改革开放的伟大实践中，孕育形成了伟大的老区精神：爱党信党、坚定不移的理想信念；舍生忘死、无私奉献的博大胸怀；不屈不挠、敢于胜利的英雄气概；自强不息、艰苦奋斗的顽强斗志；求真务实、开拓创新的科学态度；鱼水情深、生死相依的光荣传统。这是党和人民宝贵的精神财富、丰厚的政治资源，是凝心聚力、振奋民族精神的重要法宝，也是社会主义核心价值观的重要内容。

中国老区建设促进会怀着强烈的政治责任感和历史使命感，组织全国各地老促会人员克服困难，尽心竭力编纂《全国革命老区县发展史》丛书，记录老区的光辉历史和辉煌成就，传承红色基因，弘扬老区精神，是功在当代、利及千秋的一件大事。手捧这部丛书的部分书稿，读着书中的故事，倍感亲切，深感这部丛书具有资政、育人、存史的社会功能，有着重要的时代和历史价值。它是不忘初心、牢记使命的源头活水，是赞颂共产党、讴歌老区人民的一部精品力作，是弘扬老区精神、传承红色记忆的丰厚载体，是一项继承优秀传统文化、弘扬革命文化、发展社会主义先进文化，坚定"四个自信"的宏大文化工程。它必将成为一种文化品牌，为各界人士了解老区宣传老区支持老区提供一部有价值的研究史料。希望读者朋友们能从中了解并牢记这些为党和民族的利益不断奉献的老区人民，从中得到教益，汲取人生奋斗的精神动力。

　　新时代赋予新使命，新起点开启新征程。让我们更加紧密地团结在以习近平同志为核心的党中央周围，坚持以习近平新时代中国特色社会主义思想为指导，增强"四个意识"，坚定"四个自信"，做到"两个维护"，弘扬老区精神，铭记苦难辉煌。为实现"两个一百年"奋斗目标，实现中华民族伟大复兴的中国梦作出新的更大的贡献！

2019 年 4 月 11 日

2017 年 6 月，中国老区建设促进会组织全国各地老促会启动编纂《全国革命老区县发展史》丛书，按照"建立中国共产党、成立中华人民共和国、推进改革开放和中国特色社会主义事业"三大里程碑的历史脉络，系统书写革命老区百年历史，深入挖掘革命老区红色文化资源，这对于充实丰富中国革命史籍宝库、在新时代传承红色基因、弘扬革命精神、强固根本，对于激励人们在新的历史条件下夺取中国特色社会主义伟大胜利，实现中华民族伟大复兴的中国梦具有重要意义。

丛书编纂以习近平新时代中国特色社会主义思想为指导，以《中国共产党历史》《中国共产党的九十年》等重要文献为基本依据，以党的领导为核心，以老区人民为主体，以老区发展为主线，体现历史进程特征，突出时代发展特色，坚持辩证唯物主义和历史唯物主义相统一、历史真实性与内容可读性相统一的原则，书写革命老区从站起来、富起来到强起来的光辉革命史、不懈奋斗史、辉煌成就史，把老区人民的伟大贡献、伟大创造、伟大成就、伟大精神充分展示出来，形成一部具有厚重历史特征和鲜明时代特色的精品力作。这是一部培根铸魂、守正创新，既为历史立言，又为时代服务，字里行间流淌着红色血脉、催生着革命激情的传世之作。丛书的编纂出版将成为讴歌党讴歌人民讴歌时代、传播红色文化、为革命老区和老区人民树碑立传的重要载体。

　　丛书按照编年体与纪事本末体相结合、以编年体为主的编写体例确定框架结构；运用时经事纬、点面结合的方式记述史实；坚持人事结合、以事带人的原则处理人与事的关系；采取夹叙夹议、叙论结合以叙为主的方法展开内容。做到了史料与史论、历史与现实、政治与学术统一，文献性、学术性、知识性相兼容。

　　为编纂好《全国革命老区县发展史》丛书，打造红色文化品牌，中国老区建设促进会认真组织积极协调，提出政治立场鲜明、史料真实准确、思想论述深刻、历史维度厚重、时代特色突出、编写体例规范、篇目布局合理、审读把关严格、出版制作精良的编纂出版总要求，力求达到革命史籍精品的精神高度、思想深度、知识广度、语言力度，增强丛书的权威性和社会影响力。各省（区、市）、市（州、盟）、县（市、区、旗）老促会的同志，以强烈的使命感、责任感和紧迫感，勇于担当，积极作为，认真实施，组织由老促会成员、专家学者等参加的十余万人编纂队伍。编纂工作主体责任在县，省、市组织协调、有力指导、审读把关。各方面人员以高度负责的精神和科学严谨的态度，满腔热情地投入工作，为丛书编纂出版做出了重要贡献。丛书编纂工作还得到了党和国家有关部委、地方各级党委政府及有关部门的大力支持和积极参与，社会各界也给予了热情帮助。中共中央政治局原委员、中央军委原副主席、原国务委员兼国防部长迟浩田上将，对老区人民怀有深厚感情，对革命老区建设发展十分关注，欣然为《全国革命老区县发展史》丛书作总序。

　　丛书由总册和 1599 部分册（每个革命老区县编纂 1 部分册）组成，共 1600 册。鉴于丛书所记述的史实内容多、时间跨度长和编纂时间紧，不妥之处，敬请批评指正。

中国老区建设促进会

怀集大地的绿色俯览

坐落于洽水镇境内海拔
1626 米的怀集县最高峰大
稠顶（也是肇庆市第一高
峰）

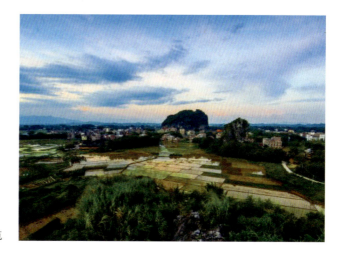

怀集县花石十三峰俯览

怀集县溶岩风光

怀集县西部盆地

坐落于洽水镇，石垒大
坝高达 110.73 米的高塘
水库形成的高山平湖

20 世纪 70 年代初进行的简单
机械化插秧试验

1972 年凤岗公社的围洲造田

坐落于洽水镇的新湾水电站大坝

1960 年建成的怀集县三坑水库大坝

20 世纪 70 年代初农村因陋就简建造农田灌溉渡槽

怀集县西部粮食产区田园

21 世纪初怀集县开始使用农机收割水稻

21 世纪初怀集县西部平原的蔬菜大棚种植基地

20 世纪 70 年代怀集县境的绿色山林

21 世纪初的怀集县新岗茶园

20 世纪 70 年代中期凤岗河上放运的木排

20 世纪 70 年代前期林区公社林农搭起木桥进行山场木材运输

20 世纪 70 年代坳仔森工站工人在绥江河上扎木排

20 世纪 70 年代前期洽水公社采用架空索道装载木材

21 世纪初仍存活的坐落于洽水镇石莹村的珍稀植物红豆杉

21 世纪初怀集县新岗林区的雪满林梢

怀集县优质杉林

地标名产——怀集茶秆竹

地标名产——桥头石山羊

怀集县自然保护区的桫椤

20 世纪 70 年代前期怀集县
绥江河畔的茶秆竹沙洗加工

20 世纪 70 年代中期怀集县竹木工艺的生产车间

1986 年怀集县引进外资创办的微粒板厂建成投产

怀集登云汽配公司新厂区的全自动生产线

坐落于怀集县城城南，建设初具规模的中山大涌（怀集）产业转移工业园区

怀集县长林化工有限责任公司生产的松香化工产品

广佛肇（怀集）经济合作区管委会大楼

广佛肇（怀集）经济合作区一隅

20 世纪 50 年代停泊于怀集县
城绥江河面的船只

1959 年建成的木桁架怀城大桥

20 世纪 90 年代建设的怀集县城
绥江河面第二桥——金鸡大桥

20 世纪 70 年代农村群众的交通出行

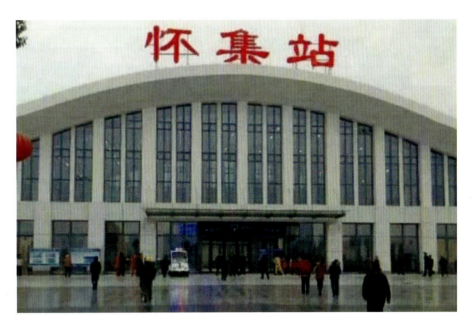

怀集高铁站

怀集汽车站

并行通过怀集大地的
高速公路和高速铁路

坐落于县城城东绥江河边的
广东省文物保护单位——怀
城文昌阁

20 世纪 30 年代前
期建成的怀集县立
图书馆旧址

怀集商业步行街

2010年易址建设,
位于县城西区登云
路的怀集县图书馆
和博物馆

21世纪初的怀集
县城沿江路

怀集县城宽阔整洁的街道一隅

怀集县污水处理厂一角

怀集县城俯览

20 世纪 20 年代中后期的甘洒区乡农民协会联合会印章

收藏于怀集县博物馆的革命文物——游击队使用过的照明灯具

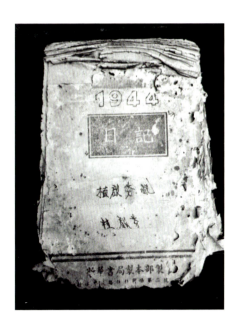

革命烈士植启芬的读书笔记

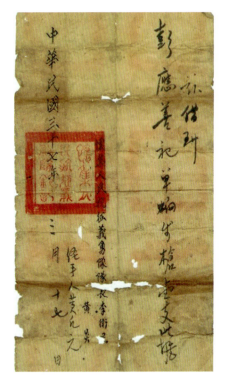

游击队借枪的借据

中共绥江地委、绥贺支队司令部和六龙坑乡人民政府旧址（诗洞镇健营村琴寮）

怀东大队部旧址——凤岗上蹬村周氏厅屋

邓拔奇烈士故居

钱兴烈士故居

怀集县烈士陵园

坐落在甘洒镇罗密村的黄凡元三烈士墓

坐落在诗洞镇凤艳村的平山岗革命烈士纪念碑

甘洒镇罗密村宥孙祠

革命烈士证

游击根据地证书

老区镇洽水镇的秋葵种植基地

老区镇洽水镇的莲子种植基地

老区镇甘洒镇的小竹松岗茶园

老区镇诗洞镇的果园基地

坳仔镇老区村七甲村的茄瓜基地

凤岗镇特产"六十日"黄菜

诗洞镇特产"诗洞腐竹"

坳仔镇茶秆竹晒场的茶秆竹"竹塔"

坳仔镇的茶秆竹加工车间

凤岗镇的拱形大桥和水电站蓄水坝

凤岗镇老区村上南坑村的公交候车亭

老区镇诗洞镇圩镇俯览

冶水镇老区村社背村
一桥连两岸，改善群
众出行条件

凤岗镇新圩镇沿江路段

凤岗镇老区村上
磴村俯览

坳仔镇老区村七甲
村俯览

老区镇洽水镇圩镇新貌

甘洒镇老区村永
富村俯览

甘洒镇老区村罗
密村的田园

凤岗镇老区村上南
坑村的文体广场

凤岗镇老区村四村村
的四村小学在老区建
设中修建的教学楼

甘洒镇老区村南洞村
邵屋整体搬迁建设的
新村

诗洞镇老区村凤南村
的村落田园

怀城镇老区村珠洞村
的文昌阁

怀城镇老区村珠洞
村的文化广场

老区镇冶水镇初级
中学校园俯览

永固镇老区村朝进村的
朝进完全小学

永固镇老区村罗脚村的文化楼

老区镇甘洒镇的卫生院

老区镇诗洞镇的卫生院

2013 年 4 月，怀集县获全国绿化委员会颁发的"全国绿化模范单位"牌匾

2017 年 8 月，怀集县人民政府被国家体育总局授予"2013—2016 年度群众体育先进单位"称号

微信扫描二维码
您立即开展本书的
延伸阅读。

先烈捐躯洒热血，初心原是为人民。编纂《怀集县革命老区发展史》，是按照全国老促会统一组织、安排和执行广东省老促会的统一要求、规定而进行的。

《怀集县革命老区发展史》以怀集县域为范围，革命老区镇为主体，"发展"为主题，连接从 20 世纪 20 年代大革命开始至 2016 年的时空，设立章节进行记述。其中，记载"革命斗争"，在于让新一代加深了解革命先烈不怕牺牲都要革命、革命老区人民无所畏惧倾家荡产都支持斗争的"初心"，知道他们"为有牺牲多壮志"的那份意气，敬仰他们"敢教日月换新天"的那种斗志，珍惜他们历尽艰难，以流血牺牲迎来建立人民当家做主的新社会，使劳苦大众过上自由幸福的好日子；记载"建设发展"，在于回顾中华人民共和国成立以来，作为主人的我们，在中国共产党领导下，热爱新社会、拥抱新时代，意气风发地进行社会主义建设、同心协力改善人民生活，我们重视并用力推进革命老区建设，从而激发新社会新一代青少年"感恩革命先烈""感恩老区人民"的思想情感和担当精神；史稿所记载的革命遗址、文物、纪念场馆，以及人物传记的斗争事迹、革命英烈等，在于缅怀革命先烈、传承革命精神，从而"不忘初心、牢记使命"。其中，《怀集县革命老区发展史》专节记述"促进老区的专项建设",专章记述"革命老区村概况"①,既反映革命老区的"发展"和"现状",也借以认知今后仍需不断推进革命老区镇、革命老区村的建设发展。

现在,《怀集县革命老区发展史》付梓出版,希望它能成为怀集县人民大众的阅读新文本,成为人们了解怀集革命老区人民的革命斗争史迹,助推革命老区建设发展的地方新读物。在此,恳切感谢上级老促会的指导帮助,感谢县内相关单位、老区镇的协同工作,感谢编纂人员的用心编写!

《怀集县革命老区发展史》编纂委员会
2020 年 4 月

---

① 在革命老区的评定中,只有镇和自然村两级,但怀集县绝大部分有革命老区自然村的行政村皆为全域革命老区,且为行文方便,故本书将有革命老区自然村的行政村也称为革命老区村,特此说明。

一、敬礼 这一处古老土地

怀集大地，一处古老的土地，远古属于百越之地，秦朝统一岭南后怀集境域分属南海郡和桂林郡。南朝刘宋元嘉十三年（436年），分四会县银屯乡设置怀集县，唐代有永固县来属，宋朝有洊水县并入，而形成今怀集县的基本县域。元朝改隶湖广中书行省贺州。明朝改隶广西梧州府。1952年3月划归广东省，现辖于广东省肇庆市。怀集置县至今1500多年，"七百余载属桂，八百多年属粤"。

怀集大地，坐落南岭山地延伸地带，四围环山，山谷、盆地错落其间。其地貌山河向有"耸一顶雄三岳秀六十峰""浩一江流两河秀廿一水"（指域内的大稠顶，头岳二岳三岳和海拔1000米以上的山峰60多座；流经域内的绥江，凤岗河、中洲河与呈叶脉状分布的21条支流）之说。土地面积3554.07平方公里，呈"八成山地一成田，半成河流半成村"的生态环境。

怀集县，地处绥江上游，广东省西北部，邻桂近湘，自古是岭南岭北民族文化往来走廊，今属粤西北深入祖国大西南的门户。以县城为中心，一水东流直注珠江，陆路走省道可东南去广州、西北越连山县而入湘，西行可抵广西梧州、贺州以远，东过阳山进粤北可往赣南，南穿德庆过西江可往湛江、海南；又有二广

（内蒙古二连浩特至广东广州）高速公路、昆汕（云南昆明至广东汕头）高速公路和贵广（贵州贵阳至广东广州）高速铁路越过县境，并设置多个出入口，交通方便。

怀集县，山地广阔，以多产木材闻名，盛产的怀集茶秆竹有"钢竹"美誉，怀集西部盆地盛产稻粮，以"谷米之乡"见称。2016 年，全县总人口 1108543 人，粮食总产 27.32 万吨，社会总产出 5347035 万元。

二、壮哉 这一方热土的革命先烈

怀集大地，距今五六千年的新石器时代就有人类在此生息繁衍，世代传承，养成其人民勇于担当、追求真理、不怕牺牲的禀性。进入现代，反对压迫和剥削，追求自由与幸福，怀集人民革命精神昂扬，革命斗争不止。20 世纪 20 年代大革命时期，有南区诗洞、东区甘洒等处农民运动兴起，怀集县成为当时广西农民运动开展较好的县份之一；20 世纪 40 年代中后期的解放战争时期，怀东地区、怀南地区相继组织游击队开展武装斗争，1947 年 12 月建立怀集县第一个红色革命政权——六龙坑乡人民政府，红旗飘扬，烈火燃烧，直接震动两广反动统治。

革命斗争中，这一方不少英勇儿女流血牺牲，不少村寨人民为革命致倾家荡产，描绘"怀东风云""怀南烽火"画卷，传留夜克反动乡警炮楼和成功反击当局"围剿"的故事，谱写 1949 年 11 月 24 日怀集解放的篇章，珍存邓拔奇、钱兴等英烈史迹和 200 多名烈士血染风采的记载，焕发教育后代不忘先烈用心的革命精神。缅怀先烈，感恩根据地人民。经 20 世纪 50 年代的申报和 90 年代的评划，2016 年怀集县拥有革命老区镇、村和自然村分别为 4 个、54 个与 10 个。

三、建设　中华人民共和国成立以来这一方经济社会发展

怀集县，自怀集解放之日起至 2016 年，历经 60 多年的建设推进，开拓创新，经济社会得到长足发展，人民生活日趋安康幸福。

农业生产方面。20 世纪 50 年代土地改革，贫苦大众获得土地，从个体生产到合作社小集体生产，再到人民公社大集体生产，人民群众勤奋苦干，取得崭新变化，全县农业总产值 1960 年为 4962 万元，分别比 1949 年 4036 万元、1957 年 7480 万元增长 22.94%、减少 33.66%。20 世纪 60—70 年代中后期，先是落实国家的农村政策，以生产队为基本计算单位开展生产，"文化大革命"期间虽受冲击，但人民群众仍"抓革命、促生产"，全县农业总产值 1965 年、1970 年和 1978 年各为 9343 万元、9772 万元、10774 万元（各年按 1980 年不变价），仍然取得增长。1978 年 12 月开始实行改革开放，接着农业生产实行家庭联产承包责任制，发挥农民积极性。20 世纪 90 年代推行农业股份合作制，全县农业总产值 1980 年为 10542 万元，1990 年 64259 万元，2000 年 296920 万元。2001—2016 年，推动商品化、基地化建设，全县农业总产值 2010 年 527589 万元，2016 年 908311 万元。

工业生产方面。20 世纪 50 年代初从厂家稀少、分布零星、设备简陋和技术落后的基础起步，大力发展地方国营工业，全县工业产值 1960 年为 3390 万元，分别比 1949 年 1030 万元、1957 年 3317 万元增长 229.13%、2.20%。20 世纪 60—70 年代中后期，推进地方国营工业和社队、街道集体工（企）业发展，形成系列的工业门类，全县工业总产值 1965 年为 3813 万元，1970 年 4935 万元，1978 年 7069 万元（各年按 1980 年不变价），不断发展。20 世纪 80 年代至 2000 年，改革开放中以"体制改革，资产

重组""多元资金投入建设"和"推动资源型工业发展"为抓手推进工业生产，发展工业门类，全县工业产值1980年7217万元，1990年32509万元，2000年373403万元。2001—2016年，继续国有工业的资产重组，抓促工业提高科技含量、发展民营企业和推动工业园区建设，全县工业总产值2010年、2016年各为720386万元、1891942万元（1980—2016年为当年价）。

中华人民共和国成立以来，怀集县推进各项基础设施建设，至2016年形成硬底化村道、乡道、县道、省道和高速公路、高速铁路（2014年12月26日开通）同构的交通网络，本地水力发电和并合南方大电网稳定供电联结的用电环境，乡村、中心地段和县城大医院加农村医保组构的医疗治病防患体系，幼儿、小学、中学、职业技校和远程教育俱有的教育格局，以及广播电视、互联网同供使用、乡村文化文娱活动活跃的一体气象。同时，发扬革命传统，推进革命老区建设，形成洽水、凤岗、甘洒、诗洞和永固诸镇的以林为主的林区生产，坳仔和怀城两镇的茶秆竹种植利用，洽水镇的矿产、水能资源的开发利用，凤岗镇水电站建设，诗洞、永固两镇开发山地扩大经济林生产的经济建设，以及抓促基础设施、文教卫生事业建设，2000年以来连续解决革命老区群众"读书难""看病难""交通难"等问题，促进革命老区的经济社会发展。

表0-1　怀集县1949—1978年工农业产值统计表

年份	工农业总产值（万元）	全县人均产值（元）	工业产值（万元）	农业产值（万元）
1949	5066	163.66	1030	4036
1952	7095	220.14	1643	5452
1957	10797	304.8	3317	7480

（续表）

年份	工农业总产值（万元）	全县人均产值（元）	工业产值（万元）	农业产值（万元）
1962	8397	225.26	2374	6023
1965	13156	323.16	3813	9343
1967	13907	320.93	3599	10308
1968	12839	287.83	3410	9429
1969	13185	285.26	3563	9622
1970	14707	305.72	4935	9772
1975	16993	311.4	6321	10672
1978	17843	311.63	7069	10774

注：表中数值按 1980 年不变价计算

表0-2 怀集县1979—2016年多个年份多项国民经济指标统计表

年份	社会生产总值（万元）	全县人均产值（元）	工农业总产值（万元）	全县人均产值（元）	工业总产值（万元）	农业总产值（万元）	地方财政收入（万元）	全县人均收入（元）	总税收入（万元）	全县人均税收（元）
1979	19665	340	16306	282	7130	9176	818	14	687	12
1980	22223	376	17759	300	7217	10542	906	15	779	13
1985	41378	641	35610	552	9644	25966	1031	16	1013	15
1990	112745	1615	96768	1386	32509	64259	2571	36	2744	38
1995	581727	7604	476372	6227	237142	239230	4721	61	5929	76
2000	998336	10970	670323	7366	373403	296920	9900	109	4981	55
2005	945215	11944.70	523539	6616	187837	335702	16868.8	213.20	9800.50	123.85
2010	2399974	29430.50	1247975	15303.70	720386	527589	61396	752.90	22327.80	273.80
2016	5084133	60482.20	2800253	34091.10	1891942	908311	49439	588.10	31700.10	377

注：以上产值均为当年价数

第一章

概况

第一节 怀集县概况

一、建置沿革　地理位置

南朝刘宋元嘉十三年（436 年）设立怀集县，属绥建郡，齐、梁、陈三代（479—589 年）和隋朝至唐朝，俱属南海郡。唐朝开元二年（714 年）永固县并入怀集县，五代（907—960 年）怀集属南汉兴王府（广州），宋朝开宝五年（972 年）洊水县并入怀集县，自此形成今怀集县基本境域。元朝至元十五年（1278 年）改属贺州，明朝洪武九年（1376 年）十月至清朝光绪三十三年（1907 年）属梧州府，光绪三十四年改隶广西平乐府信都厅，民国元年（1912 年）属梧州府，后属广西省平乐专区管辖（以下略"管辖"一词）。1949 年 11 月 24 日怀集县解放，1952 年 3 月划归广东省，属西江专员公署，1956 年 1 月属高要专员公署。1958 年 11 月怀集、开建两县合并称为怀建县，属江门专员公署，1959 年 1 月复称怀集县；1961 年 4 月析出原开建县地，怀集属肇庆专员公署。1980 年属肇庆地区行政公署，1988 年 1 月属地区级肇庆市至 2016 年不变。

怀集立县时，刘宋皇朝为宣示其安抚、绥怀而和集此地以越族人为主的居民，遂取此名。《怀集县志》（清乾隆本）载"或以民瑶杂居，欲长民者绥怀而集之也"。

怀集县位于北回归线北侧，处粤、桂、湘结合部，是广东省接桂邻湘门户之一。县城距广州市区、肇庆城区分别为 137 公里、97.5 公里。地理坐标在北纬 23°28′07″ ~ 24°23′31″、东经 111°51′09″ ~ 112°30′08″之间。东接广宁、阳山两县，西邻封开县和广西贺州市，南连德庆县，北接连山、连南两县。总面积 3554.07 平方公里。

二、地形地貌　气候

怀集县地处南岭山地延伸地带，地貌大致分为西部盆地地区，中、南部低丘和高丘地区，东、北、西北部山地地区等三部分。全县海拔 1000 米以上的山峰 60 座，其中北部 53 座。坐落洽水镇的大稠顶海拔 1626 米，为全县最高峰。全县盆地面积 710 多平方公里，其中西部盆地近 400 平方公里，是县内主要粮产区；丘陵面积 1350 多平方公里；山地面积 1500 平方公里，主要分布在境内东北部和西北部。山上多林木和各种野生动物，地下有多种矿藏。盆地、丘陵、山地各约占总面积的 20%、38%、42%。

县内流域面积 100 平方公里以上的江河有绥江、上帅河、凤岗河、永固河、金装河和太平水、大岗水、冷坑水、马宁水、闸岗水、柑洞水、茶岩水和桃花水。流域面积 100 平方公里以下的小溪、山坑水共 137 条。

县境属亚热带气候，夏长冬短，春比秋长。据县气象局 1957—1985 年的气象资料反映，年平均气温为 20.8℃，1979—2000 年年平均气温为 21.1℃，累年极端最高气温 39.1℃，累年极端最低气温 - 3.9℃；累年平均近地面层温度 24℃，年际变化在 23.3 ~ 24.8℃之间；雨量充沛，1979—2000 年县气象台实测年平均雨量为 1782 毫米；累年年平均日照时数 1828.1 小时；平均相对湿度年际变化、月际变化范围各在 79% ~ 84%、77% ~ 84% 之间。

三、行政区划　资源优势　地方特产　人口

1949 年 11 月 24 日，怀集县解放，行政区划为 5 个区 27 个乡 259 个村街；1950 年 10 月至 1958 年 8 月多次调整。1958 年 9 月成立幸福、东风、东方红、钢铁、超美、火箭、天堂、英雄、共产之路和红旗等人民公社 10 个，以营、连、排编制基层，11 月改以所驻地命名，上述分别改名为怀城、坳仔、凤岗、洽水、梁村、冷坑、永固、诗洞、桥头、中洲等人民公社，下设生产大队、生产队。之后曾有调整，1973 年设公社（镇、场）24 个，1983 年 8 月撤销人民公社建制，全县设立区（镇、场）23 个，下设乡（含 2 个乡级镇）299 个、管理区 5 个和村民委员会 1490 个。1987 年撤区实行镇乡建制，同时并幸福区入怀城镇，全县设 13 个镇（怀城、坳仔、凤岗、洽水、连麦、中洲、梁村、岗坪、大岗、冷坑、马宁、诗洞、桥头）8 个乡（大坑山、闸岗、甘洒、汶朗、蓝钟、永固、泰来等乡和下帅壮族瑶族乡）。镇乡下设管理区、村民小组。1992 年 12 月，保留下帅壮族瑶族乡，其余 7 个乡俱改为镇建制，全县设 20 个镇 1 个乡。1999 年，撤销镇乡基层的管理区，设立村民委员会、村民小组。2002 年、2003 年大坑山镇、泰来镇分别并入怀城镇、中洲镇。2016 年，全县设 18 个镇（怀城、坳仔、凤岗、洽水、连麦、中洲、梁村、岗坪、大岗、冷坑、马宁、诗洞、桥头、闸岗、甘洒、汶朗、蓝钟、永固）1 个民族乡（下帅壮族瑶族乡），下设居委会（社区）23 个、村委会 300 个。

县内主要有森林植被和草甸植被。森林以亚热带丛林为主，其中松树林、杉树林共占山林总面积 60% 以上，2016 年全县森林覆盖率 70.61%。县内河溪多年平均径流量为 40.51 亿立方米，过境客水为 7.96 亿立方米，水力总蕴藏量 37 万千瓦，可开发利用

30万千瓦；全县年均出流地下水10.07亿立方米。怀集县是广东省矿产资源大县之一，至2000年已发现矿产34种，矿产地94处。旅游资源有桥头镇岩溶地貌天然风景名胜、冷坑镇上爱岭禅宗文化址迹、洽水镇大稠顶自然生态森林、中洲镇瀑布、梁村镇"花石洞天"、坳仔镇厘江（绥江河段）竹韵、怀城文阁、纪念孙中山的县立图书馆旧址、凤岗镇热水坑和蓝钟镇岳山温泉，以及梁村、大岗、下帅、凤岗等镇的古村落、古建筑，连麦镇增田埠商埠等自然景观和人文景观。

怀集县解放前有白崖茶、冷瓮茶、黄庆笋、佛灯白菜、梁村苦瓜、七坑冬菇、凉粉草等优质土特产品。如今，农林畜禽土特产主要有甘洒镇、凤岗镇的"六十日"黄菜，桥头镇的"麦粥"（粟米粉与大米合煮）和粟米鸡（三黄鸡），岗坪镇的岗坪切粉；茶叶有凤岗冷瓮茶、洽水石莹茶、新岗冻顶茶、诗洞白崖茶、下帅罗勒茶、蓝钟岳山茶、凤岗孔洞茶、甘洒小竹茶、梁村党山茶、汶朗汶塘茶等名茶；还有"无公害"的甘洒麻竹笋、大岗黑果蔗、诗洞腐竹、桥头金丝燕窝和燕窝酒等，至2016年先后被认定为国家地理标志保护产品的有怀集茶秆竹、汶朗蜜柚、梁村谭脉西瓜、桥头石山羊。

怀集县人口，1949年76717户307288人，1960年87670户359622人，1970年96098户481055人，1985年116806户648523人，2000年171799户746902人，2015年250971户1101010人。2016年，全县总户数256095户，户籍人口1108543人，其中男580076人、女528467人，同年末全县人口密度为每平方公里312人。

革命老区村、镇评划概况

1957 年，广东省人民委员会相关部门批准怀集县诗洞区域的健智、健德、健体、八斗、凤植、凤艳、大碑和覃沙等 8 个自然村为"红色游击区"，共 783 户 33292 人，耕地面积 69.73 公顷。

20 世纪 90 年代初，根据广东省人民政府办公厅《关于评划解放战争时期游击根据地和确认老区乡（镇）老区县问题的复函》和广东省民政厅《印发〈关于开展评划解放战争游击根据地和确定老区乡镇、老区县工作方案〉的通知》，怀集县调查、核实、上报县内解放战争时期游击根据地村寨。1993 年 3 月 26 日，肇庆市人民政府审批怀集县鱼北等 52 个管理区及军洞等 10 个自然村评划为解放战争时期游击根据地。名单如下：

坳仔镇管理区 4 个：鱼北（含兴塘、合兴、连珠、麻竹、农兴村）；鱼南（含胡芦、大江、江塝、上石、甲戌村）；七甲（含莲花、泽联、大布、白丈村）；阶洞（含阶洞村）。

甘洒镇管理区 8 个：南洞（含坑口、新寨、邵屋、黎屋村）；钱村（含钱左、钱右、谭坑、金双村）；小竹（含小竹、韩屋、三带、王六坑村）；石梅（含石塘、旺春洞、杨梅、园麻、攸兰洞、柯树村）；罗密（含罗北、罗南、峡坑村）；小布（含上坪、下坪村）；金龙（含迴龙寨、金古坪村）；雨凌（含秧地坪、石坳、雨凌坪村）。

凤岗镇管理区 5 个：上磴（含朗坑、豆腐磨堂、上寨村）；

四村（含寨坪、鱼尾、黄洞坑、黄坭塘、鸡脚坑、鸡脚崀村）；上南坑（含对崀、塘坪、瓦池村）；利民（含利更、民义、高纠村）；坳头（含田螺、庙咀、大坪坑村）。自然村 3 个：鱼嵊、冲头、南白。

洽水镇管理区 14 个：社背（含上寨、下寨、白竹坪村）；黄沙（含六背、塘莲、白泡村）；新田（含新田、黄屋村）；小江（含西院、小池、长江村）；桂岭（含白黎坪、旧屋地、沙坪、牛僚坑、高崀村）；茶岩（含长调、石磴、坑叉、黄猄坑村）；白水（含上寨、塘冲村）；大洞田（含松岗、大洞田、冷水坑村）；石莹（含石莹、水松村）；七坑（含田心、大嵊、蓝盛、黄沙尾、高龙村）；豂村（含豂村、芋合塘、天塘村）；丽洞（含新湾、大崀、东坑、尧拔石、月桂村）；坡下（含坡下、蔡洞坑村）；八洞（含坑尾、中心、坑口村）。自然村 1 个：军洞。

大坑山镇管理区 1 个：珠洞（含钱屋、植屋、黄屋村）。

永固镇管理区 7 个：朝进（含白石、金佛、竹坳、大田、谷仓、龙排村）；宿安（含宿峡、亚黎、古城、罗脚村）；保安（含勤切、南泼、富洞、书崀、柳源村）；联安（含芹菴、罗浮、谭梓、谭康村）；富禄（含浪谢、旺洞、大帆、双奄、石咀村）；保良（含双迪、播浪、旧地埇、双旺、罗严坪、太平、谭汶村）；富德（含富竹、小步、兰德、道水村）。自然村 4 个：万福、罗孔、文兴、伯芒。

诗洞镇管理区 13 个：安南（含安福、南平、南利村）；仁和（含邓坑、双六、六洞、水边村）；云田（含云田、沉沙村）；六苏（含安良、凤凰、六苏村）；实源（含由援、由胜、上实源村）；金沙（含上沙、下沙村）；双凤（含凤苑、宝碌、凤角、双砧村）；健丰（含大江、水足口、付州、大塘、范屋、佛仔村）；丰安（含李屋、塘下、周屋、双弄、江这、乌石、杨树村）；新凤（含一村、二村、龙华、金榜村）；万诗（含凤金、金龙、两坑、福安村）；中和（含大村、总丰村）；金华（含黄村、凤城、地形、凤石村）。自然村 2 个：凤南、六良。

1993 年 12 月 22 日，肇庆市人民政府函复，同意补划怀集县甘洒镇永富自然村为第二次国内革命战争时期的老区村庄。

1994 年 8 月 1 日，肇庆市人民政府办公室转发广东省民政厅《关于批准五桂山镇等 712 个镇（场）为老区乡镇（场）的批复》通知，怀集县的诗洞镇、洽水镇、永固镇和甘洒镇为革命老区镇。

1999 年，全县农村基层撤销管理区设立行政村，并有凤岗镇的上磴和坳头合并为欧上村，诗洞镇的新凤、双凤合并为龙凤村，以及大东村并入凤艳村。2016 年，全县有诗洞、永固、洽水、甘洒等革命老区镇 4 个和坳仔、凤岗和怀城等有革命老区村的镇 3 个。7 个镇共有老区村 54 个、老区自然村 10 个。

第二章

怀集县的革命斗争

第一节 怀集的光荣革命传统

怀集有着光荣的革命斗争历史。1919 年五四运动期间，怀集青年学生受大中华民国学生爱国总会的影响，在县内掀起"取消条约，挽回主权"的反日救国运动，声讨北洋军阀政府的媚日卖国罪行。1924 年第一次国共合作，怀集籍的革命青年邓拔奇、邓卓奇、梁钟琛等人在广州加入新民主主义青年团组织，在广州组织"怀集留穗同学会"，创办《怀集青年》刊物，刊发《告怀集青年书》等文章，宣传革命思想。1925 年，上海"五卅"惨案和广州"六二三"沙基惨案发生后，反帝怒潮席卷全国。是年 7 月，共产党员邓拔奇等人回到怀集进行革命活动。同时，参加省港大罢工的怀集籍榨油工人龙元、高贯堂、陈桂、林生才、黄国富等人，返回家乡怀集南区开展农民运动，使怀集农民运动兴起、发展。1926 年秋，建立中共怀集地下活动组织。1927 年夏，蒋介石发动四一二反革命政变后，怀集革命遭受破坏，斗争愈加艰苦。是年秋，中共广西地委派遣共产党员梁一柱从南宁返回怀集重建和发展怀集党组织，秘密开展革命活动。1928 年春，成立中共怀集县委员会，梁一柱任县委书记，组织开展工人运动，继续开展农民运动。1929 年春，中共怀集县委被破坏，梁一柱等人被捕遇害，其他党员有的被迫撤离怀集，有的隐蔽乡下，怀集县党组织被迫暂时停止活动。1937 年春，共产党员陈权（又名陈殿钊）接受中共广西省工委派遣，到怀集恢复党组织。1938 年 8 月，陈权调离怀集。是年冬，中共广西省工委先后派曾世钦（曾诚）、杨富凡、陶保恒、甘文绍、苏桂芳、王祥彻等共产党员到怀集县，俱以怀集中学教师身份作掩护，开展党的活动和领导全县的抗日救亡运动。1939 年 10 月，侵华日军飞机轰炸县城，怀集党支部组织怀中师生成立"抗战后方服务团"，大力开展抗日救亡宣传，组织进步师生学习战地救护知识，下乡演讲、演戏，募捐钱物支援抗战前线。1940 年秋，怀集党支部中的教师、学生党员大多数或调离怀集或升学到外地就读，党组织活动暂时停止。1942 年 1 月，中共广西省工委派林鹤逸（化名何云）到怀集重新建立中共怀集县委员会，并担任县委书记。1943 年，林鹤逸被国民党当局追捕，党组织工作交由黄江负责。1944 年夏，中共广西省工委撤销中共怀集县委，指派卢蒙坚（化名陆永）到怀集成立中共怀集县特别支部，并担任特支书记，在怀集县开展抗日救亡等工作。1945 年 2 月，卢蒙坚奉命离开怀集，黄江接任特支书记，党的工作重点是对学校广大师生进行"国家兴亡，匹夫有责"的爱国主义宣传教育，使抗日救亡成为师生的自觉行动。1946 年 10 月，怀集的解放武装斗争星火首先在东区点燃，1947 年 4 月开始怀集南区的游击斗争。其时，东区区域包含洽水、凤岗、汶朗、甘洒和坳仔等地，沿边邻广东的广宁、阳山和连山等县，南区包含诗洞、永固和桥头等地，沿边界广东的广宁、德庆、封川和开建等县。1947 年夏，中共广西省工委书记钱兴派出富有武装斗争经验的吴腾芳（又名胡汉生）到任中共怀集特别支部书记，领导和组织怀集的武装斗争，发展桂东地区的武装斗争。1947 年 5 月，广西省工委撤销。1949 年 7 月成立由梁嘉、钱兴分别担任书记、副书记的粤桂湘边工委，中共怀集县组织在此工委及其属下的绥江地委和桂东（地）工委的领导下，开展武装斗争。1949 年冬，全县地方武装起义，11 月 24 日怀集解放。

第二节 游击根据地的创建和发展

一、怀东游击根据地的创立

1946 年下半年起，根据指示，受中共西江党组织所领导、活动在广宁四雍游击根据地的西江游击队，利用与怀集县东部地区相邻的方便，开始开展怀东的游击武装斗争，以便挺进桂东。游击队派出黄炎、冯文修二人，多次与甘洒小竹村韩树铨兄弟接触，获得韩树铨等人的支持后，游击队迅速进入甘洒开始开辟怀东游击区。黄炎和化名韩一龙的韩树铨以做生意为名，不断到甘洒、凤岗、洽水、怀城龙湾、坳仔阶洞等地串联发动群众起来反"三征"（征兵、征粮、征税），开展反对国民党黑暗统治的斗争。12 月，黄炎、韩树铨组织带领怀东青年韩树秉、韩树英、韩树镇、韩汉华、梁金田、梁铁诚、冯克昌、邵万初、陈天然等人到广宁四雍游击区参加游击队。1947 年 2 月下旬，经黄炎等人宣传、发动，成立南洞邵屋农民协会（简称"农会"），开展筹粮、借枪工作。4 月下旬，游击队以队内的怀东籍人员为主，成立怀东武工队，开始在怀集、广宁边界公开开展武装斗争。未几，队员增至 70 多人后将武工队扩编为怀东队，对外公开用"怀集人民抗征义勇队"名称。8 月，罗密村人黄凡元接受组织派遣，自广西钟山返回怀集任怀集人民抗征义勇队副队长。10 月，成立为怀集人民抗征大队（简称"怀东大队"）。至此，初步形成了以甘洒为中心的怀东游击区，并以"组"为单位展开活动，其中黄凡元组率领小竹、南洞、罗密籍队员在甘洒活动，高棣庭组率领小布、钱村籍队员在屈洞活动，郑镜南、谢三兵组率领蔡祥等当地的队员在坳仔鱼坑、阶洞活动，冯骐、黎明、罗东组在凤岗的利民、白坭、热水坑、麻地、四村、南坑等地活动，黄炎和韩树铨率队在王六坑、黎屋坑、上蹬、欧坑等地活动，并有怀东大队活动区域内的多个村寨成立了农会、民兵队。1948年1月中旬，西江游击队北挺第一大队从广宁出发，取道怀东的甘洒、凤岗、洽水，向怀集七坑和阳山白莲相交界地带挺进。2—3月，游击队张明、黄炎带领100余人的队伍在怀东一带活动，怀东大队冯骐组在洽水的罗岗、七坑一带活动，凤岗武工分队在白坭一带活动，怀东大队派出的先遣队到洽水活动，开辟白浆、黄沙、社背、军洞、车田、东园、新田、嵙村、坡下等新区，吸收近100人加入游击队。4月底，桂东独立团团长林锋率领桂东独立团200余人挺进怀东七坑地区，开辟粤桂湘边游击根据地。5月初，桂东独立团取道怀集凤岗、洽水，向桂东挺进。9月中旬，国民党"粤西桂东联剿指挥部"调集广西、广东两省保警和广宁、怀集、德庆、高要、四会、清远等县的地方反动武装共2500余人，分路合围广宁四雍根据地，广宁四雍边区主力东风团、北风团及时向绥江下游转移，进行外线作战，怀东地区的武工队、民兵留守当地，坚持老区斗争至怀集解放。

　　1947年4月成立怀东武工队至怀集解放，怀东游击根据地军民进行了一系列战斗：1947年8月27日晚，怀集人民抗征义勇队和广宁四雍的游击队集合80余人，从广宁边界经甘洒南洞进入甘洒圩，包围袭击国民党甘洒乡公所，翌晨返广宁途中又成功袭击坳仔鱼坑乡公所自卫队。10月中旬，国民党怀集县当局自卫大队队长苏达章率县保警队和自卫大队数百人到甘洒南洞"清剿"。

游击队设伏迎击，差点射杀苏达章，苏达章害怕而退去。1948 年2 月，国民党广西"贺信怀剿共保安团"进驻怀集县甘洒罗密村，"清剿"怀东游击队。2 月 10 日凌晨，游击队大队长冯光率领 100多人的武装队伍，连夜包围攻陷驻宥孙祠敌军，顺手摘除六公祠驻敌。"夜袭甘洒"是中国人民解放军粤桂湘边纵队（简称"粤桂湘边纵队"）的光辉战例。1948 年春，凤岗武工分队在白坭村活动。3 月 26 日傍晚，怀东大队连夜奔袭凤岗白坭坳反动地主武装据守的两个炮楼，打通挺进阳山连县的通道。1948 年 4 月 3 日晚，怀东大队先遣队潜入洽水圩，包围、攻取罗岗乡公所后，又突袭七坑乡公所，瓦解此处的乡自卫队。

二、怀南游击根据地的建立和失陷

1947 年 8 月 15 日，中共粤桂湘边区工作委员会（工作委员会简称"工委"）派遣叶向荣、林锋率领 42 人的广（宁）德（庆）怀（集）挺进队，在诗洞植于天的地方武装配合下举行怀南起义。他们兵分两路，分别攻陷设在诗洞圩镇的南区公所和设在永固圩镇的永固乡公所，为开辟新区、创建怀南游击根据地，向粤桂边发展奠定基础。及年底，成立广德怀六龙坑乡人民政府和广德怀抗暴义勇队，形成以六龙坑为中心的怀南游击区，建立民兵组织，配合游击队打击敌人，保卫根据地。不久，广德怀抗暴义勇队改名为广德怀人民抗暴义勇总队，叶向荣任总队长，林锋（后调四雍）、陈胜、徐儒华任副总队长，下设区队 3 个。黄江任怀南区队队长，带领队伍在诗洞南仁坑、桥头、封川和开建边界活动；植启芬分队在广宁石咀、永固、大坑山一带活动；植于天带领怀南人民抗暴大队在六龙坑、上下桌一带开展工作。1947 年底，连广德怀挺进队在内，怀南游击斗争队伍发展到 180余人，形成以六龙坑游击根据地为主，南仁坑、永固、桥头等地相配合的怀南游击区。

怀南游击区在坚持斗争中历经多次战斗：1947 年 8 月 15 日夜，广德怀挺进队成功攻取怀集南区区公所和永固乡公所。1947 年 9 月中旬，广德怀挺进队和怀南起义武装一周内连续除掉广宁县册田村反动分子周学智，怀集县六龙坑奸细龙泽天、陈有余等 7 人，再次打通游击队从广宁石咀到怀集六龙坑的交通线。1947 年 12 月 20 日，广德怀挺进队成功袭击国民党怀集永固自卫队，经过教育的永固乡自卫队长陈桂廷投诚游击队。1948 年 3 月，怀南区队于南仁坑口与敌"扫荡"队伍怀集县自卫大队发生遭遇战，激战 3 小时，克敌获胜。同月月末，植启芬带领怀南区队永固分队成功袭击闸岗乡公所和税收站。1948 年 5 月初，粤桂国民党当局拼凑"粤西桂东联剿指挥部"驻于怀集县，纠集粤桂保安警察和两广相邻的 11 个县的地方反动武装团队共 2000 余人，于 6 月 1 日以"四面包围，分进合击"手段，"围剿"以怀南游击区为重点的广（宁）德（庆）怀（集）封（川）边游击区。怀南游击区游击队与来犯之敌数次激战后，鉴于敌我力量悬殊，确认无法取胜而为保存实力，主力部队遂从六龙坑冲出包围圈，撤退到德庆三河游击区。由于主力部队撤退，怀南游击区最终陷落敌手。

三、诗洞六龙坑乡人民政府的建立与消失

1947 年 12 月 15 日，怀南游击区成立六龙坑乡人民政府，这是怀集县第一个红色政权。是日上午，六龙坑群众举旗、敲锣打鼓、舞狮鸣炮，汇集到金寮村小学参加成立大会。学校校门张贴"六龙坑民光化日""共和同庆太平天"对联和"广德怀六龙坑乡人民政府"横额。中共怀集县特别支部书记、怀南人民抗暴大队大队长兼政委胡汉生（吴腾芳）主持成立大会，广德怀挺进队政

委叶向荣、队长林锋等人分别讲话。大会民主选举产生乡政府领导成员，乡长植良臣，副乡长龙跃水（后改选为钱超群），财粮委员植德初，政治指导员陈大良（共产党员、挺进队干部）。乡人民政府所辖的7个自然村分别民主选出村长和民兵队长。六龙坑乡政府成立后，发动各村农会组织群众减租减息，向富户筹粮，保证游击队给养。乡政府广泛发动青年农民参加民兵，建立各村民兵队。各民兵队平时生产劳动，战时配合游击队打击敌人。怀南游击队主动出击，发展新区和扩大队伍。乡政府建立的第二天，国民党怀集县反动当局派出县自卫大队队长苏达章带领100余人偷袭六龙坑，游击队发现后即在凤艳口将其击溃。此后，敌人三五天就来骚扰一次，每次都被六龙坑军民击退，斗争中游击队队伍不断发展壮大，遂改广德怀抗暴义勇队为广德怀人民抗暴义勇总队，下设广宁、德庆、怀南三个区队，分别出击活动。

反动当局以军事打击的同时，用经济封锁手段扼杀六龙坑乡人民政府。其首先屯兵诗洞圩，叫嚣"六龙坑的人都是'共匪'，如果他们出来诗洞趁圩（赶集），见一个捉一个，见两个杀一双，有谁通风报信的，当'共匪'论处"，严密监视、捉拿到诗洞圩买卖货物的六龙坑群众。六龙坑群众不能到诗洞圩销售农副产品，买不到急需的日常用品，一时致军民的生活用品奇缺，油盐酱醋紧张。总队叶向荣、林锋、陈胜等领导人及时决策打破敌人的经济封锁，决定在六龙坑平山岗山脚下创办一个农贸集市，进行集市贸易，解决群众生活燃眉之急。当地群众称此为"红军圩"。为办好"红军圩"，平时部队派人到邻县组织货源，还到处张贴布告，鼓励外地商人小贩到"红军圩"做生意，每逢圩期部队则派出武装人员站岗放哨，保护集市贸易，严防敌人来扰破坏。邻县不少商贩到"红军圩"交易，当地农民的农副产品及土特产也获交易销售，能买到日常急需用品。"红军圩"内布匹、药材等商品繁多，价格相宜，也可以物易物，买卖公平，市场活跃。1948 年 6 月 1 日，国民党地方当局军队、保安队来攻来"剿"六龙坑，留守的民兵、乡干部和根据地群众坚持了 3 天的战斗，终因寡不敌众，六龙坑被攻陷，六龙坑乡人民政府也同时不复存在。

第三节 革命斗争的重大事件

从大革命时期到解放战争时期，怀集县的革命斗争有农民运动兴起和被扼杀、计除国民党特务郭文田、怀集中学和怀集简易师范学校的师生发起"反迫害、争人权"大罢课、怀南起义、怀东怀南游击区反"围剿"斗争和怀集解放等重大事件。以下记述大革命时期的农民运动和怀南起义两起事件。

一、大革命时期的农民运动

（一）诗洞白云三甲村农民协会

1925 年 8 月，在广州参加省港大罢工的怀集榨油工人高贯堂、龙元、林生才、黄国富和陈桂等 5 人受派返回家乡怀集诗洞开展农民运动，9 月下旬成立白云三甲村农民协会（含现在的丰安、云田、健丰、新凤、双凤等村委会），成为怀集县第一个农会，制有犁头三角旗和公斗，刻有农会大印；入会农民缴交会员费白银二毫，发给会员证，享受会员待遇。开展二五减租，统一用农会的公斗收租，规定交租"每石租谷减租二斗半，一斗半归佃农本人，一斗存入农会作公益事业用"，对不愿意实行二五减租的不法地主，佃农拒绝缴交租谷，并斗争地主。受白云三甲村的影响，诗洞其他乡村农民也积极成立农会。

（二）邓拔奇回乡发动农民运动和成立农会

1925 年 11 月，在广宁县开展农民运动的邓拔奇返回家乡怀集县屈洞乡高富村宣传广宁农民运动的形势和经验，与进步青年邓慧奇到各农户宣传鼓动，未几，成立屈洞乡高富村农民协会，梁寅育、梁卓南分别任正副会长，邓慧奇、邓瑞奇任委员。农会刻有印鉴，制有公斗，设有公秤，进行二五减租，并组织各自然村兴修水利、铺路架桥。当地农民看到农会确实是为广大贫苦农民谋利益的组织，乃踊跃报名参加农会。

（三）国民党中央农民部特派黄启滔组建怀集县农民协会筹备处

1926年元旦，《中国农民》第一期的《怀集农民组织先声》文章，报道了广西省怀集县农民情况和怀集农民代表上访广东省农民协会及抄录农会组织章程等情况，以及广东省农会已函饬广宁县农民协会就近派员到怀集指导农民运动的消息。3月，国民党中央农民部部长林祖涵（林伯渠）主持召开国民党中央农民部会议，讨论广西农民运动问题时，就广西平南、怀集两县农民运动受压制问题作出"质问广西省党部"决议。3月13日，受广西省党部派遣，国民党中央农民部特派员、中共党员黄启滔（广州农讲所第五届学员）等三人到怀集县南区调查农民运动情况，肯定当地农民运动，鼓励农民广泛建立农会。此后一两月间，南区农民运动迅猛发展，6月初成立怀集县农民协会筹备处，黄启滔指定屈洞邓慧奇、诗洞徐式我等人为筹备委员，负责成立县农会筹备事务，筹备处下辖中区、南区、东北区和北区及55个乡农会。

（四）杨日良、李爱来怀与怀集农民运动高涨

1926年7月1日，中共党员、广州农讲所第三届学员杨日良和李爱两人以国民党中央农民部特派员身份自广宁县到达怀集县南区，指导农民运动。7月8日，杨日良、李爱以怀集县农民协会筹备处名义召开南区各农会执委联席会议，讨论成立和加强农民自卫军等事，制定农会规定 26 条，决定于 7 月 16 日召开大会成立怀集县南区农民协会。此后，怀集农民运动继续发展。1926年 11 月，毕业于广西农讲所的第一届学员、怀集县凤岗人麦聘升，以广西省特派员身份返回怀集县东区开展农民运动，组织成立几个乡村的农会后，又组织成立怀集县东区农民协会，领导农民开展二五减租、铺路修桥。1927 年初，曾烜昌返回岗坪乡曾村发动成立岗坪乡曾村农民协会。至此，怀集县有区级农会 3 个、乡农会 55 个，会员发展至 3000 余人，农民自卫军 500 多人，成为广西省农民运动开展得较好的县份之一。1928 年又先后成立连麦麦邬、梁村永攸农会。

（五）怀集农民运动被反动势力镇压

怀集农民运动的兴起，使怀集当地顽固势力、土豪劣绅们惊恐万状，他们极力反对农民运动。1926 年初，在怀集南区，钱若坤伙同一帮土豪劣绅破坏二五减租，找借口嫁罪农民运动领导人，勾结县知事邓兆椿、县民团总局局长李黎民等向上诬告农会，向国民党广西省政府诬告龙元、高贯堂等人，要求广西省政府批准逮捕法办龙、高等人。黄启滔等人到达怀集县城后，国民党怀集县党部有人以各种借口阻挠黄启滔等人下乡调查、了解，黄启滔等人被羁留县城被监视数十天。后来，黄启滔等人冲破阻挠到南区调查，确认农会真的是搞农民运动。1926 年 7 月，杨日良、李爱等人到诗洞，适逢国民革命军第七军奉命围剿盘踞当地七星岩的 1000 多名土匪，乃与南区农会支持、配合该行动，南区农会派出几百名农民自卫军会剿，又捐饷给剿匪部队稻谷 300 箩（约 50斤一箩）。在南区农会支持配合下，国民革命军第七军仅用 3 天时间就除掉了为害多年的七星岩匪患。1927 年 4 月蒋介石叛变革命后，怀集反动势力疯狂镇压农民运动，县长与土豪劣绅纠集军警、民团武装，以"清乡"名义到处打砸摧毁农会，烧杀掳掠农会委员家庭，捉拿农民运动干部入狱，并勒令解散农会。一时间白色恐怖笼罩，1929年下半年，怀集农民运动被扼杀。

二、怀南起义

1946年6月中旬，广德怀挺进队与中共怀集特支派员到永固、诗洞两个圩镇收集敌情，安插人员到当地的国民党乡公所做勤杂，利用熟人分化乡警，争取其做游击队接应等；将参加过县城"反内战、反饥饿、反迫害"的一批青年学生送到怀集南区参加广德怀挺进队训练，稍后以此为骨干组成"海燕队"，为开辟怀集新区准备干部。经具体准备和周密组织后，叶向荣、林锋等人为打开粤桂边游击斗争局面，决定以攻击国民党诗洞、永固两地的区、乡公所为目标，举行武装起义。1947年8月15日傍晚，在中共怀集特支配合下，广德怀挺进队从广宁县石咀出发，一路由林锋率40余人赴六龙坑与植于天的地方武装20余人会合，攻打驻诗洞圩、配备20名警员驻守的怀集县南区公所和诗洞乡公所；一路由叶向荣、吴腾芳、植启芬率30余人，直捣驻永固圩的永固乡公所。当晚，攻打诗洞区公所前，植于天指派打进南区警备队的人，于警备队晚饭时设计对警备队官兵灌酒至酩酊大醉。深夜，这一路游击队伍凭借内应配合，顺利攻进南区区公所，全部俘虏醉里酣睡的20多名警备队官兵。攻打永固圩一路，以植启芬事前联系取得乡警孔庆石作内应，广德怀挺进队进入永固乡公所后，不费一枪一弹便全俘保警班10余人。这就是怀集革命史上著名的"怀南起义"。

第四节 英模事迹

从大革命时期到解放战争时期，自怀东到怀南以至全县的革命活动、武装斗争，都艰苦卓绝，其中英模事迹壮烈动人。

一、上磴人民的革命斗争

上磴村，怀集县东部凤岗镇的一个高寒山区，四面环山，由朗坑、上寨、豆腐磨堂、佳近坪 4 个自然村组成，人口约 700 人，山多田少，稻产单造，村民主要靠种木材、茶叶、水果和饲养禽畜为生。上磴村解放前，农产品和生活用品靠肩挑、背扛进出，地主劣绅沉重剥削，加上反动政府征兵、征税、征粮，村民处于水深火热、饥寒交迫之中，人民渴望解放，寻找翻身之路。由于与广宁四雍老区接邻，受革命老区斗争的影响，解放战争期间，怀东地方有一批青年投奔广宁四雍赤坑，接受共产党领导的游击战争训练班学习，这是怀东第一批游击队员。1947 年，粤桂湘边纵队怀东武工队队长黄炎、副队长韩树铨进驻小竹、南洞村成立农会组织后，即向上磴村开展活动，宣传解放战争形势的发展，发动群众起来反"三征"，遂有许多青年参加到游击战争中来。

上磴村与广宁赤坑接邻，两地人们时常来往，许多人亲眼见到过"红军"（当时对游击队的称谓），听过红军的宣传和传颂红军的故事，确信红军是人民的子弟兵，是一支很有朝气、纪律严明、为穷人打天下的队伍。经宣传发动，上磴人民不久就成立了村农会，周卓其任主席、周应现为副主席，周梯、周卓进等 9 人任委员。

村农会发动群众反"三征"，协助怀东武工队组织青年参军，先后有周吉安、周敬河等 16 人参加了革命。怀东武工队日益壮大了，但粮食、武器跟不上，就请农会协助解决，有枪的都把枪给了武工队；筹粮时，许多村民自愿借出，他们还把储备为清明祭祖的粮食也贡献了出来。1947 年 4 月至 1948 年 7 月，共筹得粮食 1.7 万斤，长、短枪 23 支，子弹数百发。1947 年夏，上磴村组建了一支 50 余人的民兵队伍，农会委员周卓进兼任队长，站岗放哨，保卫村庄和游击队的安全。与敌军战斗时，民兵负责救死扶伤，抬担架、运输、配合作战。一次战斗中有同志牺牲了，农民周卓炎把家里的长生寿棺送给了牺牲的烈士，民兵们及时收葬烈士，又将受伤的同志运送到广宁赤坑粤桂湘边纵队卫生队治疗。田螺村反动村长谭瑞庭、恶霸地主谭文巨把收集到的情报向敌人通风报信，罪恶多多，民愤极大，民兵配合游击队将其抓获惩处；利民村村长周卓刚贩卖鸦片，购置武器，毒害人民，游击队则收缴了他的武器、弹药、毒品。武工队在广宁、怀集边界和凤岗白坭两个点打仗时，上磴民兵全力配合支持，使武工队获胜。队长黄炎进驻上磴后，得知村长周美荣在桂林读书时读过一些进步书籍，思想比较开明，经与农会主席周卓其商量后，决定对周美荣进行争取工作，周卓其对他说："你要支持配合红军和农会，不要向敌人通风报信，更不要做坏事。"将他争取过来以"两面政权"形式应对敌人，希望他提供更多的敌方动向。敌人第一次重兵进攻上磴的情报就是周美荣提供的，后来农会吸收他为农会委员。"白皮红心""两面政权"的形式对于巩固上磴根据地，建立怀东地区根据地十分有利。这片根据地的基础打好了，敌人不时前来"扫荡"，处于敌强我弱、敌众我寡形势下，游击队采取

"敌进我退，打得赢就打，打不赢就走"的战术和敌周旋。

1948年农历七月七日早上，敌分三路进攻上磴村：一路百余人进攻上寨；二路"特警营"百余人，从马头方向进攻朗坑；三路百余人进攻豆腐磨堂。敌怕游击队有埋伏，事前在南洞抓了农会委员周静华和农民陈从，胁迫他们在前带路。走到旱坑塘时，适遇怀东大队队长黄炎和警卫员欧春迎面走来，周静华急中生计，趁转弯瞬间快步上前将他们推落路下，小声告之"敌人来了，快走"。后面的敌人听到路下响声，端起机枪一轮扫射后进行搜捕，混乱间周静华、陈从两人乘机逃脱。这时无人带路，敌人只好摸索向上磴行进，却自生误会，互相射击，至中午时才到达上磴。

敌人占领上磴后，不见游击队踪影便捉问百姓，百姓都说"红军已转去广宁了"。敌就此驻扎，每天杀猪宰牛抓"三鸟"（鸡、鸭、鹅），找粮食，混了两天后撤离。1948年农历七月十八日，敌人获悉游击队又返回上磴，于是加大兵力再次来攻，待其攻占后又不见游击队踪影，敌人便在村边山边、百姓屋内屋外大肆搜捕，翻箱倒柜，肆意砸烂老百姓家中的水缸、米缸等。驻扎几天，天天杀猪、牛、鸡、鸭、鹅，大吃大喝，花天酒地，又搜抢粮食，穷恶抓人，其中借口村民周卓滔"通匪"，将他捆绑在学校操场，威迫村民到操场迫供两昼夜，并将坚贞不屈的民兵队长周卓进、民兵周卓殷杀害，凶残至极。虽经残害，但上磴村人民意志坚定，坚持斗争，直至迎来解放。

二、坚强不屈的小竹村人

解放战争时期，小竹村在共产党和游击队领导下，成立了农会和民兵组织，青年踊跃参加游击队和民兵，开展了轰轰烈烈反"三征"。在推翻国民党反动政权的游击武装斗争中，小竹村人民与敌进行不屈不挠的斗争，做出了重大贡献。

（一）参加游击队打反动派

小竹村是怀集县东区甘洒乡辖下的一个行政村，由小竹、韩屋、三带、王六坑 4 个自然村组成，人口 400 多人。这里山高林密，山多田少，村民祖祖辈辈靠造林、伐木和种木薯、番薯谋生，是个贫困落后的小山村。1946 年 10 月间，在广宁活动的游击队员开辟怀东游击区，游击队派黄炎化装成做木材和牛贩生意的老板，在韩树铨带引下秘密进入小竹村韩屋，在韩树铨家驻足后，立即与韩树铨、韩树攀（韩一尘，已参加游击队）开展开辟怀东游击区的活动。韩树攀不公开露面，主要通过怀城的一些同事和友好，了解县政府的动态，提供情报。黄炎、韩树铨则以打听木材、山货为名，四处活动，向群众宣传共产党的主张、方针和政策，揭露国民党反动派的黑暗统治，发动群众起来反"三征"，动员青年参加游击队打国民党反动派。经过月余的宣传发动，黄炎等人串联了 10 余人（其中，小竹村有韩树秉、韩树镇、韩树英、韩树华、梁金田、梁铁城、陈天然等人）参加革命队伍，并送他们到广宁四雍老区参加游击队。进行短期训练后，韩树秉、韩树镇、梁金田、陈天然被派回怀东工作。经宣传发动，1947 年先后又有梁达保、梁日范、陈木（陈木养）、陈叽、陈家春、陈锡河、韩孝勤、韩树球、罗钜等人参加游击队。

（二）成立农会，支持配合游击队对敌斗争

1947 年 2 月，在韩树铨领导下，小竹村成立农会和民兵组织，选举梁德卿为农会主席，韩树葛（兼民兵队长）、韩树坚、韩拔群、韩全国、梁水田、梁益、陈保元等为农会委员。农会成立后，为支持配合游击队开辟怀东游击区的斗争，做了大量工作。

第一，接待食宿。小竹村是怀东最早建立起来的游击根据地，群众基础好，军民如一家。另外三带、王六坑地形险要，靠山掩蔽条件好，东路隔河，没桥，敌难攻而我易守、易退，故部队常

来此驻扎。部队一来，群众就让房子，借床板、禾草，磨谷舂米，煮饭安排食宿，派民兵站岗放哨，保卫部队安全。

第二，协助筹粮借枪。游击队由秘密活动转为武装公开宣传活动后，青年踊跃参军，队伍日益壮大。粮食、武器、弹药供应出现困难，黄炎、韩树铨决定向群众筹粮借枪。农会知道后，立即动员群众将太公的粮和个人的粮借给部队，将用来防土匪的武器弹药捐给部队。经动员，群众纷纷响应，共筹得粮食 1.6 万斤，步枪 15 支，子弹 1400 发，缓解了部队粮、枪不足的困难。

第三，配合部队消灭敌坐探和"剿共"小分队。敌人在小竹各自然村安插了坐探，刺探情报，跟踪活动人员。1947 年 4 月，农会向部队汇报敌人坐探情况后，村里民兵配合部队把这些敌探通通抓获，并将其得力坐探、罪大恶极的地主陈步卿当众枪决。敌小竹"剿共"小队长陈成金率队驻扎小竹村，在村狮子咀处建炮楼，在村要道装地炮，在通凤岗、甘洒圩的路上设卡搞经济封锁，检查来往人员。小竹村民兵配合部队及时消灭了这个小分队，摧毁其炮楼，缴获其地炮等武器，严惩陈成金，沉重打击了敌地方反动势力。

第四，建立交通情报站。韩树秉（前期）、梁水田为交通情报员，韩树秉主要传递怀集到广宁的情报和信件。有时利用晚上以探亲访友为名去农村、城镇散发传单和动员青年参加游击队。黄炎从广宁牵了两头牛给他放养，黄炎和韩树铨去城镇了解敌情，察看地形和人接头谈话时，牵去以卖牛作掩护。梁水田利用跛脚和理发手艺，串村过寨侦探敌情，敌人几次来"围剿"小竹村，就是他们及时侦听到消息，部队才能及时转移和周旋反击。1947年 3 月间，广宁部队领导派梁金田送敌人悬赏通缉韩树铨的信给韩树铨，梁金田因而秘密潜回小竹村，为策安全，村农会主席梁德卿立即将信交梁水田，梁水田以理发为名，于当天晚上将信送达韩树铨手上。第二天晚上，梁金田和韩树铨安全回到部队。

第五，绝不向敌人低头。1947年2月，叛徒高焕文向敌人告密。敌人惧怕黄炎、韩树铨领导的游击队，便悬赏通缉，派特务跟踪游击战士，几次派兵"围剿"小竹村，抓捕游击战士、家属和群众，抢掠财物，放火烧屋。4月，韩树攀从掩蔽点回家过夜，被反动地主陈步卿发现告敌，并带敌人连夜包围韩屋，韩树攀躲避不及不幸被捕，并家遭洗劫。韩树攀被关押在广西八步（今贺州市）监狱，饱受酷刑，但始终不说游击队的只言片语。1949年，人民解放军进军八步，敌人匆匆押韩树攀去枪毙，途中被人民解放军救出后回乡，任甘洒乡乡长。

1947年8月，游击队一夜打掉了甘洒、屈洞、鱼坑三个乡公所，震动粤桂边陲。国民党怀集县当局极为惊慌，立即派县自卫大队队长苏达章率队进驻甘洒圩，联合各乡自卫队200余人"清剿"游击区，妄图消灭游击队。9月初开始，小竹村首当其冲，敌人将小竹村包围得水泄不通，大肆搜捕。游击队事前获得情报，及时转移，敌扑空后即向游击队员家属下毒手，抓了韩树铨的父母和兄长韩意芳，并洗劫韩家，抓不到游击队员梁金田的父亲就抓了梁金田亲哥梁水田。敌人将他们关押在乡公所，不给水喝、不给饭吃、不给睡觉，昼夜轮番威逼审讯，问他们游击队到哪里去了，大家都说不知道；又逼他们叫亲人回乡"自新"，无一人答应，审讯了两昼夜也毫无结果。因梁水田是个跛脚残疾人，敌人感到无用便先释放了他，韩树铨的双亲和哥哥则被关到怀城监狱，继续审讯，也徒劳无功，后来解放怀城时他们才获救。

韩树铨是开辟怀东游击区的初期领导人之一，敌人悬赏通缉，派坐探跟踪，千方百计逮捕他，但都不得逞，便狠毒地抓了韩树铨的家属坐牢，掠抢其家产，烧毁其房屋，使韩树铨的妻儿无家可归，妄想以此逼韩树铨"自新"，但他意志坚定，不管敌怎样威逼利诱，也毫不动摇。1948 年 4 月，韩树铨随桂东独立团西挺到凤岗西瓜尾，部队被敌人包围后突围，奉命寻找被冲散的同志时与敌遭遇，激战中负伤被俘。敌人对他严刑拷打，软硬兼施，逼他供出游击队的秘密，但他忍受各种酷刑折磨，咬紧牙关，始终守口如瓶。1949 年 5 月，敌人将他杀害。

在解放战争时期，小竹村有 20 人参加游击队，全村人民为了革命的胜利，在游击队和农会领导下，不怕倾家荡产、不畏坐牢受刑、不怕流血牺牲。敌人抓游击战士 2 人（被杀害 1 人）、家属和群众 7 人，抢掠财物，烧毁房屋。一些人家破人亡、妻离子散、无家可归，但小竹村人民没有低头屈服，不屈不挠，坚持斗争，最后取得了革命胜利。

三、小竹村的革命一家

解放战争时期，怀集县东区小竹村韩树铨一家，合家兄弟子侄投身人民解放事业，为革命做出贡献。

韩树铨父亲韩子灵，携妻欧氏和老二老三等从甘洒南洞新寨迁抵小竹落家，耕山种田，是地道的农民。老大韩意芳留在南洞，老二韩树铨，老三韩树永被国民党抽壮丁后杳无音讯，老四韩树秉，孙子韩孝群（韩树铨之子），嫡亲侄孙韩汉华，堂侄子韩树英、韩树球、韩树活、韩树攀、韩树镇等都在解放战争期间先后参加了粤桂湘边纵队属下的怀集人民抗征义勇队。

（一）献枪酬壮志

抗战结束后，国民党顽固派发动内战，大肆征兵、征粮、征税，导致民怨鼎沸，地处广西边陲的怀集县民不聊生，人民反抗斗争一触即发。中共西江地方委员会（地方委员会简称"地委"）领导的陈奇略部活动于怀集东区毗邻的广宁四雍游击区的消息传到怀集东区后，血气方刚的怀东青年跃跃欲试，要投奔游击区闹革命。韩家老二韩树铨听了广宁闹游击的消息也心情激动。韩树铨的岳父是广宁赤坑乡和平里人，那里是穷人当家作主的游击区。他决定借探亲之机到广宁看看。到了和平里，韩树铨从内兄马裔熙那里听到了许多有关游击队带领农民闹革命的故事。那天中午，游击队员冯文修来到马家，与韩树铨相识后知道他是自己的老相识韩树攀的堂弟，就趁机向他宣传革命思想，动员韩氏兄弟参加游击队。韩树铨听了这番动员后说："丈夫贵相知。听冯同志一席话，胜读十年书。我算是铁定雄心，回去大干一场！"

于是冯文修介绍了大旺甘游击区的积极分子、堡垒户欧贵给韩树铨相识，并派欧贵随韩树铨到怀集甘洒去；同时修书一封托交韩树攀。韩树铨带欧贵在小竹住了两晚，并将祖传旧土九响步枪 1 支、单针步枪 5 支和子弹 200 发，以出卖的名义托欧贵代交游击队。

陈奇略听了欧贵和冯文修的汇报，根据区队的意图，决定派出政工干部黄炎前往怀东与韩氏兄弟联系，在怀东开辟游击活动区。

（二）兄弟同志向

韩树铨、韩树攀与冯文修书信往来后，两韩表示愿意并到了广宁四雍参加游击队。未几，经陈奇略同意，由韩树铨陪同游击队政工干部黄炎到怀东来，两人四处活动，秘密串联、共谋举旗起事大计。韩树铨首先串联动员了韩家兄弟子侄韩树英、韩树秉、韩树球、韩树镇、韩汉华和附近三带村的好友梁金田、梁铁城、冯克昌、陈天然等一批青年，向他们宣传广宁游击斗争的形势，灌输革命思想，引导他们做亲朋好友的串联、发动工作。

韩树铨夫妇利用圩期，以探亲为名到凤岗、洽水、甘洒、罗密、南洞等地去串联、发动，动员了一批对国民党反动派有对抗情绪的亲戚朋友，如凤岗鸡脚崀的姐夫莫邪、甘洒小布的老表高振民、罗密的外甥曾文强、南洞黎屋的邵德胜等，他们接续聚集到小竹韩家，听黄炎、韩树铨兄弟宣传革命，听他们分析广宁四雍闹游击的形势，听他们揭露国民党怀集县当局和地方恶霸的腐败黑暗。这些热心支持韩树铨兄弟闹革命的农民回去后又串联，发动更多的人投身革命武装斗争。

黄炎把韩树英、韩树秉、韩汉华、韩树镇、梁金田、梁铁城、邵万初、陈天然、钱求善、高棣庭、莫偏、史太林、莫文、黄日少、黄长兴等人先后送往广宁四雍加入游击队，为开展怀东游击斗争奠定骨干基础。在怀东，黄炎、韩家兄弟继续进行革命活动。1946年底，韩家兄弟和黄炎发动南洞邵屋农民成立农会，选举邵立进、邵发初等为农会干部，开始为游击队筹粮借枪。韩树铨动员了家住南洞的堂侄韩成水、韩尚环参加游击队，发动韩尚环堂兄韩尚楷参加农会。韩尚楷、邵守年、邵发记等被选为农会委员。他们向各祠堂和群众借枪一批，筹粮数千斤，组成运粮队将粮食送往四雍游击区。住在南洞老家的韩树铨胞兄韩意芳也踊跃投身农会的运粮队，跋山涉水送粮给在广宁大旺甘、赤坑等地的游击队。

同时，韩树铨在罗密物色了曾敬为联络员，由曾敬负责怀集与广宁的联系；还通过关系将外甥曾文强安插到甘洒乡公所当乡警兼勤务员，为游击队收集情报。

（三）出生入死勇

1947年春，国民党怀集县自卫大队队长苏达章带兵围攻小竹韩屋，洗劫韩树铨兄弟俩的家，捕押了韩树攀，黄炎和韩树铨事先接报而安全脱险。1947年8月，怀东武工队配合周明领导的游击队夜袭甘洒乡公所，趁机袭击屈洞乡公所，翌晨返回广宁途中顺手缴获坳仔鱼坑乡公所一批枪支弹药。

国民党怀集县当局接报震惊，连忙派出苏达章、罗棠霖等反动保警武装开抵甘洒"围剿"，又派出县政府军事科员董群生回乡在甘洒龙头寨设关卡联防。1947 年 9 月，苏达章等人利用叛徒和小竹反动地主带路，再次包围小竹韩屋，欲捉拿黄炎、韩树铨等人，韩树铨、黄炎他们机智走脱，敌人扑空。苏达章等人恼羞成怒，遂对小竹烧砸抢，韩家被烧毁，相邻的韩树铨堂兄弟叔伯韩树坚、韩树松、韩树球、韩树金、韩锡宁等家也惨遭洗劫，韩树铨父亲韩子灵、母亲欧氏和在南洞的胞兄韩意芳被捉，被押往县城投进大牢，反动当局企图以此动摇韩树铨、韩树秉兄弟的革命意志。

韩家老大韩意芳被捉，其妻子被反动地主陈振元、陈甘林撵到广宁县黄春洞关禁；老二韩树铨的妻子无家可归，携小儿子韩孝群投靠娘家；韩孝群在广宁投奔了游击队。面对厄难，韩家兄弟一直跟随着粤桂湘边纵队征战，出生入死，其中韩树铨成为一名共产党员，任怀东大队分队长，韩树秉、韩汉华、韩树英、韩尚环等都是怀东大队手枪班有名的勇敢战士。

（四）前后继赴义

1948 年 4 月底，粤桂湘边纵队属下的桂东独立团挺进桂东，途中遭怀集、阳山、广宁三县兵匪围追阻击，随后韩树铨寻找突围中失散的战友，遇敌再次激战，身负重伤被俘，1949 年初被杀害于韶关飞机场。解放斗争中，韩树铨胞弟韩树秉、堂弟韩树英及其子侄韩孝群、韩汉华、韩成水、韩尚环等人浴血奋战于沙场上。及怀集县城解放时，韩树铨的父母兄长才从怀集县城的监狱中被解救出来。韩子灵家是名副其实的革命之家。

四、解放战争中的女通讯员钱兰

钱兰，怀集县甘洒乡钱村的一名妇女，其丈夫高棣庭是怀东游击队分队长。其父亲和两个胞弟都参加了游击队。国民党反动派对她家横加迫害，把她在家的亲人捉去问罪，又抢劫一空其全家财产。因此，钱兰怀着对国民党反动派的深仇大恨，1946年参加了解放战争，成为怀东游击队的女通讯员。

钱兰参加革命后，出生入死去做秘密通讯工作，完成组织交给的一个个艰巨任务。在执行任务时，她利用农妇身份，把情报放在发髻里，或割开衣角、裤脚藏好情报后再缝好，扮成赶集、探亲或上山打柴等模样，小心通过敌人的封锁线，为游击队传递各种情报。她传递的情报从来没有被敌人发现过，也从来没有误过时间。有一次，夜晚3时广宁大朗司令部接到"大批敌人要来袭击游击区"情报，要她赶在敌人到来之前把情报送到游击区。接受任务后，她独自一人爬过几座大山，步行一整天，于第二天夜间3时及时把情报送到目的地，4时左右，大批敌人果然围攻游击区来了。由于游击区部队事前得到了情报，作好了战斗准备，当敌到来便狠狠地予以打击，取得了胜利。完成任务后，钱兰又从云山里爬过几座山头经凤岗上磴岭回到广宁大朗司令部。

钱兰经常出现在敌人的驻地一带贴标语、发传单和投信给当地乡长，敦促他们缴枪投降。一次，她回到甘洒乡钱村，在乡长钱梦兰家附近贴标语、发传单，并把警告信和传单放在乡长家门口用石头压住时，突然周围狗声乱吠，当时敌人队伍就驻在罗密一带，钱兰这一行动有随时可能被敌人发现的危险，但为了革命她置生死于度外，顺利完成组织交给的任务。有一次在甘洒南洞的战斗中，她和丈夫、父亲同时参加行动，除了烧敌人炮楼、剪电话线外，她还到处贴标语，从小布村贴到甘洒圩。又有一次，她虽然身体有病，连饭也吃不下，但坚持参加战斗，和7个战友想方设法把一个敌军头目引出来打击，搞得敌军偷偷逃跑。1947年，她父亲钱求善在一次战斗中光荣牺牲了。1948年，她丈夫高棣庭也为革命献出宝贵生命。一个个噩耗给她带来了沉重的打击，但她强忍着失去亲人的痛苦，化悲痛为力量，更加顽强地投入战斗。在地下党的领导下，她的活动范围更广了，经常在连山、阳山、广宁、四会、高要、怀集等游击区传递信息。革命的战火把她锻炼成一个胆大心细、勇敢沉着的女通讯员，并一直战斗到革命胜利。

五、两位大妈义救游击战士

1947 年 12 月 10 日下午，游击战士冯骐等 6 人离开粤桂湘边纵队司令部驻地广宁县寮炭岗村，朝怀集县方向赶路。他们都是怀集籍的党员和游击战士，分为怀西组：黎明（组长）、莫庆培与韩江；怀东组：冯骐（组长）、罗东和黄长水。计划 6 人一起先到罗岗乡社背村联络点，然后怀西组去冷坑、梁村、岗坪等地，怀东北组去罗岗、七坑、凤岗等乡，探听、了解敌情，发动群众起来反"三征"，组织地方武装，开辟新区，为桂东独立团挺进桂东地区创造条件。

那时，敌人在怀集的甘洒和广宁四雍接壤的村庄安插了坐探，还经常派队巡逻。6 人只能走密林山路。适冬夜寒风凛冽，且必须天亮以前赶到目的地。晚上 20 时许，行到凤岗乡松岗头山脚旁时，突然"轰"的一声响，走在前头的黄长水应声倒地，后面 5 人都以为中了敌人的埋伏，立即拔出手枪趴下准备迎击，过了一会儿，没有什么动静。虚惊一场，原来是黄长水踩中了猎户捉野猪的地炮，黄长水痛得轻喊："脚……"只见他双脚鲜血直流，冯骐赶紧用毛巾替他包扎止血。罗东见状担心地说："前面还有 40 多里路才到社背村，中间要涉两条河、爬两座大山，背着伤员恐怕赶不到目的地，怎么办？"商量后大家决定，无论如何都要背着黄长水继续前进，在天亮前赶到目的地。

黄长水身长体重，韩江、罗东较矮小背不动他，就由冯骐、黎明和莫庆培三人轮流背着赶路。到桃花河过河，此处水深及腰，如背着伤员涉水，伤口会被河水浸湿发炎，于是3个人用手将黄长水举上头顶，再由2个人在旁边扶着慢步过河。尽管水冷刺骨，但大家咬紧牙关终于将黄长水托到了对岸，再继续背着他走。很快又要过凤岗河，这河比桃花河更深、更宽，过河时旁边扶着的两个人，撑着拐棍都颤颤悠悠、摇摆不定。未想走到最深处，黎明恰踩着一块滑石而打趔趄，幸得罗东及时插稳拐棍支撑住，黎明才未跌倒，但韩江未站稳，被急流冲下了3丈（1丈≈3.33米，下同）多远，幸好那里有个鱼筛（渔民捕鱼工具），他抱住鱼筛柱子才未被冲进旋涡。好不容易到了西岸放下伤员，冯骐转身去救韩江上岸，韩江衣服全湿，冷得直发抖，罗东将所穿的两件单衣脱下一件给韩江穿上，6人继续赶路。背着伤员爬山不容易，爬伴尾坳时轮换替背6次才艰辛到达坳顶，接着爬截贼坳轮换背了10多次才上到坳顶，莫庆培背着黄长水上气不接下气双脚打颤，黄长水看着这状况眼含泪水，说："我连累了你们，老莫你休息一下吧。"莫庆培咬着牙回答："不能休息，停下来就冻僵了，天亮以前一定要将你背到社背村。"当到达珠岗村后背山时，鸡已啼鸣，东方已发白，但距社背村还有7里多路，大家坚持背着伤员朝目的地前行，天大亮前终于到达了怀东组的目的地——罗岗乡社背村。这是罗东的老家，按原来约好的暗号，罗东轻轻地拍了三下家门，他的大嫂钱奎英开了门，同时她的儿子罗一标也到门口迎接，他们将6人安置在罗东家的牛栏屋稻草堆上面隐蔽。钱奎英立刻忙开了，叫罗一标给6人做饭兼烘烤湿衣服，她自己烧盐水给黄长水洗伤口，然后上山采药给黄长水治伤。是日入夜，罗一标带怀西组黎明等3人，跋山涉水，抄小路去连麦。钱大妈则将黄长水转移到远离村庄的麻竹坑她家新搭的山厂治伤。此后，不论是刮风还是下雨，钱大妈天天送饭、采药、制药、换药。为了让黄长水早日康复、重返前线，钱大妈竟将家中唯一的一只刚下蛋的母鸡杀了，熬鸡汤给黄长水补身子。经过一段日子的料理，黄长水的伤慢慢地转好了。

黄长水虽不在村里养伤，但时间长了，还是被奸细、社背村反动村长罗乃干发觉了，罗乃干向罗岗乡乡长陈学范告密，陈学范马上带领乡自卫队直扑社背村。

那天清晨雾很大，罗一标的叔娘许淑英正在村口的地里浇菜，听到一阵脚步声，隐隐约约看到 10 多个人正朝村子奔来。见状，她撂下粪桶飞快跑回村中向钱大妈报告情况。当时冯骐和罗东正在附近村庄工作，钱大妈当即叫许淑英去找冯、罗二人报信，她自己则直奔山厂转移黄长水。

随后，敌人赶到麻竹坑，但毕竟晚了一步，黄长水隐蔽的山厂已空无一人。反动乡长陈学范恼羞成怒，下令放火烧了山厂，后悻悻拉队返去。这边，钱大妈背着黄长水急忙撤离至密林深处休息，看着那边山厂浓烟滚滚。过一阵子，估计敌人走了，钱大妈便扶着可以下地慢慢走动的黄长水，朝事前与许淑英约定的地方走去。走了半里多路，许淑英带着冯骐和罗东接应来了。这时，山雾散尽，太阳爬上山头，黄长水紧紧拉住钱大妈的手说："谢谢您！您像我的妈妈一样，我永远不会忘记您的救命之恩。"冯骐也向钱奎英、许淑英表示谢意后，冯、罗、黄三人与两位大妈告别，启程向军洞村赶去。

六、朝进村人民支援游击队

解放战争时期，永固朝进村是怀南游击根据地之一。1947 年 4 月，由叶向荣、林锋组建、领导的广德怀挺进队挺进到广宁森膺洞开展武装斗争，极大地影响了怀南地区。同年 5 月上旬，游击队政工队员植启芬接受叶向荣的派遣，回到永固开展开辟游击新区活动，他一方面与怀城地下党组织联系，一方面到地处怀集、广宁边界的朝进村开展串联活动。他首先发动朝进村村长潘伯南参加革命。经宣传启发，潘伯南表示支持游击队在当地开展武装斗争。随即游击队进入朝进村，潘伯南让出自己家的房屋给游击队员居住，使游击队有了落脚点。潘伯南又以村长身份作掩护，表面上为国民党政权效劳，暗中与游击队联系，为游击队开展活动提供方便，又深入村寨宣传革命道理。不久，该村成立农会和民兵队，群众为游击队筹粮献枪、站岗放哨。在潘伯南的支持协助下，植启芬发动该村植英等 4 个青年参加了游击队。当时，全村有 16 户共献稻谷 1200 斤、献枪 2 支、子弹 40 发，并送给床板、铁锅等生活用品。民兵队在竹坳可猫颈岭、谭佛文崇哇、社碑顶、大田埇尾和旁合迳设岗放哨，发现敌情便迅速告知游击队。一次，村民观察到在朝进一带做生意的徐某某（诗洞人），多次借故回家但暗中接应诗洞的敌人进入朝进村偷袭游击队的情况后，民兵队马上告诉游击队，游击队立即捉拿徐某某予以审讯，情况清楚后即刻将徐处决除害。村民李友梅等人多次将发现的敌情及时通知游击队，并协助游击队行动。1947 年 8 月，成功举行怀南起义后，植启芬带领游击队 20 多人进驻朝进村，继续得到村民的支持并扩展了队伍。1948 年 3 月，永固的游击斗争进入高潮，朝进村人民配合游击队进行活动，保卫根据地的安全。此后，国民党地方当局对怀南游击区进行"围剿"，由于有当地群众的支持和掩护，敌人到朝进村的"围剿"都扑空，游击队每次都安全无恙。6 月初，国民党地方反动当局对怀南游击区实施更大规模的"围剿"。6 月 10 日，永固分队队员麦辉等战士在富禄双庵埇作战中冲出了敌人的包围圈后，转移到朝进谭佛寨。由于与敌人周旋多日，战士们筋疲力尽，伤痕累累，谭佛寨村民李四和竹坳村民徐玉振等 4 人发现后，立即冒着生命危险将麦辉等游击队员接到家中，烧水煮饭，悉心料理，然后秘密护送这几个游击队员回到广宁游击根据地。国民党保安队获悉此事后，于 6 月 16 日将李四、徐玉振等 4 人押往永固圩进行毒打，并强迫其家属筹足"花红钱"才准许赎回家里。植启芬游击分队在富禄双庵埇战斗失利后，敌人血腥洗劫朝进村，但该村人民没有被反动气焰吓倒，在农会、民兵组织的发动下，继续同反动派作坚决斗争，直至怀集解放。游击斗争中，朝进村村民植英、植启兆、植光荣、植目、梁光 5 人献出了年轻的生命。

七、植公明父子当"红军"

革命烈士植启芬，怀集县永固乡宿侠村人。1946 年夏，植启芬高中毕业并考上广州文化学院就读，后由共产党员黄江介绍转读香港达德学院。1947 年春，共产党组织安排他到广宁游击区参加游击队后，他首次回家，其父植鉴然，字公明，看到植启芬身着学生装，文质彬彬，以为儿子是从学校回乡探亲的，便叫他在家多住几天。植启芬说："学习紧张，不能耽误，住两天就要回校。"待走，确定行程为从永固到广宁古水，再搭电船去广州。考虑到永固至古水路段全是山路，植父不放心植启芬一人前行，便着二弟植信性送陪侄子前往。植启芬叔侄二人行到广宁森膺洞附近时，距离古水还远，植启芬对叔父说："我已经到了，就住在这里，不用送了，你回去吧！"听到此话，植信性糊涂了，反问道："你不是要去广州吗？你不是在香港读书吗？"植启芬遂把自己参加了游击队的情况如实相告。第二天，植信性赶回永固，哭着告诉植父："启芬不在香港读大学，他参加了红军，驻在广宁……"其时，广德怀地区不少的群众将游击队视作"红军"。

植父闻言，想起儿子考上大学时自己的高兴，想起植启芬入学时自己对儿子的嘱咐："启芬,你是我们永固植氏第一个大学生,你要努力学习,读好书,将来光宗耀祖,报效国家。"现在听到儿子有书不读,去当了"红军",顿时愕然。不过,植父迅即冷静下来,与植信性说:"此事你要绝对保密,今起不能对任何人说。"接着说:"过些时候,我要亲自去广宁找启芬。"过了些时日,植公明果然只身到了广宁找到植启芬驻处,并在那里住了几天,而且和儿子谈了好几次话。父子相谈中,植启芬向父亲说了许多革命道理。植公明是个明白人,觉得儿子说得有道理,认为"读大学是为了将来报效国家,参加红军,推翻国民党反动统治,建立新中国,不也是报效国家吗?"认为儿子选择的道路是正确的,思想发生了很大变化。于是,为人父的植公明,从不理解转为支持儿子投身革命,并且决定自己也走革命道路,他对植启芬说:"我也要参加游击队,我也要当红军,你要不要?"闻言观态,植启芬马上将这事报告上级并获同意,遂立即吸收其父亲为游击队员,负责游击分队的筹粮工作。从此,植公明便成了永固分队最年长的游击队员。

八、植于天转身参加革命

1947 年 8 月 16 日,广德怀挺进队在六龙坑举行军民庆祝怀南起义成功大会。会上,挺进队领导宣布正式接收植于天带领参加了这次起义的"义勇团"加入游击队,宣布成立怀南人民抗暴大队,中共怀集县特别支部书记吴腾芳任大队长兼政治委员,植于天任副大队长。这是植于天弃暗投明、转身革命获得的崭新身份。

植于天,诗洞凤合村(今诗洞镇凤艳村)人,是当时诗洞植氏家族的头面人物,1943 年起任诗洞协和乡乡长。随后,为扩充自己的势力范围,求得在当地姓氏宗族斗争中占据优势,他在族内组织武装队伍一支，名为"义勇团"，由 20 余名青壮年男子组成。

1947 年春夏时节，叶向荣、林锋率领广德怀挺进队开赴广宁、怀集边界的森膺洞，正要向怀集南区推进，开辟怀南游击根据地。植于天获悉消息后，马上写信派人与叶向荣部联系，表示愿意与游击队合作。其所谓"合作"，是要借助游击队的力量，抗衡诗洞域内因姓氏宗族矛盾积下与新增的"仇恨"势力，以保护乃至扩大自己和植姓家族的利益。

广德怀挺进队接植于天信函以及与来人交谈，进而摸清植于天的企图，梳理分析怀南地区的情况，又经请示上级后，决定对植于天进行统战式的教育、争取工作，以改造其人、其武装力量为革命斗争所用。1947 年 7 月初，林锋一行三人秘密潜入诗洞凤合村会晤植于天，商谈"合作"之事。林锋等人运用党的统战政策，耐心向植于天宣传中国共产党的政治主张，宣传全国的革命形势，述说"国家与小家"的关系，表明游击队进入怀集南区的目的是发动和领导人民起来闹革命，推翻国民党的反动统治，让广大劳苦大众过上好日子。同时，向植于天申明了宗族械斗的危害和游击队绝不支持宗族械斗的态度，动员、劝导他及早作出明智选择。经多次长谈、反复宣传，终于使植于天明白大义，一改初衷，表示跳出"宗族争斗"圈子，投身革命，支持游击队开辟怀南游击根据地。从此，他暗中帮助广德怀挺进队游击队人员进入怀南活动。随即，游击队除掉在诗洞当地作恶多端、挑动宗族械斗、破坏和阻挠我党开展游击斗争的地方反动势力的首恶分子，张贴宣传标语，号召群众起来斗争。游击队在诗洞地区有力展开的活动和斗争作为，使植于天坚定了加入革命队伍的信念，他自觉密切了与游击队的联络沟通。某夜，他凭借自己对诗洞圩环境的熟悉，主动为游击队当向导，引领林锋等进入圩内，实地侦察国民党怀集县南区区公所以及相邻的永固乡公所，摸清了情况，掌握了敌情。怀南起义前夕，他又帮助物色攻打南区区公所的内应。起义当晚，植于天按约率其"义勇团"参加起义。

植于天参加游击队成为副大队长后，积极投入工作。1947年8月25日晨，国民党怀集县当局保安队偷袭六龙坑，抢掠凤合村，烧毁植于天家房屋数间，捕其亲属4人。植于天无暇顾及家庭遭难，但记住敌人犯下的滔天罪行，一心投入武装斗争。1949年9月23日，植于天在德庆县莫村的一间祠堂里，面对鲜红党旗，宣誓加入中国共产党，成为一名共产党员，为人民的解放事业继续做贡献。

九、健营村人民参加斗争义无反顾

解放战争时期，诗洞健营村属于诗洞共和乡，坐落六龙坑区域，四面环山，丘陵相连，谷地几处，分健德、健智两个村寨，是开展游击斗争的好地方。1946年4月至1948年7月，在共产党游击队的组织领导下，健营村人民支援和配合游击队开展武装斗争，建立游击根据地，并在敌人一次次的"围剿""扫荡"面前，勇于斗争，义无反顾。

1947年7月初，游击队叶向荣、林锋等人，获得当地的植于天等人的协助，秘密进入六龙坑活动，以健营村民李亚土为联络人，宣传发动群众成立农会，李亚土担任农会会长，李亚日、黄秀轩、黄国和、植树统、植英等人是农会成员，开展减租减息活动；成立健营民兵组织，李亚天为民兵队长，黄国英等30多人参加民兵。农会与民兵配合，推进反"三征"、破仓分粮、维持治安的斗争。广大群众自身利益得到保障，都称赞共产党好、游击队好，踊跃加入农会，参加游击队，奠定开展革命活动的基础，健营村迅速成为游击队驻地和游击斗争根据地，民兵和群众为游击队站岗放哨、带路送信。8月15日晚,广德怀挺进队举行的怀南起义取得胜利,返回六龙坑驻扎后,收编植于天当地武装队伍加入游击队,继续革命斗争活动。8月22日,国民党怀集县罗棠霖保安队来犯六龙坑,游击队在进入六龙坑的凤艳山口将其阻击。8月25日,敌强力攻进凤合村,肆意洗劫,烧杀掳掠。强敌走后,健营军民继续斗争,此后至1947年12月中旬,六龙坑游击队军民多次打掉敌人的"围剿"进攻,游击队在六龙坑站稳脚跟。1947年12月15日,成立广德怀六龙坑乡人民政府,以健营村为驻地。翌日,游击队发现国民党怀集县自卫大队队长苏达章带队1000余人偷袭六龙坑,及时在凤艳山口将之击溃。此后,敌人隔三岔五地攻扰,游击队都将其击退。不久后,成立广德怀人民抗暴义勇总队,组建绥贺支队司令部,总队部和司令部机关都设在该村的岑寮小学内,游击队平时多在岑寮小学周边的空旷地训练,以健营村为主的六龙坑军民斗争热情高涨,革命氛围浓烈。六龙坑乡人民政府成立后,健营村配合乡政府抓紧筹粮,保证游击队的给养;继续健全民兵组织,平时进行生产劳动,作战时配合游击队打击敌人,保卫红色政权;在健营平山岗建立农贸市场,称为"红军圩"。1948年3月,粉碎了国民党贺县、信都、怀集三县调集的保警队、民团对怀南地区的进犯和对六龙坑的"扫荡"。5月,国民党粤桂当局以"绥靖"阴谋,纠集广宁、德庆、怀集相邻的10个县的自卫队和广东、广西保安队,兵力共1700余人,由设立在怀集的指挥部指挥,6月初开始"围剿""扫荡"怀南游击根据地六龙坑。6月1日拂晓,国民党军队兵分多路,气势汹汹进攻六龙坑。叶向荣、陈胜等率领驻地主力部队和民兵200余人奋力应战,自晨至午,敌势甚猛,战斗激烈。随即,游击队衡度战事状态,决定避敌锋芒,保存实力,午后主力部队撤出六龙坑,转移周旋。此后至6月3日,留守六龙坑的200余名民兵、乡政府干部顽强战斗，终因寡不敌众，六龙坑失守，乡政府干部、游击队战士和村民群众多人被捕。攻陷六龙坑后，敌人随即实施政治诱迫和军事镇压手段，在健营村平山岗山上一次就残忍地杀害游击队员、乡政府干部、游击队员家属和进步群众45人。这次反"围剿"斗争中，健营村民兵30多人参加、参与战斗，被捕的李亚土、李亚夺、黄秀轩、黄国和等人在平山岗上被杀害。六龙坑被陷后，健营村人民暗中继续斗争至怀集解放。从开展武装斗争开始至人民解放，健营村人民除了青壮年参加民兵、参加游击队之外，又自动献粮献枪，支援游击队开展斗争，其中李亚土、植树统各献步枪1支；植英和献步枪1支，子弹一批；黄国和、植英和等带头，全村人民一共给游击队捐粮2000多斤。

第三章

建设发展

第一节 全县经济社会概况

一、中华人民共和国成立前的怀集经济社会概况

历史形成，怀集县内世居群众分为上坊、下坊和永诗桥（怀南）三大块居民，以及下帅壮族瑶族少数民族居住区。上坊、下坊居民使用粤语。上坊处于怀集西部盆地，世代以农业为主，属稻粮产区；下坊为山地山谷丘陵所在，世代农林并举，是怀集县的主要林产区；永诗桥地区亦山区所在，永固、诗洞两镇和桥头镇一些村寨的居民使用"标语"（又称"标话"，当地称之为"豹话"），其农业林产，有番薯、芋头、玉米等，是怀集县著名的"三粥"（番薯粥、芋头粥、玉米粥）地区。民国期间，怀集县土地私有，自然经济，以农林业为主。农业种植品种不多，耕作方式落后，缺少水利，灌溉不保，亩产量低，总产量小。全县宜林山地25.9万公顷，约占全县总面积的72.5%。私人占有森林面积4316公顷，属区、乡所有的森林面积1133公顷，其余边远山地和山林，无人经营或无法开发的山地由县政府管辖。工业散见于农村者有粮油加工、竹木用器制作和房屋建造等手工业。中华人民共和国成立前夕，县城有缸瓦厂、松香厂、铸锅厂、印刷厂等共6家工场手工业。1949年，全县粮食总产79205吨，全县（308277人）人均产量256.93公斤；农业、工业总产值各为3136万元、943.23万元（1970年不变价），全县农业、工业人均

产值为 101.73 元、30.60 元。商业经营以农副产品为主，以木竹商品出口县外、运销广州为大宗。乡村各地有圩市交易，县城是商品交易中心。怀集解放前夕，坐商、行商、摊贩散布全县 21 个圩市，其中怀城镇商户 266 户，从业 966 人。县域经济实力贫弱，严重影响文化、教育、卫生事业的发展，1949 年全县有小学、中学各 303 所、2 所，学生各 17477 人、448 人，教职工各 578 人、51 人，能上学读书者甚少。

二、中华人民共和国成立至 2016 年怀集经济社会概况

（一）种植业生产

全县耕地 60.55 万亩（1 亩≈666.67 平方米，下同），常用耕地 40.12 万亩，其中水田 34.05 万亩，旱地 6.07 万亩，是广东省 40 个产粮大县之一。

中华人民共和国成立之初至 1978 年，凸显农村集体生产。1950 年清匪反霸，1952 年冬至 1953 年 7 月土地改革。1953 年春耕时节，全县开始组织互助组，田地、耕牛、农具属各农户所有，自种自收。1954 年 2 月 27 日，建起全县第一个初级农业合作社（简称"初级社"），即幸福之路农业生产合作社，小集体生产。夏收前后，全县陆续组织初级农业社和初级农林业社。1956 年将互助组和初级农业合作社转为高级农业生产合作社（简称"高级社"），同年底全县基本实现农业合作化，土地由私有制过渡为集体所有制。1958 年 8 月实现人民公社化，初期实行全公社所有制，农、工、商、学、兵五位一体，原高级社和圩镇工商企业的生产资料、资金，社员的生猪、"四旁"（村旁、屋旁、路旁、水旁）果木、空余房屋折价或无偿归为公社集体所有；社员实行组织军事化、行动战斗化、生活集体化。11 月开始基本上以自然村为单位办公共食堂，停止家庭厨作，男女老少到公共食堂不限量

吃饭。1959年2月左右无以坚持"任吃"而改按大小老幼人口定量吃粮。1959年3月整顿人民公社，下放生产经营管理权到生产大队，1960年12月下放到生产队，实行按劳计酬，按劳动力等级和老幼分配粮食，解散公共食堂。1962—1966年上半年，生产队先后采用小段包工或小组包干等形式管理生产，允许社员家庭经营少量自留地、饲料地、"五边"（村边、屋边、路边、河边、塘边）地。1962年起，农业生产逐步恢复和发展，群众生活有所好转。1965年全县粮食总产比1962年增产36%，生产队集体经济收入增加50%。1966年6月"文化大革命"开始后，生产队的管理被冲击扰乱，1968年12月合并生产队，搞生产大队或联队核算，出现一些生产队在并队之前分光集体的存粮、资金的行为，造成集体经济损失；生产劳动一度以社员劳动实绩加其"政治觉悟""阶级觉悟"高低综合评记工分，严重打击群众的生产积极性；县、社、大队一度平调生产队劳力、财物。1976年全县粮食总产比1967年增长10%，集体经济收入增加30%，人口增长32%，农民群众的温饱还没解决。是年10月"文化大革命"结束，拨乱反正促进农业生产。1978年全县粮食总产35259.11万斤（1斤=0.5公斤，下同）、农业总产值9186万元（1970年不变价），全县（572572人）人均产量615.80斤、产值160.43元。

1979—2000年，凸显家庭联产承包责任。1978年改革开放，一些生产队开始试行生产包干到组、产量包产到组、超产归组，1982年春实行家庭联产承包责任制，分责任田、耕牛和犁耙等大农具到户，由家庭承包完成口粮和国家的粮食征购任务；富余劳力上山垦荒办小山庄，或经营手工业或专业养猪、牛、"三鸟"或到市镇经商，乃至开办小工厂。1985年，全县粮食总产、农业总产值分别比1979年增加1953.20万斤、7143万元，人均收入增加279元，农民温饱问题基本解决。1986年试种杂优种子，1988

年全县播种杂优稻组合系列等产量更高、米质更优品种；1995年引进优质杂交稻"博优""青优"系列品种。1996年11月，怀集县被列为全国粮食自给工程建设项目区，1997年被列为广东省商品粮基地县。2000年全县耕地40.99万亩（水田34.24万亩，旱地6.75万亩），粮食总产31.3万吨，农业总产值29.69亿元，其中农业种植业产值9.68亿元，全县（909813人）人均产量344.03公斤、人均产值3263.31元。

2001—2016年深化改革开放，讲求生产的规模、专业和优质优品，凸显商品化生产。2002年开始，全县以保证粮食产量、增加农民收入为目标，打造茶秆竹、石山羊、粟米鸡等农副业品牌，建立茶秆竹、速生丰产林、松脂、木薯、糖蔗、粟米鸡、南德文优质肉牛、蜜柚与柑橘等商品基地，又据市场需要引进发展山地鸡、优质肉牛、花卉、剑花、沙糖橘、大蜜李、笋竹、韭菜花、黑皮冬瓜、樱桃番茄等优质高值品种或项目。2016年全县粮食总产27.32万吨，其中稻谷24.92万吨，农业总产值102.28亿元，全县（1108543人）人均产量、产值分别为246.45公斤、9226.53元。

（二）林业生产

1952年冬至1953年春土地改革，没收地主、族会的山地、山林分给农民，余下无人经营的边远山地和山林由县政府管理，属于国有山林。1954—1956年农业合作化，农户所有山地、林木入社，成为农业合作社集体财产。1958年9月人民公社化，山林属人民公社所有，1962年实行以生产队为基础的三级所有制，山林主要属生产队所有。1964年开始造林基地化、林场化、丰产化，林区以公社或生产大队为单位集中连片造几十公顷到上千公顷的杉林或松林。1968—1970年，国家投资飞机播种造林3.2万公顷。1974年秋，全县大办公社采育场或生产大队采育场、经济场，山林砍伐、抚育管理、收益分配和造林等权统一于采育场。1978 年解散采育场，山地、山林所有权和经营权归于生产队。

1979—2000 年推进林业经营。1981 年落实林业"三定"（稳定山林权、划定自留山、确定林业生产责任制）政策，划定"三山"（自留山、责任山、合作经营山）。1982 年开始改变此前社队集体造林为独户或联营承包造林，至 1984 年末全县有林业专业户（耕山大户）509 个，联营林场 8 个。1983—1988 年，飞机播种造林 7.4 万公顷。1985 年开始实施"十年绿化广东"行动，全县"大搞造林种果，五年绿化怀集大地"，1993 年实现绿化达标。1995 年定为全国森林资源分类经营试验县、广东省短轮伐期工业用材林基地建设试点县，1996 年定为公益生态林建设试点县，怀集县造林列入珠江流域防护林体系工程"九五"计划建设，1998 年扩大推进林业生产基地建设，林业进入产业化、基地化生产和管理。2000 年，全县有林面积 334.4 万亩，活立木蓄积量 1057.5 万立方米，森林覆盖率 65.7%；林业总产值 2.54 亿元，占农业总产值的 8.56%。

2001—2016 年，林业继续联产承包，基地化、专业化生产，铺开绿色产业建设。2001 年继续林业生产向改善生态环境方向发展，2012 年全面实施绿色发展和兴林惠民。2016 年，继续重点生态工程建设，全县完成造林作业面积 16.01 万亩，占计划任务的 114.1%，全县森林面积 372.45 万亩，活立木蓄积量 1422.91 万立方米，森林覆盖率 70.61%。

（三）木材经营

中华人民共和国成立后，怀集县一直给国家提供木材商品。20 世纪 50 年代前期至 80 年代中期，国家驻县森林工业部门一直在坳仔等林产区设立木材购销工作组乃至设立森工站 15 个，又在伐区设立收购点，收购、经营木材。1985 年，国家取消木材统购

政策和上调任务。怀集县解放后至 1985 年，全县砍伐木材 976.58
万立方米，收购 591.93 万立方米，总产值 18448 万元，上调国家
571.71 万立方米，上缴税款 3424 万元。1986—1993 年，全县生
产木材 58.8 万立方米，年均 7.35 万立方米，此后至 2016 年基本
保持林木资源消耗量低于生长量。

（四）工业生产

中华人民共和国成立之初，怀集从设备简陋的手工业起步，
至 1956 年发展有地方国营发电厂等工厂 6 家，矿山 1 个；发展至
1965 年有国营工业企业 20 家，职工 2419 人，年产值 2550 万元；
另有公社办工厂多家。1966 年"文化大革命"开始后工业生产在
受到严重影响中建设，1970 年全县国营工业企业 54 家，年产值
3260 万元；初步形成多个工业生产门类。随后继续创办国营企
业，至 1978 年先后建成县汽车配件厂、县卷烟厂、县氮肥厂等国
营厂和公社工业企业，共 152 家。

1978 年开始改革开放至 1990 年，工业企业以承包为主进行
经营改革。1990 年除县氮肥厂连年亏损停产外，其余 26 家国营
企业开始实行"核定基数，确保上缴，递增包干，超收分成，歉
收自补"的承包；同时创办资源型工业企业县微粒板厂、怀集县
南油中密板厂等资源型企业。20 世纪 90 年代，发挥地方资源优
势办工业企业，开辟工业园区筑巢引凤，进行工业招商引资和发
展民营、乡镇工业，多种经济成分企业共同发展，进行企业产权
重组的工业体制改革。1997 年，全县国有企业 98 家，完成转制
工作 85 家，转制面为 86.73%；2000 年，原县经委系统企业转制
面为 100%，县二轻系统工业企业全部转为民营企业或个体工业
企业，办有"三资"企业（含项目数）138 家。

2001—2016 年，继续深化改制，发展民营等多种经济成分企
业；建设工业园区吸引企业进园生产，以"上规模、求专业、具

科技含量"为要求发展工业。推进洽水镇等镇水电的引资建设和怀城镇等镇的红砖厂的建材生产，2005年资源型、能源型、金属加工型和劳动密集型等工业产业建设初见成效，2010年一批资源型工业成为怀集县国民经济的命脉。2015年落户怀集的广佛肇经济合作区上升为省级发展园区，2016年完成工业园区招商引进园区项目64个，合同金额84.13亿元。其中，建成投产项目16个、动工建设项目20个。全县纳税额超2000万元以上企业10家，其中超5000万元以上企业2家。全县工业产值1846594万元（现价），人均产值16657.80元；实现规模以上工业增加值57.6亿元，增长14.3%。

（五）商业经营

20世纪50年代初进行供销合作经营、工商业改造和粮油国营，国家管控市场，不久形成国营商业、供销合作商业、国家粮油专卖和物资供应专营的四大家。1956年夏，改造私营商业为公私合营、合作商店或合作小组。三年经济困难时期，农贸市场交易的商品不多，市场不旺。1966—1976年"文化大革命"期间，商贸服务业受到冲击。20世纪60—70年代末，由于生产力低，商品品种和数量少，未能满足群众生活需要，米面和米面制品、食油、食糖、猪肉、布料等主要生活消费品均由商业、供销和粮食部门经营，凭证定量供应，其他商品如煤油、缝纫机、自行车、手表、牙膏、肥皂等也需凭证购买。

1978年改革开放，县内国营、供销合作商业先后实行承包责任制，同时发展个体商业，逐步改变四大家商业专营，恢复与发展个体私营商业，快速形成以国营商业和供销合作商业为主体、个体商业为补充的大市场；多元体制从事商业和商业经营拓展至乡村山寨，商品不断丰富。1986年宣布取消布票、肉票，1988年5月取消米面的凭证定量供应，开放自由市场，商品购销活跃。

20 世纪 90 年代，国营（有）、集体商业经营的门店、从业人员、商品购销量逐步减少，个体、私营商业户不断发展壮大，逐渐成为商品流通主角；同时开始加快竹木、粮油批发、禽畜批发等专业市场建设，出现了电器城、摩托车行等一批有总店、在县城或圩镇设多个连锁店和售后服务部，流动资金和营业额超千万元的大型个体商业企业。2000 年，全县商品购进总额 138431 万元，商品销售总额 167247 万元，农贸集市成交总额 58241 万元。2001年继续国有商业企业以拍卖、转让土地房产等形式的体制改革和供销合作商业、粮油商业的改革，发展民营商业。2006—2010年，以旅游为龙头，拉动商贸、餐饮、旅业、服务、运输、物流等商贸服务业发展和个体、私营等民营商贸业发展。2010 年，全县商贸业单位（含个体户）10859 户，社会消费品零售总额313708 万元，分别比 2009 年增长 2.87%、14.45%。2011—2016年，发展电子商务，促进名优产品"网上行"；稳步发展旅游业、房地产业，增强现代服务业活力。2015 年，全县新增限额以上零售企业 8 家，建设和改造镇村级综合服务社 178 家，列为国家级"农家店" 123 家，建设"农超对接"示范点 3 个。2016 年，全县社会消费品零售总额 61.55 亿元，增长 7.3%。

（六）基础设施建设和文化教育卫生事业的发展

20 世纪 50 年代开始建设县城到各区乡和县城通向县外的主干道路，60 年代抓各公社之内的农村主干道建设，70—80 年代抓机耕路、大队之间的道路建设，90 年代抓道路升级的混凝土道路铺设，2001 年开始加快村道硬底化建设，随着穿越怀集县域的高速公路、高速铁路开通，2016 年怀集县形成村道、县道、省道加"两高"（高速公路、高速铁路）的交通网络。

20 世纪 50 年代开始县城电能建设，60 年代开始、70 年代增加、80 年代扩大地方国营水电站、社队水电站建设，20 世纪 90

年代和 21 世纪以来，推开与继续大型水电站建设，县内电网联接和入并南方电网，至 2016 年怀集县广大乡村能够安全稳定用电。

20 世纪 50 年代开始推开文教卫生事业建设，设立乡村学校、农村夜校和中等学校教育，逐步开通广播，设立区乡或公社卫生院，经数十年的努力，到 2016 年全县建成县图书馆、文化馆、博物馆和多个文娱广场，乡镇文化中心，农村农家书屋的文化设施；形成幼儿教育、小学和中学的九年义务教育及中等技术学校教育、成人教育、电视大学教育的全方位教育格局；形成县城的人民医院等四大家主体医院、乡镇卫生院和村寨卫生站（所）的防患治病的医疗网络。

三、全县发展展望

（一）2011—2015 年的基础态势

2011—2015 年"十二五"规划时期，怀集县从"做大总量、提质发展"出发和建设成为肇庆城市副中心的目标推进，推动全县经济社会平稳发展，地区生产总值增至 218.56 亿元，人均地区生产总值 26066 元，基本实现翻一番；三次产业结构为 30.36：29.24：40.4，第三产业占生产总值比重超过第二产业；现代农业稳步推进，粮食生产八连增，获"全国粮食生产先进县"称号，基本建成珠三角核心城市的安全食品生产基地；广佛肇（怀集）经济合作区起步区建设取得新突破；实施"产城融合发展、东扩西拓扩容"，县城的东、西部新城初步建成；二广高速、贵广高铁建成通车；自主创新能力提高，申请专利 38 件，授权专利 9 件；推进生态文明，森林覆盖率 70.45%，人均公共绿地面积 14.44 平方米；改善县城市容环境，建成美丽乡村示范村 150 个，实现垃圾转运全覆盖的乡镇 19 个、垃圾收集点全覆盖的村子 2800 个；城乡居民收入持续稳定增长，民生支出占全县公共财政预算支出比重加大；推进全国义务教育发展基本均衡县建设，19个乡镇全部创建成为广东省教育强镇；2014年获"全国文化先进县"称号，同时推进公共文化设施建设，90%以上乡镇文化站达到省一级站标准。

（二）2016—2020年的发展展望

2016—2020年是"十三五"规划时期。规划到2020年，怀集县综合实力进一步增强，经济质量和效益同步提高；城乡居民收入水平较快增长，人民生活质量和水平得到明显提升；城乡建设取得实质性突破，基本建立覆盖城乡的基本公共服务体系；社会治理机制日益完善，社会更加和谐稳定；生态文明建设不断推进，形成资源节约型、环境友好型社会，实现"五位一体"协同发展；努力确保率先全面建成小康社会；努力实现综合实力"快赶快转"；加快建设肇庆城市副中心；全面深化改革扎实推进；民生社会事业实现全面协调发展；"和美怀集"建设取得重大突破。

第二节 全县的建设发展

一、全县一、二、三产业发展

民国时期，怀集县的自然经济以农业为主，私有制经营。因为交通不便，市场萧条，县内的土特产品销路不畅，凉粉草、冬菇运到广州后常被积压或以低价出售，松香、枧沙、薯莨等销路甚窄。1949 年，全县的商贸服务业无统计数字，农业、工业产值比重为 76. 90：23. 10。

1950—1978 年，按计划经济方针，进行工农业、商业的建设发展。1978 年改革开放，逐步形成市场经济制度，促进三大产业建设与发展。2016 年，全县第一、二、三产业结构为：31. 97：25. 47：42. 56；按照常住人口计算，人均生产总值 27287 元。

（一）第一产业

中华人民共和国成立之初，从安定人民生活、解决人民群众吃饭问题出发，引导农民从互助组、初级社再到高级社的形式进行生产。1958 年秋全县公社化，公社将高级社的耕地、山地等生产资料统归公社集体所有，广大农民从更大范围、更多人口上进行集体生产。20 世纪 60 年代初，基本上以生产队为基础，进行粮食生产、其他种植业与林业生产，又以社员自留地、"四旁"空地种植相辅，至 1965 年全县农业生产得到明显改观。

1966 年 5 月至 1976 年 10 月"文化大革命"期间,生产队集体生产制度不变,但生产秩序、分配制度被冲击、干扰,社员的生产积极性受到打击,生产形势下滑。1971 年,怀集县粮食超过《农业发展纲要四十条》规定,全县粮食达到自给有余,但整个农业经济仍然弱小。1977—1978 年拨乱反正,农林牧副渔相结合,全面恢复生产。

表 3 – 2 – 1 1949—1978 年怀集县多个年份农业产值构成表

单位:万元

年份	合计	农业	林业	牧业	副业	渔业
1949	3136	2087	207	547	283	12
1950	3435	2193	332	585	312	13
1955	4763	2821	850	692	380	20
1960	4962	2573	1177	509	693	10
1965	7456	3733	1587	957	1150	29
1970	8029	4441	1171	974	1424	19
1978	9186	5156	1385	876	1737	32

注:按 1970 年不变价计算。农业实为种植业

1979 年开始初步调整生产布局,促使农林牧副渔全面发展。20 世纪 80 年代初,一改农业生产施行 20 多年的集体生产为分田到户的家庭联产承包责任制,并开始朝怀集县成为粮食和经济作物商品生产基地的方向发展,贯彻"不放松粮食生产,积极发展多种经营"方针,推进开发性农业生产和商品农业的建设。90 年代,继续保持粮食稳定增长,加大调整农业结构和布局。大力开放商品性农业,发展糖蔗、蚕桑、油料、水果、蔬菜等经济作物。1996 年,农业生产开始重点推进产业化和生产基地建设,继而实施"粮食自给工程县""商品粮食生产基地县"建设,以"企业

带基地、公司加农户"等模式经营。2001 年开始，连年推进农业
产业化建设，以"区块式""专业性"调整布局与结构，发展
"一镇一品（品牌）""一村一业（专业）"，围绕增加农民收入，
着眼于特色、规模和高效，以生产专业化、布局区域化、经营一
体化、服务社会化、管理企业化方向推进。2009 年，怀集县被列
为广东省 40 个产粮大县之一和粮食创高产示范县，并被农业部授
予"全国发展粮食生产先进县"称号；2015 年，粮食生产实现八
连增，荣获"全国粮食生产先进县""全国绿化模范县"称号。

表 3 - 2 - 2　1979—2016 年怀集县多个年份农业产值构成表

单位：万元

年份	合计	种植业	林业	牧业	副业	渔业
1979	10336	6512	1987	1248	529	60
1985	17479	7779	1873	2949	4663	215
1990	64259	26005	5991	14576	15735	1952
1995	239230	95129	19026	59547	56590	8938
2000	296920	96751	25392	83064	12310	79403
2010	533660	218124	104659	194596	—	16281
2015	916524	420041	222206	236842	12682	24753
2016	1019105	471343	244631	262060	13769	27302

　　注：副业所列的 2010 年、2015 年和 2016 年数值名称为"农林服务业"。
1979 年、1985 年数值为 1980 年不变价，余为当年现行价

（二）第二产业

怀集解放初至 1965 年，建筑业发展缓慢，工业以旧有企业为
基础，设办地方国营企业，进行手工业的社会主义改造，公社开
办集体工业企业等，至 1965 年国营工业成为全县工业主体。1966
年 5 月至 1976 年 10 月"文化大革命"期间，全县第二产业受到

冲击干扰，但仍然发展国营工业，街道集体工业，公社、大队、生产队三级工矿企业。1978年，全县工业形成下列门类及其产值：冶金工业（466.78万元）、电力工业（191.09万元）、化学工业（165.49万元）、机械工业（633.21万元）、建材工业（134.33万元）、森林工业（含林产化工，1222.14万元）、食品工业（1294.69万元）、纺织缝纫皮革工业（254.38万元）、造纸及文教用品工业（100.36万元）和其他工业（860.96万元）等，总产值5323.43万元。

表3-2-3　1949—1978年怀集县多个年份工业企业数表

单位：家

项　　目	1949年	1950年	1955年	1960年	1965年	1970年	1978年
合　　计	1033	1094	472	123	112	168	225
国营工业	—	—	9	31	20	54	54
私营工业	161	161	134	—	—	—	—
集体工业	—	—	20	92	91	114	171
其中：							
合作社营	—	—	20	6	52	11	8
城镇街道	—	—	—	—	—	7	11
农村公社	—	—	—	86	39	96	152
个体经营	872	933	309	—	1	—	—

表3-2-4　1949—1978年怀集县多个年份工业总产值构成表

单位：万元

项　　目	1949年	1950年	1955年	1960年	1965年	1970年	1978年
总　　计	943.23	1041.81	2502.08	3389.76	2928.6	3879.51	5296.53

（续表）

项　　目	1949 年	1950 年	1955 年	1960 年	1965 年	1970 年	1978 年
分轻重：							
轻工业	707.05	777.19	1420.93	1366.07	1563.58	2373.87	2931.88
重工业	236.18	264.62	1081.15	2023.69	1365.02	1505.64	2364.65
分所有制：							
国营工业	—	—	1246.79	2636.89	2423.12	3098.18	3625.28
私营工业	489.25	546.54	235.95	—	—	—	—
集体工业	—	—	435.11	752.87	504.60	781.33	1671.25
其中：							
合作社营	—	—	435.11	200	377.50	203.67	399.84
城镇街道	—	—	—	—	—	49.27	434.21
农村公社	—	—	—	552.87	127.10	528.39	837.20
个体工业	453.98	495.27	584.23	—	0.88	—	—

注：按 1970 年不变价计算

20 世纪 80 年代推进改革开放，恢复发展个体私营工矿企业，引进"三资"企业，并从管理层面革新国营和集体所有制工矿企业的经营。90 年代，实施"工业立县""工业富县"战略，继续发挥地方资源优势办工业企业；开辟工业园区筑巢引凤，进行招商引资办工业；发展民营、乡镇工业，促进多种经济成分的工企业共同发展；进行以产权为核心的工业体制改革。2001 年开始，全县工业经济加温提速，出现新的发展势头。2005 年，全县工业总产值 18.8 亿元，年均增长 10.2%，其中规模以上工业总产值 12.5 亿元，年均增长 7%，实现利润年均增长 18.8%。2006 年、2008 年和 2010 年各年的全县工业总产值为 251717 万元、527789万元、922783 万元。2011—2016 年加快工业发展，以广佛肇（怀集）经济合作区和中山大涌（怀集）产业转移工业园为载体，抓引进、调结构、扶骨干、促提升、壮总量，推进新型工业化，提升工业占县域经济比重；县内国有工业制造业厂家全部完成改革，民营工业企业成为主体。

表3-2-5 1995年、2000年怀集县工业情况表

项　　目		计算单位	1995年	2000年
1. 工业企业数		家	6193	7073
其中：规模以上工业		家	60	62
2. 工业总产值（当年价）		万元	209168	373403
3. 工业总产值（1990年不变价）		万元	187019	341499
其中	轻工业	万元	75384	174056
	重工业	万元	111635	167443
（1）规模以上工业总产值		万元	93523	207419
①国有工业		万元	50550	73240
②集体工业		万元	24715	73616
其中：镇（乡）工业		万元	17162	62889
③其他经济类型工业		万元	18258	60563
（2）规模以下工业总产值		万元	93496	134080
在总计中	工业局系统	万元	71843	156518
	外贸系统	万元	2238	2951
	水电系统	万元	1319	1267

注：规模以上工业指独立核算的所有国有工业企业和年销售收入500万元以上的非国有工业企业

表 3-2-6　2015—2016 年怀集县工业情况表

项目		计算单位	2015 年	2016 年
1. 工业单位数（含个体户）		家	2262	2299
其中	规模以上工业企业	家	65	61
	规模以下工业企业	家	561	750
2. 工业总产值（按 2015 年可比价计）		万元	1891942	1951662
（1）规模以上工业总产值		万元	1546770	1590543
（2）规模以下工业总产值		万元	345172	361119
3. 工业总产值（现价）		万元	1891942.4	1846594
其中	轻工业	万元	563519.8	549258
	重工业	万元	1328422.6	1297336
（1）规模以上工业总产值		万元	1546770.4	1508596
①国有工业		万元	52364.2	51469
②集体工业		万元	14691	11228
③其他经济类型工业		万元	1479715.2	1445899
（2）规模以下工业总产值		万元	345172	337998

（三）第三产业

中华人民共和国成立初期，怀集县的第三产业主要以分布在县城和各圩市的私家商铺、小店、客栈营业为主体，属于私营商业。1950 年成立地方国营贸易公司，开始有国营商业。1952 年县内各区设立供销合作社，开始有集体经营商业。此后，国营、集体经营商业。同时，有国家直接经营的邮电交通服务业。1956 年，私营商业经社会主义改造后，改变为公私合营、合作店组营业，至此基本形成以国营、供销合作、国家粮油专营为主体的第三产业态势。1956 年，国营商业经营占全县社会商品零售额的 42.70%、占全县商业商品零售额的 47.20%。此后，基本以国营、供销社集体经营占有市场，是第三产业经营主体。1966 年 5 月至 1976 年 10 月"文化大革命"期间，仍然国营和供销集体经营，并以"反对资产阶级思想"对待第三产业。1978 年，全县商品经营国营和供销经营为主体、合作经营辅助为格局，个体经营不足 60 户 100 人，多是老、弱、残的困难户和无依无靠的城镇居民。

表 3 - 2 - 7　1950—1978 年多个年份怀集县社会商品零售情况表

单位：万元

年份	社会商品零售额（不含农贸）	按销售对象分		按行业分		
		售给居民和社会集团消费品零售额	售给农村公社和社员生产资料零售额	商业零售额	饮食业零售额	工业及其他行业零售额
1950	842	780	62	676	11	155
1955	1487	1361	126	1353	74	60
1960	2508	1973	535	2359	81	68
1965	3618	2937	681	3375	158	85
1970	4365	3602	763	3879	263	223
1978	6176	5107	1069	5666	329	181

1978 年改革开放开始，第三产业逐步多元发展和提速发展，到 20 世纪 80 年代后期，国营、集体经营和个体经营三家并驱，一大批无注册登记、亦家亦店、游动摆摊的商业购销人员从事商贸，同时邮电、交通等行业加快发展。

表 3-2-8　1980 年、1985 年怀集县社会商品零售情况表

单位：万元

年份	社会商品零售总额	社会商品零售额（不含农贸）	商业零售额				饮食业零售额				工业零售额		
			小计	全民所有制商业	集体所有制商业	个体所有制商业	小计	全民所有制饮食业	集体所有制饮食业	个体所有制饮食业	小计	全民所有制工业	集体所有制工业
1980	8368	7811	7318	6871	391	56	310	195	54	61	183	92	91
1985	11481	10121	9279	4029	3708	1542	479	114	27	338	363	285	78

20 世纪 90 年代，国营、集体商业经济体制和经营机制改革，绝大部分转制为民营、私营商业；并推进交通、通信等基础设施建设，促进金融、财税、商业流通和对外贸易等行业的发展。2000 年，国营、集体商业商品销售量占全县商品销售总额的 30.5%，个体私营商业占 69.5%，个体私营成为第三产业的商业主力。2001—2005 年，县城房地产业初步发展，农村客运公交化初步形成，固定电话、移动电话和互联网等通信业和旅游业加快发展。随后，继续房地产业开发建设和国民旅游休闲计划，发展餐饮、商贸、物流等现代服务业，全面启动家电、汽车、摩托车、农机下乡以及家电以旧换新活动，城乡消费大幅增长。2010 年，全县社会消费品零售总额 313708 万元，其中批发零售贸易业 276641 万元（限额以上贸易业 14132 万元、限额以下贸易业 262509 万元，当中个体户 257229 万元），餐饮业零售 37067 万元（限额以上餐饮业 5781 万元、限额以下餐饮业 31286 万元，当中个体户 31286 万元）。2011—2016 年，促进旅游业，探索发展农业生态休闲旅游；推进房地产业健康发展，拓宽与推进现代商贸物流业发展，创建总建筑面积达 3000 多平方米的怀集电子商务产业园区和怀集县创业孵化基地。

表 3-2-9　2016 年怀集县社会消费零售、外经贸情况表

项目		计算单位	数量、金额
一、商贸业单位		家	19556
其中：个体户		家	17944
二、社会消费品零售总额		万元	645531
1.批发零售贸易业		万元	541766
其中	限额以上贸易业	万元	48398
	限额以下贸易业	万元	493368

（续表）

项目		计算单位	数量、金额
其中：个体户		万元	5482.7
2. 住宿和餐饮业零售		万元	73766
其中	限额以上贸易业	万元	11412
	限额以下贸易业	万元	62354
其中：个体户		万元	7227
总额中	城镇零售额	万元	384996
	乡村零售额	万元	230535
三、社会商业商品购进总额		万元	65770
四、社会商业商品销售总额		万元	79904
五、城乡集市贸易成交额		万元	469105
六、外贸进出口总值（海关口径）		万元	43681
其中	进口总值	万元	1864
	出口总值	万元	41817
七、合同外资总额		万美元	3228
八、实际实收外资额		万美元	1021

二、三次产业构成比重

怀集县解放初至1978年12月，经济社会统计数据以工农业产值和社会商品零售额为主。工农业产值比重格局一直是农业为主；工业产值比重最大的1960年为40.60%，1978年次之为36.60%。1979—2016年，逐步以三大产业划分与数据统计。2000年首次出现农业产值低于50%，二、三产业合项高于50%。此后继续产业结构调整，第二产业产值徘徊在30%的占比之下，第三产业加快发展，2007年首次出现第三产业产值占比以 46.10% 高于第一产业的 39.30%。是年，第一产业产值中种植业、林业、牧业、渔业和服务业占有份额各为 42.20%、9.60%、43.40%、3.20% 和 1.60%；第二产业产值中工业、建筑业占有份额为 96.10%、3.90%；第三产业产值中运输邮电业、商贸饮食服务业占有份额为 5.20%、79.70%，余下为其他行业。2016 年，全县社会总产出 5347035 万元（现价），其中第一产业、第二产业和第三产业的总产出分别为 1005336 万元、2634267 万元（工业总产出 2474352 万元、建筑业总产出 159915 万元）和 1707432 万元（运输、仓储和邮政业总产出 81515 万元，批发零售、住宿餐饮业总产出 686565 万元，其他行业总产出 939352 万元）；县内生产总值 2307543 万元（现价），其中第一产业、第二产业与第三产业的增加值各为 735655 万元、592690 万元（工业增加值 561986 万元、建筑业增加值 30704 万元）与 979198 万元（运输、仓储和邮政业总产出 44930 万元，批发零售、住宿餐饮业总产出 349572 万元，其他行业增加值 584696 万元）。

表 3-2-10　1949—1978 年怀集县多个年份工农业产值比重表

单位：万元、%

年份	工农业总值		农业产值		工业产值	
	金额	比重	金额	比重	金额	比重
1949	4079	100	3136	76.9	943	23.1
1950	4477	100	3435	76.7	1042	23.3
1955	7265	100	4763	65.6	2502	34.4
1960	8352	100	4962	59.4	3390	40.6
1965	10385	100	7456	71.8	2929	28.2
1970	11909	100	8029	67.4	3880	32.6

（续表）

年份	工农业总值		农业产值		工业产值	
	金额	比重	金额	比重	金额	比重
1978	14483	100	9186	63.4	5297	36.6

注：按照 1970 年不变价计算

表 3 - 2 - 11　1979—2016 年怀集县多个年份三大产业产值比重表

单位：万元

年份	合计	第一产业产值	第二产业产值	第三产业产值	三大产业结构比重
1979	12236	6234	3184	2818	50.95 : 26.02 : 23.03
1980	12711	7163	2973	2575	56.35 : 23.39 : 20.26
1985	25440	17074	3316	5050	67.11 : 13.04 : 19.85
1990	68276	45631	9780	12865	66.83 : 14.33 : 18.84
1995	294135	167730	62873	63532	57.02 : 21.38 : 21.60
2000	459788	217947	119458	122383	47.40 : 25.98 : 26.62
2005	518397	251148	50006	217243	48.45 : 9.65 : 41.90
2010	1190693	383667	267807	539219	32.22 : 22.49 : 45.29
2015	2185627	666109	639107	880411	30.48 : 29.24 : 40.28
2016	2300827	735655	585974	979198	31.97 : 25.47 : 42.56

注：按当年价计算

三、全县文化教育卫生事业建设

（一）城乡文化

1951 年 5 月成立怀集县人民文化馆为群众提供文化活动场所后，全县逐步推进文化设施建设和丰富城乡文化活动。1981 年 8 月在工业大道二路建成县文化馆楼房 1 座，后迁址至县城红卫路

25 号。2016 年，怀集县文化馆被国家文化部评为一级文化馆。1950 年 5 月搬离民国 24 年（1935 年）落成的怀集县立图书馆，在人民路设立县图书馆，与县文化馆合署办公，开放图书阅览，1976 年独立建制；1985 年 10 月 1 日，在工业大道新建的县图书馆落成开放，1994 年被定为国家二级图书馆；2010 年迁入设在县城登云路的新馆，2013 年被评为国家一级图书馆。1992 年成立怀集县博物馆，1995 年坐落县城城中路的县博物馆大楼建成使用，1998 年被列为爱国主义教育基地，2010 年迁入位于登云路的新馆。截至 2016 年，上述三馆正常运作。

农村也逐步建立文化站（室），1959 年底建成桥头、梁村、中洲、凤岗、冷坑等 5 个文化站，俱配备人员专职工作；1973 年建立公社（场）文化网点（站）一批。20 世纪 50 年代末至 60 年代初，各公社（场）兴建大会场作为放映、演出场所，1979 年大多仍在使用。80 年代开始改善社、场的文化娱乐场所。1983 年建设乡村文化室 204 个；1985 年全县建有基层文化站 19 个，"四位一体"（科技传播、文化娱乐、思想教育、信息传递）文化室 206 个，普通文化室 265 个；1995—2000 年，全县有镇（乡）文化站 21 个，其中 18 个镇（乡）建有文化中心大楼，农村文化室 108 间；2011 年、2012 年全县分别建成农家书屋 201 间、99 间；2016 年全县 19 个镇（乡）文化站被评为广东省一级文化站。2002 年、2004 年分别在县城南、城北建成燕都广场和燕城广场，2002 年在冷坑、桥头、下帅等镇（乡）建设示范性文化广场，2016 年建成凤岗、桥头、下帅 3 个省级镇（乡）文体广场示范点和冷坑镇谭庙省级村文体广场示范点。1954 年成立怀集县电影队，到全县各圩镇免费放映；1959 年各公社在圩镇先后建成大会场兼为影剧场，坳仔、凤岗购置放映机，自办放映队。1982 年怀集县电影管理站改制为怀集县电影公司，实行企业化经营。1984 年建成怀城影剧院 1 座，电影放映与大型剧团演出俱可。1985 年 4 月开始出现个体电影队，至年底共有 16 队，为边远山区农民解决了看电影难问题；1985 年全县有县、区镇、部门单位、乡村或个体文化户办电影放映单位近 50 个。1994 年后受社会兴办录像放映室的竞争和电视普及家庭的影响，镇（乡）电影院和个体电影队先后歇映。2002 年县文化部门开始送电影下乡，2016 年组织了 14 支农村电影放映队送映共 3800 场次。

（二）广播电视

1952 年 2 月设立怀集县收音站进行县城街道广播，1956 年架设县城分别至坳仔、至洽水线路延伸广播。1958 年各公社成立广播站开始当地的广播。1970 年 9 月实现全县广播载波化，1972 年 5 月改进为调频载波。1977 年各社各队均有广播，全县安装广播喇叭 65427 只。1981 年，由于一些社、队管理不善，全县一度只剩下三分之一的公社和生产大队保持广播线路完好。1984 年成立县广播电视局，1987 年全县 21 个镇（乡）广播站更名为广播电视站，1988 年元旦怀集人民广播电台成立后，开始实行无线调频广播，后渐次取代有线广播。1997 年 12 月，怀集人民广播电台、怀集县有线电视台合并为怀集县广播电视台，进行无线电视、广播服务；怀集县电视差转台开播，并建造乡村电视差转台，至 1987 年建成永固乡电视差转台后全县有电视差转台 20 座。此后继续改进建设，并随县广播电视台扩大信号覆盖和提高发射质量，2000 年除洽水镇和诗洞镇保留电视差转台外，其余镇（乡）的差转台逐步停播，直接用塔山无线电缆微波发射系统接收 10 套有线电视节目。2002 年底基本完成梁村、冷坑、岗坪、大岗、凤岗、坳仔、汶朗等镇有线电视网络升级改造，2003 年 8 月开始推出数字电视业务，至年末全县有线电视人口覆盖率为农村人口 70%、圩镇人口 95% 和县城人口 98%。2012 年实施"村村通"广播电视工程后，全县电视覆盖人口 95%，广播覆盖人口 98%。2016年，完成农村广播电视（省台节目）无线覆盖工程光纤的架设，创办广播电视怀集手机台。

（三）教育事业

1949 年秋，全县有小学 303 所 433 个班，有学生 17477 人、教职工 578 人。1951 年全县调整原乡中心小学按 12 个行政区设置为 13 所，1953 年转村办小学为公办小学，教师纳入国家工作人员编制。1956 年全县有小学 265 所 702 个班，学生 30365 人、教职工 786 人，同时全县出现民办小学 18 所、学生 720 人。1958 年下半年起搞"全民办学"，公办小学和民办小学分别增至 417 所和 240 所，在校学生分别为 56860 人与 17300 人，合 74160 人。1959—1961 年国民经济严重困难，停办民办小学一批，压缩公办小学多家和清退超龄生一批。1962 年开办农村耕读小学，普及小学教育，1966 年夏全县有小学 1218 所（含耕读小学 691 所），有学生 63701 人、教职工 2344 人（含民办教师 1152 人）。1966 年"文化大革命"开始后不久，教育工作陷入混乱，1968 年 12 月实行"小学下放大队"管理，并一窝蜂改此前的 6 年学制为 5 年学制，1976 年 10 月后逐步恢复教学秩序。1980 年全县有公办和民办小学共 595 所，教学点 150 个，2846 个班，学生 92845 人，教职工 3727 人。1984 年进行学校"一无两有"（无危房，有教室、有课桌椅）建设。1985 年全县公办、民办小学 554 所，独立教学点 324 个，共 2677 个班，在校学生 83382 人，入学率 96.9%，巩固率 98%。1987 年基本普及初等教育，1995 年普及九年义务教育。2000 年全县基本完成"改薄"（薄弱学校改造）任务，撤并部分教学点，集中教学资源后，全县有小学 338 所共 3366 个班，在校学生 101298 人，教职工 4554 人；幼儿园 18 所。2002 年改造革命老区破旧校舍和建设示范学校，2003 年基本完成 18 所布局调整试点学校建设，13 所边远山区学校共建成教学楼 13 幢，基本完成全县第三批 14 所革命老区学校改造任务。2006—2007 年度，全县有小学 298 所，在校学生 15.57 万人。2016 年，全县有完全小学 42 所、教学点 264 个，学生 87051 人；幼儿园 78 所，在园幼儿 35384 人。民国 4 年（1915 年）创建的怀集县立中学（简称"怀中"），是该县第一所中学，第一期招收初中新生 1 个班，学生 50 人；民国 31 年秋季开始办高中班，学生 40 人；民国 33 年下学期成为一所完全中学，初中 14 个班、高中 3 个班；同年秋，怀集县私立西区初级中学（今怀集县第二中学前身）开办，招收新生 2 个班共 100 人，教师 10 人。1949 年，全县两所中学共有高中 3 个班、初中 13 个班，初中、高中学生分别有 366 人、82 人，教职工 65 人。

1949 年 11 月 24 日怀集解放后，县人民政府接管各中学，1951 年秋，县私立西区初级中学并入怀中，1952 年秋撤销高中班。1956 年秋，怀集县立中学改称怀集县第一中学，恢复高中班，在原县私立西区初级中学旧址设立怀集县第二中学，在中洲、凤岗、诗洞开设中心校"戴帽"初级中学。1958 年全县有高中 1 个班学生 50 人，初中 22 个班学生 1177 人，教职工 62 人。1958 年秋至 1959 年"大跃进"时期，全县中学、学生各从 5 所 1177 人增加到 28 所 6616 人。1962 年压缩超龄学生一批，改制坳仔、冷坑中学为职业中学，撤销大岗中学，全县保留中学 6 所 59 个班，学生 2379 人，教职工 220 人。1966 年"文化大革命"开始后至 1967 年秋，受运动影响各中学无法上课，停止招生。1968 年采用"初中不出大队、高中不出公社"的做法，全县内各大队完全小学基本都附设初中班，各公社办中学设高中班，并改初中、高中学制各为二年；1969 年，一些生产大队也办起高中班。1970 年秋，全县有完全中学 25 所。1977 年春，学校开始恢复正常教学秩序，1979 年起全县重点中学和其他中学分批恢复初中三年制，同年县城增设城镇中学。1980 年调整全县 26 所完全中学为 10 所，设普通初级中学 84 所，小学附设初中班 38 所。1983 年秋撤销诗洞、大岗中学高中班，保留完全中学 8 所，初中 47 所；1985 年全县有完全中学 8 所，独立初中 15 所，小学附设初中班 39 所，初中、高中各 392 个、34 个班，学生各 19180 人、1601 人，教职工 1362 人。1988 年全部撤销小学附设初中班，全县共有初中学校 44 所，完全中学 8 所。1995 年起高、初中学生的入学率和巩固率不断提高。2000 年全县初一新生、普通高中一年级新生分别为 13992 人、1117 人。2006—2007 年度全县有初中 30 所，学生人数 71448 人。2016 年全县有完全中学 4 所、初级中学 20 所、九年一贯制学校 5 所，有初中生 46326 人、普通高中生 18145 人。

1958 年秋，受"大跃进"影响，多个公社创办职业中学，其中技工中学 1 所，学生 40 人；农业中学 21 所，学生 834 人；林业中学 2 所，学生 580 人；卫生学校 1 所，学生 86 人。1959 年秋创建怀集师范学校，招收中师、师专新生共 200 名；调整农业中学为 10 所，学生 596 人，两个月后农业中学增至 13 所，学生 1165 人、专职教师 42 人。这些职业中学为各公社一哄而起自办，1960 年起多校因缺乏资金停办。1964 年开办县劳动大学和马宁职业中学。1966 年"文化大革命"开始后，各类职业学校相继停办或改制。1974 年在岗坪公社红星大队办起县农业大学，1977 年后停办。1976 年，县农机局主办农机学校 1 所。1983 年在县城镇中学创办职业试验班，改怀集师范学校为教师进修学校。1984 年秋改附城中学为职业中学。1985 年，县第三中学、凤岗中学、城镇中学部分高中班改制为职业班。1986 年，全县有附城中学、凤岗中学、诗洞中学、怀集县第三中学等职业中学 4 所，职业高中生

1200 人，占全县高中生人数的 40%。1993 年，怀集县第三中学、凤岗中学恢复为普通高中，改怀城镇幸福中学为职业高中。1994 年开办怀集县城乡职业高级中学，免试招生社会青年入学。1995 年，全县 3 所职业中学共 30 个班，学生 1158 人，专职教师 110 人。2016 年仍办职业中学。

（四）卫生事业

民国 26 年（1937 年）始在县城开设公立医院 1 家，次年全县 19 个乡设立医务所，但设备简陋、收费高，贫苦农民仍无法就医。中华人民共和国成立后，县人民政府推进卫生事业建设，1955 年成立梁村、冷坑、怀城区卫生所，1958 年各公社成立卫生院。1959 年在县城建成县人民医院、卫生防疫站、妇幼保健所、麻风病防治站，在农村建有卫生院 26 家、卫生所（站）79 个、保健室 394 个。1964 年，县卫生学校为各公社缺医少药的大队和边远山区的重点大队培训卫生员 108 人，办起大队医疗站 51 个。1968 年，全县有公社（场）卫生院 23 所，其中冷坑、中洲、梁村、诗洞、大岗、凤岗公社为中心卫生院。1969 年，试行农村合作医疗制度并办医疗站，全县为人民公社生产大队培训不脱产的基层卫生人员（时称"赤脚医生"）680 人，21 个公社（镇）办起大队合作医疗站 72 个。1972 年，全县 275 个生产大队全部办起合作医疗站。1978 年缩减中心卫生院后只保留梁村、冷坑、凤岗 3 所。1979 年，全县有医疗卫生机构（包括行政管理机构、县属医院、社属卫生院、大队一级医疗卫生站和各医疗点）349 个。1985 年，全县有全民和集体所有制医疗卫生机构 32 个，乡村集体办的医疗站 14 个，医疗点 309 个，其中乡村医生和卫生人员 501 人，农村接生员 557 人，基本建立县、区、乡三级医疗防治网。1986 年，设立县中医院；在农村改合作医疗站为卫生站，乡村赤脚医生成为乡村医生，推行区、乡政府办医及联合办医、个人行医等形式办医，构建农村医疗卫生保健网。1990 年开始实施农村初级卫生保健工作。1996 年，全县 21 个镇（乡）卫生院全部达到"一无三配套"（无危房，房屋、设备、人员配套）建设标准。1998 年 3 月，怀集县达到爱婴县标准。2000 年，全县有医疗卫生机构 768 个，其中县直属医疗卫生单位 7 个，镇（乡）卫生院 21 个，县级医院下设门诊部 4 个，镇（乡）卫生院下设门诊37 个，厂矿企事业单位卫生室 15 个；村卫生站 673 个，个体医疗诊所 11 个。2002—2003 年，继续巩固农村初级卫生保健工作达标成果，与文明镇村和卫生城镇等创建工作结合，以"村办院管为主"模式开展。2012 年，全县有各级各类医疗机构 809 家，其中县直属医院有 5 家，属下门诊和诊所 5 家；县直卫生机构 3 家（疾病防控中心、卫生监督所、卫生学校）；镇（乡）卫生院 19家；分院 2 家，属下诊所 1 家；村卫生站 679 家，居委会卫生站75 家，个体诊所和民营门诊 8 家；企事业单位属下卫生机构 9家；其他医疗机构 3 家。2012 年，完成洽水卫生院医技楼项目建设。2016 年，全县所有乡镇卫生院配备医疗救护车，基本配备心电图、B 超、X 光机、血球计数仪、尿液分析仪等常用医疗设备。

四、全县基础设施建设

（一）水利建设

怀集县位于南岭以南，北回归线之北，地形复杂，高山平原交错，河流密布，年均降雨量 1785 毫米左右，但雨量时空分布不匀，易旱易涝，有"一场大雨水浸田，十日无雨禾苗黄"的农谚流传。据旧《怀集县志》和一些史料记载，明朝正德十二年（1517 年）至 1949 年，浸田倒屋的洪水灾害有 34 次；明朝万历三年（1575 年）至 1949 年，大旱灾害有 30 次。民国时期及之前，农业一直都是用草木临时蓄水陂、小山塘以及竹木制作的水车、龙骨车等提水工具取水灌溉。1949 年，全县耕地面积 34380 公顷，筑有简陋小水陂 141 宗、小山塘 300 多宗、人力水车 725 架，灌溉耕地面积约 1333 公顷，加上山溪水自流灌溉的耕地共约 1 万公顷，抗旱能力在 20 天以下。中华人民共和国成立后，推进水利建设。1950 年 3 月，县人民政府设置农建科，1954 年 2 月设立水利科，6 月组成 72 人的水利普查工作队调查全县的水旱灾害情况；1956 年 10 月水利科更名为水利局。1954 年 10 月举办农民水利技术员培训班。1955 年冬，全县以群众运动进行农田水利建设，至 1963 年建成小（二）型以上的蓄水工程 78 宗，其中，中型水库 1 宗、小（一）型水库 3 宗。1964 年以后，蓄水工程建设项目逐步减少而渐次增大水利工程规模。1972 年 10 月动工兴建湖朗中型水库，1978 年续建库容为 5390 万立方米、能灌溉 8000 公顷耕地的下竹中型水库，同时不断加固、改建、扩建投入使用的塘库，提高蓄水供水能力。1979 年，全县建起蓄水山塘、水库 692 宗，总库容 1.36 亿立方米，引水工程 426 宗，以及完善了一批提水、防洪、排涝、排灌等水利工程，受益农田 13.68 万亩。至 1985 年，全县建成使用的蓄水工程 629 宗，其中，中型水库 2 宗（三坑、湖朗），小（一）型 14 宗，小（二）型 80 宗，山塘 533 宗；在建的中型水库 1 宗（下竹）。蓄水工程总集雨面积 402 平方公里，总库容 1.92 亿立方米，调节水量（P ＝ 90%，P 指调节库容系数，系数越大，表示水库调节性能好，调节周期长）2.7 亿立方米，灌溉耕地 1 万多公顷，其中保证灌溉面积 7000 公顷。全县水利工程建设总计投入 8920 万个工日，平均每年近 250 万个工日；总投资 6548 万元（不包括劳力投入），其中国家投资 3597 万元，县财政拨款 519 万元，集体筹集资金 2432 万元；完成土石方 9784 万立方米；建成水利工程 1319 宗，有效灌溉面积 20670 公顷，旱涝保收面积 1.6 万公顷。至 1985 年，全县尚有 1

万多公顷耕地未达到旱涝保收，尚有 5000 多公顷耕地常受洪水威胁，有 96 平方公里水土流失未得到治理。1986—2000 年，水利建设以对原有工程设施进行除险加固、配套控潜、综合利用、改善经营管理为主，撤并部分建设不当、规模较小的工程，提高原有工程抗洪排涝能力，增加工程效益，同时，也增建续建两宗水库和兴建白水河 4 宗梯级水电站等项目。1999 年，按照广东省开展"大禹杯"竞赛活动要求，制定了对全县山、水、田、林、路综合治理的五年计划和年度计划，以点带面，掀起农田水利综合治理热潮。全年累计投入 481.16 万个工日，投入农田水利建设资金 1170.5 万多元，共治理水土流失面积 2.6 平方公里，除险加固和维修水库 57 宗，修复水毁工程 8 宗，渠道清淤 152 条 235 公里（其中建硬底渠 25.8 公里），改善灌溉 6.5 万亩，改造中低产田 3 万亩，修建和改造机耕路 20.5 公里。2000 年，农田水利建设完成土方 75 万立方米、石方 7.69 万立方米、砼方 1.97 万立方米，完成小型水库除险加固 12 宗，水陂灌渠改造 8 宗，修复加固堤围 5 条 2100 米，渠道清淤 380 条，修建三面光防渗渠道 7.8 公里，改善灌溉面积 6.2 万亩，改造中低产田 3.1 万亩，治理水土流失面积 10 平方公里。是年，全县建设蓄水工程 694 宗，总蓄水库容 3.5 亿立方米，受益农田 26.11 万亩。2002 年、2003 年，水利水电工程项目分别完成投资 4964 万元、8590 万元；农田基本建设各年完成土方 59.05 万立方米、54.8 万立方米，石方 9.79 万立方米、4.65 万立方米，砼方 1.25 万立方米、4765 立方米，农田水利设施进一步完善，抗洪防旱能力大大提高。2009—2011 年，中央和省连续三年共补助资金 4800 万元，建设小型农田水利设施，全县累计投入 5700 万元，建设灌溉渠道硬底化 253 公里，受益农田 7 万多亩。2012 年，在实施全国小型农田水利重点县绩效评价中，怀集名列全省前两名，被推荐继续实施三年。2003—2012

年，全县维修加固小型农田水利建设 319 宗，共投入资金 1350 万元。2016 年，列入县规划建设的中小河流治理项目共 5 宗，凤岗河洽水段和大岗三八运河堤防加固工程完成 70% 以上，累计完成工程投资 3500 万元。是年，完成水利建设投资 14072 万元。

1954 年秋旱，县政府在城北龙头湾建成第一个机械提水站，安装 1 台 60 马力（1 马力 ≈ 735 瓦，下同）柴油机带动水泵抽水，灌溉城北兴贤、育秀、上郭等村 100 公顷农田。1955 年春旱、1956 年秋旱，一些区、乡和农业合作社陆续购买或租赁抽水机械抗旱，县内的机械提水设备逐步增加，到 1960 年全县机械提水灌溉装机 15 台 256 马力，灌溉农田 310 多公顷，另有流动抽水机 32 台 785 马力，可灌溉农田 800 公顷。到 1970 年建站装机 40 台共 880 马力，可灌溉农田 600 多公顷，全县共有 26 万亩水田达到旱涝保收，1980 年增加到 64 台共 1340 马力，可灌溉农田 800 多公顷。此后，其他水利设施特别是电力提水设施得到了较大的发展，机械提水设备逐步淘汰，至 1985 年尚有 13 台共 238 马力，只灌溉农田 1270 多公顷。

县内部分镇村地处石灰岩地带，地表水渗漏严重，地下水位低，人畜饮水困难。1980 年开始制订全县供水工程规划和分期实施方案，第一宗农村圩镇供水工程在冷坑圩开工建设，由广东省水文地质钻探队打 60 米深井，抽取地下水储水水塔供冷坑圩镇及附近村庄共 7000 多人饮用。1982—1996 年，陆续完成梁村、桥头、闸岗、蓝钟、永固、诗洞、凤岗、洽水、汶朗、坳仔、下帅、岗坪、马宁、大岗等 14 个圩镇的供水工程，其中打深井抽地下水 10 宗，建蓄水池引山溪水 5 宗，解决 8.45 万多人饮用水问题，总投资达 1014 万元，供水年产值 312.4 万元，年利润 126 万元。2000 年完成全县各圩镇供水工程，2002 年起用 3～5 年时间彻底解决全县农村 18.4 万人口饮水难问题。至 2006 年，全县农村饮用水解困工程投入资金 1769 万元，其中省补助资金 1230 万元，村民筹集和信贷 539 万元（不包括投工投劳）。2006 年后，结合农村住房改造、生态文明村和省卫生村建设，推进农村饮水工程建设，改善农村生态环境和农民饮水卫生。2008 年，经省核定全县农村饮水不安全人口 24.2 万人，占农村人口的 28.1%，涉及全县 19 个乡镇 143 个行政村，规划投入资金 1.19 亿元，建设工程 31 宗。2012 年底，上述 31 宗饮水安全工程全部完工，全面解决县内 24.2 万人饮水不安全的问题。2016 年，全面推进"村村通"自来水工程建设，11 月全县完成 22 个行政村通自来水工程，全县农村自来水普及率达 59%，农村水质检测合格率达 63.18%。

（二）公路建设

1949 年 4 月以前，怀集县城有 12 条人行山道通往外界和一水东流航船。是年 5 月，为抗战而毁坏的荔怀公路（广西荔浦至怀集）怀集段修复通车。中华人民共和国成立后加快公路建设，1955 年修复四（会）连（山）线怀城至四会路段，建成怀城至中洲界顶公路，使四会经广宁、怀集而至连山的路段通车。1956 年建成怀城至开建（南丰）、封川公路。1957 年全县掀起筑路运动高潮。1960 年建成木桁架的怀城大桥，1965 年改建为钢筋水泥大桥，方便四连线交通。1950—1957 年，全县修复和新筑公路 13 条，总长 138.6 公里；1958—1965 年，修筑公路 24 条，总长 279.5 公里，其中 1959 年建成怀城经闸岗、永固、诗洞、广宁木格、德庆古有通往肇庆的公路和怀城至阳山县界公路；1966—1976 年，修筑公路 47 条，总长 339.5 公里；1977—1985 年，修筑公路 27 条，总长 262 公里，形成县城可四向出境、到各镇（区）驻地的道路交通网络。1986—1991 年主要修筑通向边远山村的公路，对省道和县城出口路段铺设柏油路，增加省道岗旺线一条，衔接整编县道 8 条。1992 年起进行省道、县道的水泥硬底化改造，1994 年开始乡道硬底化建设，至 1998 年比广东省"九五"计划提前两年完成"镇镇通水泥路"目标。此后进行"四通"（行政村村村通电、通邮、通电信、通公路）大会战，至2000 年完成全县公路网建设 1298.2 公里，公路密度 0.36 公里/平方公里，其中乡道增至 162 条 872.5 公里。2005 年开始广（州）贺（州）、昆（明）汕（头）、太（原）澳（门）三条高速公路建设和推进县内 4 条省道的改造，村道共 811 公里的硬底化建设和自然村通公路 700 公里的修筑。2012 年，全县公路通车总里程2227.828 公里，公路密度为 62.4 公里/百平方公里。2016 年，全县公路通车总里程 2874.55 公里，其中高速公路 74.95 公里，省道 265.8 公里，县道 288.44 公里，乡道 1547.31 公里，村道698.05 公里。全县公路密度为 76.97 公里/百平方公里。2010 年12 月二广（二连浩特至广州）高速公路怀集段建成通车，2013年二广高速公路怀城至岗坪段建成通车，2015 年二广高速公路怀城至连州段建成通车，2016 年贵广铁路怀集段建成通车，至此全县形成高速铁路、高速公路、省道、县道和乡道交集的硬底化道路架构，呈现省道使县城连接通达县外的同时方便经过的镇乡，加上县道直接交通县城到各镇（乡），各镇（乡）从政府驻地（圩镇）联结下辖村寨的公交道路网。

（三）邮电建设

民国 20 年（1931 年）创办怀集邮政局，分设梁村、冷坑、渡头 3 个邮寄代办所。民国 21 年设立县电话所，东、西、南、北各区设立分机，多个乡开通电话。民国 29 年设立怀集电报局和广西无线电台怀集分台，分别办理有线电报和无线电报，增设草朗（今汶朗）、罗岗（今洽水）、坳仔、岗坪、大岗、永固等 6 处邮寄代办所。中华人民共和国成立后，加快邮电事业发展。1950年，怀集邮政局下设罗岗、凤岗、冷坑、梁村、岗坪、坳仔 6 个邮政代办所。1951 年 6—10 月，增设马宁、中洲、连麦、永固、诗洞、桥头、大岗邮政代办所。至此，全县 12 个区都设有邮政代办所。之后随基层行政设置开办增办邮电局（所），1958 年 4 月梁村邮政代办所改为邮电支局，1974 年后坳仔、汶朗、洽水、凤岗、闸岗、永固、诗洞、桥头、冷坑、马宁、蓝钟、岗坪、中洲、连麦、甘洒、大岗邮电营业所和泰来、幸福、附城邮电代办所也陆续改称邮电支局。1985 年，全县有邮电局 1 个、邮电支局 19 个、邮政代办所 3 个、邮政营业所 1 个，共设信筒或信箱 46 个，全县各区、镇、场通邮通电话，形成覆盖全县的邮电网，长途电话可通全国各地，也可与香港、澳门和东南亚一些地区和国家通话。

2000 年实施村村通邮建设，以直投、委办代投、固定捎转等形式，开办农村邮路 61 条 2529 公里，年底全县 321 个行政村全部通邮。2012 年，建立健全覆盖城乡的邮政普遍公共服务体系，分别在怀城、梁村、冷坑、诗洞等 4 个镇建设便民服务站 12 个；在全县 200 个自然村设立邮站，共计 500 个格口。至 2016 年，提升和完善了乡镇网站的基础设施建设，函件业务、储蓄业务、保险业务、快递业务全面开展。

怀集解放前夕，全县有交换机 5 部 50 门，实装电话机 31 部，其中县城市话 18 部。1952 年，全县 12 个区都安装电话交换机直通县城总机，52 个乡也陆续装机通电话；1956 年增加交换点至 13 处，装电话机 224 部。随后增加安装部门电话，1978 年安装的 HJ905 型纵横制 800 门自动电话交换机开通使用，从而结束手摇电话的历史。1985 年，全县对外电话线路 13 条，294 个乡有 157 个乡通电话。1991 年，开始改造乡镇电话交换机，安装数字程控电话交换机和架设光纤电缆。此后，陆续开通程控电话、无线寻呼台（BB 机）、移动电话（大哥大）、480 路数字微波通信和数码、中文人工信息台和自动声讯服务台。1995 年各乡镇均开通程控电话；1996 年全县电话用户 1.3 万户，通电话的管理区（行政村）和居委会 285 个。2000 年进行村村通电信建设，建成农村有线光纤接入网点 41 个。2012 年开始以移动、3G、宽带、iTV（宽带互联网视听业务）规模发展为重点推进 C（CDMA，码分多址技术）网、光网建设，建成移动通信基站 240 个站点，其中 TD-SCDMA（时分同步码分多址）基站约 70 个，铺设传输光缆 1800 多公里，通信网覆盖全县所有乡镇及 98% 以上的行政村。2016 年，全县 19 个镇（乡）开展移动光纤宽带接入户工程。

（四）电力建设

1951 年 9 月兴建县城火力发电厂，1952 年元旦投产，此为怀集县用电之始。1957 年 11 月，幸福之路农业生产合作社动工兴建的河南大陂水力发电站建成投产，此为怀集县利用水力资源建设的第一座水电站。之后推进建设，至 1963 年全县建成小型水力发电站 23 座共装机 1113 千瓦，又自是年起结合建设水轮泵站办100 千瓦以上的水电站，至 1965 年建成小电站 32 座装机 1825 千瓦，至 1969 年建成大小水力发电站近 100 座，并架设全县第一条35 千伏的泽联至怀城输电线路，至 1972 年 10 千伏的输电线路共293 公里、0.4 千伏的输电线路 711 公里。20 世纪 70 年代起，凡有水力资源的社、队俱设法建设水电站，至 1979 年新建水力发电站 250 多座，增加装机容量 16278 千瓦，成为全国小水电装机容量最多的 4 个县份之一。80 年代开始集资办电站，出现凤岗、洽水、中洲、下帅、诗洞等一些偏僻山区的农户单家独户或联户集资合办装机几百瓦到 1000 多瓦的小水电站（微型电站）发电。1983 年，凤岗区上南坑乡塘坪村 24 家农户，自己安装小发电机 4台，解决了用电困难。至 1989 年，全县有这种微型电站 150 多座。1990 年后因存稳压、安全问题以及县供电网络普及偏僻农村，微型电站逐渐被撤销。1991 年，怀集县入列全国第二批农村初级电气化建设，1995 年 6 月建设达标，全县 21 个乡镇、321 个管理区（行政村）实现镇乡通电、区区通电，全县总户数 14.4 万户，已通电 13.5 万户，户通电率达 94%，获"全国初级电气化建设先进县"称号。1996—2000 年入列全国中级电气化县建设，加快引进外资或招来客商建设水力发电站，其中在白水河中游的高塘峡谷建筑混凝土面板堆石坝，拦河蓄水。流域下游依次建造高塘、鱼跳、新湾等三座梯级水电站，流域上游建造跨流域（茶岩河）引水入高塘水库的长调水电站。四级（个）水电站总装机 7.49 万千瓦，总投资约 10 亿元。至 2000 年，全县建成和在建的水电站装机 17 万千瓦，水电总发电量 2 亿千瓦时。全县 21 个乡镇、321 个村委会全部通电，全县总户数 14.9 万户，已通电 14.3 万户，户通电率达 96.3%。并基本形成全县与省网联通、县内电网布局合理的输变电网络，达到了全国农村中级电气化县的标准要求。2012 年，全县建成投产的水电站 266 座装机容量 28.1 万千瓦，水力发电 9.16 亿千瓦时。2016 年，全县累计发电量 10 亿千瓦时，年产值约 4.5 亿元。

五、怀集县建设典型选介

（一）十年绿化怀集大地

怀集县是广东省重点林业大县，全县有宜林山地面积 380 多万亩，占全县总山地面积的 70%。1979—1985 年，每年上调国家商品木材 12 万~20 万立方米。但 1978—1983 年，因过量砍伐木材（砍伐量超过生长量），致使有林地面积急速减少，1984 年有林地面积、森林蓄积量分别从 1977 年的 250 多万亩、620 多万立方米降为 172.6 万亩、480 万立方米，宜林荒山 109.5 万亩，占林业用地面积的 28.1%，成为全省有名的荒山大县。

1985 年开始，县委、县政府执行广东省委、省政府"十年绿化广东"的指示精神，确定"稳步发展农业，恢复振兴林业"的农林业工作方针，成立由县主要领导挂帅的造林绿化指挥部，组织全县干部群众开展"大搞造林种果，五年绿化怀集大地"行动。

县政府发布《关于封山育林的布告》，明确规定对萌芽更新、飞花落生幼林、人造幼林、飞播造幼林、各种特种用途林均实行封山育林，禁止人畜践踏和其他损坏林木行为；坚持造一片封一片，造一山封一山。并根据林木树龄、生长情况和用途，分别实行全封、半封、轮封。封山育林做到"四有"：有封山地段标志和告示、有封山四至范围面积、有封山类型、有专人管护。告示列清封山规定要求和奖惩事项，在专人管护中稳定封山护林员，至 1993 年，有镇、村专职封山护林员 800 名、兼职 2760 多名。1986—1993 年，全县完成全封育林 180 万亩。同时，开展改燃节柴运动，从 1986 年开始在县城居民中推广使用石油液化气生活燃料，减少森林资源消耗。1987 年 6 月 26 日，县政府颁布《关于改燃节柴的布告》，要求城镇居民、机关厂矿食堂、饭店尽量不烧木柴，改用电、煤、石油液化气作燃料，农村家庭改革炉灶节约用柴。县成立改燃节柴办公室，组织改燃节柴专业队伍 350 人，办好改革炉灶培训班，全面推广节柴灶；投资 91.4 万元办蜂窝煤厂店 53 个，改燃节柴示范点 53 个。至 1988 年底，城镇机关和居民、农村的改燃（灶）率分别为 98%、91%，县城 21 家以木柴为燃料的工厂和全县 1373 个砖瓦窑、石灰窑全部改烧柴为烧煤或烧草。1990 年后，城镇机关厂场、餐饮服务单位和居民基本不烧木柴，靠近城镇的农户和交通便利的地区，改用煤、电、石油液化气，不用或少用木柴作燃料。

山林防火工作也摆上了议事日程，县成立护林防火指挥部，制定《护林防火公约》印发至农户；1986 年设立区乡护林防火机构 24 个、成员 277 人，组织以青年民兵为骨干的区乡扑灭山火队伍 393 个、人数 1.32 万人。1987 年起，实行县、镇、管理区行政首长防火责任制和目标管理责任制，县、镇的领导班子有护林防火责任人，并逐级签订护林防火责任书。1986—1993 年，全县共投入 349.8 万元进行护林防火"四网两化"（火险预测预报网、火情观测瞭望网、无线通信网、林火阻隔网，队伍专业化、扑火机具化）建设，建成永久性防火宣传牌 500 个、修防火线 1250 公里；建起防火瞭望台（哨）8 座，监视面积 240 万亩；配置各类通信设备 113 台（部），防火指挥车、运输车、巡逻摩托车 16 辆，油锯以及灭火机具等 264 件，实现森林防火基础设施建设达标。

在造林绿化行动中，首先抓好落实"三定"（即稳定山林权、划定自留山、确定林业生产责任制）、划分"三山"（划分自留山、责任山、合作经营山）工作，全面进行荒山造林。逐渐实施"谁种谁有""谁种谁砍"政策，农村人工造林由农户独户或联户完成；县、区（镇）政府引导、发动组织联户、联营造林，国家机关、企事业单位与乡村联营或租赁山地造林，避免零星分散造林和解决劳力、资金、技术、管理不足问题。同时，以冷坑林业专用机场为基地，由国家民航总局委派的宜昌民航中队用国产运－5 型飞机 2 架进行飞播造林；1987 年、1988 年，用 R－8 鼠鸟忌食剂拌马尾松种子 32.44 吨进行飞播造林，播种面积 26.69 万亩，播后成苗率提高 1 倍，此项成果应用获广东省农业技术推广二等奖。1985 年、1987 年、1988 年分别飞播造林 20.82 万亩、20.66 万亩、30.24 万亩，成效面积分别为 20.82 万亩、17.08 万亩、23.40 万亩。飞播造林覆盖县内 19 个镇（乡）80 个播区，共完成飞播作业面积 112.78 万亩，有效面积 100.43 万亩。之后经造林成效调查，成效面积（1 年后每亩有松苗 200 株以上）70.78 万亩，成效率 70.5%，失效面积 29.65 万亩，对失效部分予以重播和人工补植，各为 15.40 万亩、9 万亩。怀集县的飞播造林，播种效果良好，1986 年被国家林业部、国家财政部和国家计委、国家民航总局、中国人民解放军空军司令部授予"全国飞机播种造林先进单位"称号，1990 年获广东省林业科技进步一等奖。

1986—1988 年，全县荒山造林 69.5 万亩，经省验收并被评为一等第一名，是当年广东省委、省政府通报表彰的造林绿化最好的 6 个县市之一。至 1991 年，完成荒山和迹地更新造林 136 万亩；至 1993 年，荒山造林和改造残次林共 198 万亩，投入植树造林资金 3245 万元。

1986—1993 年，全县参加义务植树 227 万人次，义务植树 1067.9 万株，平均每人每年植树 4.8 株。1993 年绿化普查，圩镇林木绿化率 19%，村庄林木绿化率 24.1%，公路县道绿化率 97.83%，乡道绿化率 90.3%，县城建成区绿化率 98.8%，风景名胜区绿化率 100%。1994 年 4 月，怀集县被肇庆市委、市政府评为"绿化肇庆成绩显著单位"。1986—1993 年，组织全县人民进行大规模的"消灭荒山绿化怀集"植树造林行动，仅用 8 年时间，共完成造林、迹地更新、残次林改造 198 万亩，"四旁"植树 1067.9 万株，其中人工造林 104 万亩，飞播造林 51 万亩，全县有林地面积恢复到 330.5 万亩，林木蓄积量增加至 911 万立方米，分别比 1985 年增加 153.2 万亩、400 多万立方米。1993 年，经省检查验收，怀集县提前实现绿化达标，并获广东省委、省政府颁授造林绿化山区类金杯奖、"绿化广东"成绩显著单位奖。

（二）交通公路升级改造建设

20 世纪 80 年代，怀集境内的省道、县道均为砂土路面，原有的乡道或新辟乡道均为砂石路。1991 年 12 月，县成立公路建设指挥部，负责组织、指挥全县水泥公路建设。1992 年起，对省道、县道进行水泥硬底化改造，沿线群众献工、献地。为解决数亿元的建路资金，县政府争取并获得省市有关部门支持，将怀集县的公路建设纳入省市公路建设"笼子"项目，又获省批准 5 个路段建站收费；同时以"修公路即办企业"的思路拓宽筹资渠道，职能部门采用引、集、借、带等方式筹集资金。

一是引进外资。1993 年引进香港怡富集团、恒基兆业集团的资金 6000 多万元，以股份形式投入建设水谷线县城至广西交界 34 公里水泥路。此路修好后，出让其中 33% 的股权给外商，变换资金 300 万美元投入建设县城至广宁交界超二级水泥路。1994 年与外商合作，引进其资金 300 万美元改造建设县城至连山交界公路为水泥路。1998 年与上述两家港商中断合作，转与香港新粤集团合作，引进资金 900 万美元，还清上述两家港商债务后，将余款用于凤凰线、利汶线、下上线等路段建设。二是以多种形式集资。1991 年成立怀集县公路工程有限公司，负责以股份合作制形式集资 1.3 亿元投入公路建设。其中股份合作发行公路股票及债券近亿元；县财政筹集资金 1500 万元；企业内部筹集资金 2000 万元。三是向金融部门借贷。1992—1999 年，向金融部门贷款近 4000 万元。四是动员参与公路建设的施工队先垫资金建路，以此方法带入资金近 3000 万元。

1992 年，开始铺设并完成水谷线怀城至岗坪路段沙土路改造为二级平丘水泥路和 8 个乡镇过境公路水泥路工程的改建，里程分别为 31 公里和 7 公里，工程款分别为 3700 万元和 350 万元。之后，陆续铺设其他省道怀集路段和乡镇过境公路的水泥公路。1993 年完成省道四连线 K107＋710—K134＋874 段（怀城大桥至广宁交界路段）改建超二级水泥混凝土公路工程，开始大连线 K0＋100—K5＋500 段的改建二级水泥混凝土公路和大坑山、冷坑、泰来、甘洒、马宁等镇的过境公路硬底化改造。1994—1996 年，按二级水泥路标准改建栏马口至冷坑圩 10 公里水泥公路及省道 1956 线（水谷线）怀城至甘洒上屈路段（10.24 公里）和岗坪至封开交界路段（3.12 公里）、省道 1958 线（荔怀线）怀高至广宁木格交界路段（52.71 公里）与省道 1960 线（连大线）怀城至连山县交界路段（42.88 公里）。对上洞至上屈、十三坑至连南县寨岗和桥头圩至燕岩等 3 条已修未能通车或坏烂旧公路进行垫石填土、铺沙砌护墙的加工改造，筑成冷坑至凤凰、马宁至湖朗、上屈至雨陵等镇通区或区通区的公路 12 条共 60.3 公里。1996 年，全县新增通车管理区 40 多个。

1997—1998 年，县公路局相继完成三蓝线马宁圩至蓝钟圩路段 7.2 公里，四连线坳仔圩过境路段 1.3 公里，下上线水下界顶至下帅乡路段 10 公里，水谷线甘洒至凤岗路段 10.7 公里，凤大线凤岗至洽水路段 13.8 公里，利汶线怀城利凤至汶塘路段 10.8 公里，怀大线县城至大坑山镇 17 公里及栏中线泰来至中洲 6.35 公里水泥路面的铺设。至 1998 年，提前两年达到广东省政府关于"九五"计划期内"镇镇通水泥路"的要求，成为肇庆市 4 个山区县中率先达到省要求的县份。

1999 年，新建镇村泥石公路 10 条 45.6 公里，其中建好的有：洽水圩至丰叙村 3 公里、洽水圩至社背村 5 公里、洽水圩至八洞村 7.5 公里、蓝钟圩至上竹村 1.5 公里、蓝钟圩至佛甘村 1 公里、坳仔圩至丰亨村 5 公里；正在建设中的有：大岗圩至谭英村 1.6 公里、大岗圩至梁水村 2 公里、大岗圩至均义村 2 公里、诗洞圩至安南村 6 公里。至此，全县管理区（行政村）通车率为 97%。同时，新建桥梁 3 座 82 延米，分别为洽水镇的大洞田桥（45 延米）、八洞小桥（12 延米）和汶朗镇过圩桥（25 延米）。

至 2000 年，按照县委、县政府提出"四通"大会战要求，为未通公路的 20 个行政村建成公路 14 条共 70.4 公里。至此，全县各行政村实现了"村村通"公路的目标；部分县道和乡道均改造成三级水泥路。2004 年 3 月 25 日，广贺高速公路佛山三水至怀集段建设合同签约仪式在肇庆市举行。广贺高速公路佛山三水至怀集段全长 118.04 公里，投资估算 79.6 亿元，由肇庆市公路发展总公司与广东省路桥建设发展有限公司合资建设，2004 年底动工，2010 年 12 月 10 日建成通车；广贺高速公路怀集至广西交界段（怀城至岗坪段）于 2013 年 10 月建成通车。太澳（二广）高速公路怀集至连山交界段，昆汕高速公路怀集至阳山交界段工程也于 2012 年相继动工；至 2015 年，太澳（二广）高速公路怀集至连山交界段建成通车，昆汕高速公路怀集至阳山段按计划将于 2018 年底建成通车。2007 年，贵州贵阳市至广东广州市快速铁路怀集段进入前期规划工作，2009 年全线动工，2015 年建成通车。至 2016 年，全县公路通车总里程 2874.55 公里，其中高速公路 74.95 公里、省道 265.8 公里，县道 288.44 公里、乡道 1547.31 公里、村道 698.05 公里，公路密度为 76.97 公里/百平方公里。从此，形成了"三高一铁"与省道、县道、乡道、村道相通相接、纵横交错的现代交通大网络，成为融入珠三角、贯通大西南的交通枢纽，为把怀集建设成为肇庆城市副中心奠定了坚实的基础。

（三）工业园区建设

怀集县工业园区建设始于 1992 年，围绕"工业立县"发展方略，县委、县政府制定并组织实施《怀集县工业开发区建设总体规划》，重点抓好县城范围内的龙湾工业区（园）、怀高工业园、横洞工业园开发建设。

龙湾工业区（园）位于县城东 5 公里古为"龙湾圩"的平川上。20 世纪 60 年代中期至 70 年代，先后落户经营的有县合成化工厂（林化厂）、县蓄电池厂（备战时期从汕头市迁入）、县造纸厂和县氮肥厂。80 年代中期开始，按照工业开发总体规划，首期开发面积 500 亩，将县氮肥厂、县造纸厂、县酒厂、县蓄电池厂等划为工业园范围内企业，按"统一规划、统一管理、整体推进"的原则，与城镇规划、环保管理、基础设施配套而开发建设，以引进的各类外资、民营企业为主，企业年产值超亿元；二期开发面积 2000 亩，要求引进更高水平的大中型企业，建成年产值 3 亿元的工业经济园。至 2000 年，落户该园区的大中型企业有县林产化工有限公司、县微粒板厂、县龙湾水泥厂、县水泥制品有限公司、县蓄电池厂和引进的永大木业有限公司、亚星建材公司、农机修造厂、夹板厂等 9 家企业。

怀高工业园位于县城西南部的怀高村，距县城中心 2 公里，省道 265 怀悦线（怀集—德庆悦城）穿越园境，交通便利。20 世纪 70 年代，在三江口建成焦坪水电站，金鸡岭旁建有石油供应站和商业部门多座物资仓库；80 年代初，在怀高坪建成县糖厂，是该园区首个机械化生产厂家。90 年代，划该园区为县城工业开发区，纳入全县建设规划，发展轻纺、加工、食品、包装等工业项目。首期以原有 500 亩为基础，巩固原有企业；二期扩至 1000 亩，加快基础设施建设，完善管理制度，招商引商，发展外资、民营企业，引进"三资"企业，计划建成年产值超亿元的工业园区。1992 年 5 月，县糖厂与港商合作创办实味有限公司，总投资 300 万元，1993 年 10 月投产，1996 年歇业；1992 年 6 月，县食品厂与港商合作创办美味食品有限公司，1993 年 9 月投产，年产值 51 万元，销售额 15 万元，1996 年停业；1992 年 5 月，县二轻企业与港商合作创建裕华摩托车有限公司，总投资 412 万元，1993 年总产值 751 万元，1997 年停产，整座厂房转让给县汽车配件厂。至 2000 年，落户该园区的中型企业有县糖厂；小型企业有县食品公司肉联厂和引进的怀林服装厂、美钧地毡有限公司、迅发甲醛厂、欧亚装饰材料厂、外贸竹制品厂和中原木业有限公司。

　　横洞工业园位于县城东南部塔山脚至横洞的一片平阔地段上，距县城中心 3 公里多，怀城至广州的公路省道主干线贯穿南北，可开发面积 190 公顷。20 世纪 90 年代列入县城工业区开发总体规划，首期面积 600 亩，以"整体推进"方式，一手抓开发和配套设施，一手抓引进各类外资、民营企业进园落户，发展加工业、轻工业、机械制造和竹木制品业。最初建成投产的大型企业有两家：一是 1991 年怀集县与中国南海石油总公司联合组建的中密板厂，年产木质中密板 3 万立方米，产值 8652 万元；二是 1994 年建成的山梨糖醇厂，年产木薯淀粉 1 万吨，山梨糖醇 1.8 万吨，产值 22061 万元。另有富达高家具总厂、竹木制品厂、瓶盖厂和裕丰塑料制品厂。1992 年，在开发本县蕴藏丰富的花岗岩石资源中，该园区内建成石料生产一条街，落户经营石板材厂家 10 多户，后因成本过高、质量低次，1998 年全部歇业。1994 年泰来镇办起的泰宝电缆厂，1996 年建成的县火力发电厂也在该园区落户，至 2000 年因生产亏损等原因俱停业。2000 年，三大工业园区继续完善配套设施，推出多项入园落户经营优惠政策，推行资源型企业的做法：龙湾工业区（园）的资源型企业县林产化工厂办有 50 万亩松脂基地；横洞工业园的县南油中密板微粒板厂办有 100 万亩林木基地，县山梨糖醇厂办有 10 万亩木薯基地；怀高工业园的县糖厂办有 1 万亩糖蔗基地。基地资源保障企业生产有原料供应，办好基地又促进了农林业发展。

　　2003 年，横洞和龙湾两个工业园区被划为县民营科技工业园，注重加大基础设施建设和配套设施建设。同时，从服务与推进出发，成立县民营科技工业园项目管理委员会，制定实施一系列有关进入县民营科技工业园投资实行零地价、低收费和享受直供电价等优惠政策措施。至年末共有 10 多个项目达成入园投资意向，其中计划投资 23 亿元的金属加工城项目正式签订合同；投资

1亿元年产10万立方米高密度纤维板项目已动工兴建。2005年，以工业园区为依托，继续抓好资源型、能源型、金属加工型和技术劳动密集型四大特色产业，着力培育壮大钢铁、乙醇、汽配、板材、建材、林产化工和金属加工七大工业支柱，促进产业聚集，延伸产业链条，培育产业集群。2006年，怀集县与中山市大涌镇共建产业转移工业园获广东省政府批准认定，充分利用省对产业转移工业园区建设的优惠政策，加快中山大涌（怀集）产业转移工业园区建设步伐，积极吸纳企业入驻，引导项目向园区集中，生产要素向园区聚集。至2012年末，全县完成工业园区引入项目57个，总投资额53.71亿元。其中，已建成投产项目15个，投资总额6.757亿元；在建项目18个，计划投资额30亿元；签订合同、意向项目25个，计划投资额14.1亿元。工业园A区（横洞工业片区）已批复建设用地指标1504.5亩，已征用地面积2245亩，已完成土地平整1500亩，并已完成园内路网建设，水、电等基础设施已铺设到入园项目施工现场，完全可以满足入园项目的建设要求；工业园B区（闸岗工业片区）已批复建设用地指标3442.5亩，完成征地3680亩，已完成土地平整3000亩，园区路网建设工程正加紧施工。

2013年，立足构建"园区"工业发展平台，承接珠三角产业转移。总体规划面积1.1万亩的中山大涌（怀集）产业转移工业园区，已完成开发面积6000亩，至年底实现"七通一平"（通路、通给水、通电、通信、通排水、通热力、通燃气，土地平整）。园区引入项目65个，总投资额78.94亿元。其中已建成投产项目17个，投资总额达8.09亿元。广佛肇（怀集）经济合作区总体规划通过专家评审，起步区引进项目35个，总投资39.7亿元，其中动工建设项目15个。2014年，广佛肇（怀集）经济合作区上升为省级发展战略，工业园区共引进项目64个，总投资

84.13 亿元，投产项目 14 个，投资额 12.54 亿元；动工建设项目 20 个，投资额 34.5 亿元。

2015 年，广佛肇（怀集）经济合作区起步开发建设面积 693.33 公顷（其中 A 区 286.67 公顷、B 区 406.66 公顷），园区共引进项目 75 个，总投资 107.16 亿元。已投产项目 18 个，投资额 25.85 亿元；动工建设项目 16 个，投资总额 24.9 亿元。其中，依丽莎食品、华辰搅拌站、美适地毯、星威装饰、汇丰装饰、中小微创业中心一期、新奥燃气储备站等项目相继建成投产；茂丰木业正在进行设备安装；顺龙木业、星光模具、污水处理厂等项目主体工程建设基本完成，并已落实设备订购；立品科技、全裕科技、深圳唯加、开提门窗、标准厂房创业创新孵化基地等项目主体厂房建设基本完成；东弘铝业、兴润新材料、祥海木工机械、润通皮革机械、闽明环保科技等项目正在进行厂房基础建设。至 2016 年，广佛肇（怀集）经济合作区起步区开发面积 693.33 公顷（其中 A 区 286.66 公顷、B 区 406.66 公顷），共引入项目 68 个，建成投产项目 31 个，在建项目 18 个，筹建项目 19 个。合作区已完成路网、土地平整、给排水综合管网、市政绿化亮化等"六通一平"基础设施建设；110 千伏闸岗输变电工程顺利完工并投入使用；污水处理厂项目投入使用；天然气管道铺设工程基本完成；移动通信覆盖园区；水、电连接至各项目施工现场；园区路网及市政配套设施建设完善。是年，新落户工业项目有奥科精机、华昶实业、银海玻璃、华辰玫瑰、好之选世纪食品共 5 个。2015 年 6 月，肇庆市编制委员会办公室批准成立广佛肇（怀集）经济合作区管委会；2016 年 2 月配备工作人员，与肇庆高新区怀集分园管理局合署办公，形成以广佛肇（怀集）经济合作区管委会为核心，肇庆高新区怀集分园管理局，广佛肇（怀集）经济合作区投资开发有限公司、中山大涌（怀集）产业转移工业园投资发展有限公司、广佛肇（怀集）经济合作区物业管理有限公司共同建设管理的"一委一局三司"管理模式。2016 年 9 月，成立广佛肇（怀集）经济合作区党委、纪委。中山大涌（怀集）产业转移工业园也于 2016 年 9 月顺利通过广东省园区考评组的考核达标。

老区镇的建设发展

一、洽水镇

　　该镇是解放战争时期怀东游击斗争主要根据地之一，地处怀集县东北部，洽水圩镇距离县城 40 公里。境内地势自北往南走向，北高南低，形成东坑、西坑两条河流。域内有海拔 1000 米以上的山峰 10 多座，大稠顶（石川山）海拔 1626 米，是怀集县第一高峰，面积 10 多平方公里；东坑水（茶岩河）发源于茶岩村海拔 1415 米的桐油顶，西坑水（白水河）发源于怀集县与连南县交界海拔 1364.3 米的分水坳，两水汇流后自北向南流入凤岗河。辖区总面积 529 平方公里，其中耕地 15930 亩，山地面积 67.5 万亩。山林以松、杉、杂木林为主；盛产冬菇、木耳、灵芝、笋干等土特产。水力、林木、矿产资源丰富，是广东省重点林区之一。活立木蓄积量 300 万立方米，拥有松、杉、红梨、铁甲、沙椰等优质木材。矿产资源主要有铁矿、铋矿、铅锌矿等，各类矿石储量 2000 万吨以上，其中铁矿储量大、品位高达 67%以上。2016 年，下辖洽水、丰叙、珠岗、罗岗、社背、鱼田、旺兰、东园、坡下、小江、新田、桂岭、谿村、茶岩、丽洞、黄沙、八洞、七坑、大洞田、白水、石莹等村民委员会 21 个和洽水圩镇社区居委会 1 个；总人口 37893 人；革命老区村 15 个，革命烈属 14 户 52 人。是年，全镇完成"两税"收入 642.2 万元，其中完成增值税 496.4 万元、地方税 145.8 万元,农民年人均可支配收入 13449 元。

(一)第一产业

洽水镇山多田少,水田面积 1.35 万亩,种植水稻为主,其中地处高寒山区的白水、大洞田、石莹、茶岩等村种植单造水稻,余者种植两造水稻,兼种番薯、木薯、玉米、花生、蔬菜等作物。中华人民共和国成立之初,洽水镇水稻平均亩产 100 公斤左右,1986 年之前每年吃国家返销粮 200 万公斤。1983 年推广种植杂优水稻,年均亩产从 360 多公斤提高到 450 多公斤,1992 年年均亩产 530 公斤。1990 年后全镇实现粮食自给,1998 年珠岗、洽水两个管理区(村)成为"吨谷区(村)"。2000 年,全镇农业总产值 8500 万元,其中种植业 1000 万元,林业 5000 万元,畜牧业 800 万元,副业 1400 万元,渔业 300 万元。2012 年,洽水、珠岗等村发展种植优质蔬菜 163 亩,农业总产值比 2011 年增长 7.3%。2016 年,全镇种植水稻面积(两造)2.49 万亩,年均亩产 930 公斤,总产 7847 吨,农业总产值 3200 多万元。

洽水镇山地面积 67.5 万亩,以松、杉、杂木林为主。中华人民共和国成立以来一直以林为主,造林伐木,20 世纪 80 年代初落实林业"三定"政策、划分"三山"后,农户开始在自留山、责任山上建厂搭棚创办种养基地,全镇连续多年年造林 1.5 万~2 万亩,有林面积保持在 51 万亩以上。1985 年开始放开木材市场经营,洽水区(镇)木材年砍伐量控制在 10 万立方米以下,并坚持"造、封、管、限、改、防"生产方针。1994 年造林 5000 多亩,封山育林 1.25 万多亩,抚育幼林 1 万多亩。2000 年,全镇办有松脂基地 1.2 万多亩;利用山地种植茶、竹、水果,培育冬菇、木耳等林副产品,进行木材资源深加工;全镇林业生产总值 2038 万元,占农业总产值的 30%。2001 年起继续农林产业化经营。2012年完成3.1万亩速生丰产林基地建设，新种植沙糖橘75亩。2016年，全镇办有林业产业基地20个，总面积20万亩，年产值2000万元；是年全镇农林业总产值3000万元，其中种植业970万元，林业2000万元，畜牧业30万元。

（二）第二产业

中华人民共和国成立之初，洽水镇内有粮食加工、木材生产、坡下铁矿和房屋建造等业项。1958年洽水公社建起农具、建筑、缝纫社和农副产品加工等小型企业。20世纪60年代，洽水公社工业年产值5万元左右。70年代开办社队加工企业，80年代初有3家小规模的木材加工和采矿企业。此后，加大铁矿开采，村办和个体户办采矿点10个，1990年镇政府投资建成选矿场，加大回收散矿、低品位矿石，年产值500多万元。20世纪90年代加快发展镇村工业，1992年在洽水圩近郊创办工业开发区，吸引进区工商企业20多家。1995年，有镇办、村集体办和个体办的木材加工企业100多家，制造大床、餐桌、楼梯扶手、台椅箱柜和加工各种板材，产品远销省内外。1997年，县政府给予洽水镇铁矿自销权后，镇政府引进资金、技术、设备，开采铁矿和铅锌矿、铋矿，采矿、选矿点增加到17个，年采矿、选矿4万多吨。2000年，全镇工业总产值1.44亿元，占社会总产值52%。2001年起，加大引进外来投资者办木材加工厂、香粉厂、竹木工艺半成品厂等企业，2012年有规模以上采矿企业4家，选矿场7个，其中引进天堂顶铁矿点项目总投资4000万元、丰叙村攸备铋矿场项目总投资5000万元。2016年，洽水镇有序整治矿山开采和选矿企业，全镇工业总产值4亿元，其中镇办工业2000万元，村办工业500万元，个体户办企业1500万元。

（三）第三产业

中华人民共和国成立前，洽水镇有洽水圩市，有本地商户和外地商人主要经营收购当地木材、山货外销，再运回日用商品在圩市销售。20 世纪 50—70 年代，商业经营主体为国营和供销合作社，圩镇有供销合作社、百货商店、旅店、饭店、理发店、照相馆、缝纫社、粮站、食品站、豆腐社、土特产购销部等。1979年后个体商业迅速发展，1983 年建设农贸市场一个，入场经营的个体商业户 30 户 50 人，年商品销售总额 10 万元。20 世纪 90 年代，圩镇面积从 1.2 平方公里扩大至 3 平方公里，发展商贸服务业。1994 年全镇登记在册的个体商户 110 户 170 人，社会商品成交额 712 万元。1998 年征地 50 亩新建圩镇农贸市场 1 个，2000年登记在册的个体商户 180 户 230 人，商品销售总额 1000 万元。1990—2010 年，个体小商店、铺户遍布农村各地。2016 年，洽水镇登记在册的个体商户 250 户 400 人，其中旅业 6 家、饮食店 20家，从业人员 120 人，全镇社会商品销售总额 1480 万元。

（四）水力资源开发

洽水镇水力资源可开发量达 17 万多千瓦。1959 年底，利用社背村白竹坪河段的文塔河大坝引水渠水力，建起小型水电站 1座，成为洽水公社开发水力资源发电及其圩镇有电灯照明之始，也是利用所发电加工木材办综合厂之始。此后加快水力发电建设，1978 年改革开放，洽水公社（区、镇）以多形式多层次创办水力发电站。1985—1989 年，部分边远山区农村利用溪涧水力，建起微型发电站共 100 多个，用其电白天加工农产品，晚上解决农户照明，成为该镇办电特色；并有西院村罗干初等个体户自筹资金兴建水力发电站。1995 年镇、村陆续引进外资建设连（连南）莹（石莹）一、二级，石莹一、二级以及文塔河、大洞田、鱼田、根竹等水电站 10 多座。至 2000 年全镇共有运行水电站 16 座，装机 1.13 万千瓦，年创税 600 万元，同时架设洽水至怀城飞云变电站 3.5 万伏高压线路，镇内水电站电力并入县电网。随后水电业成为该镇经济支柱产业，2016 年全镇各村招商引资兴建的水电站共 65 座，其中革命老区村 57 座，总装机容量 48850 千瓦，年产值 6595 万多元，年创税利 176 万多元。

（五）文化教育卫生事业建设

1965 年创办洽水公社文化站，配备干部 2 名，20 世纪 70 年代成立公社电影放映队，1985 年全镇（区）办有农村文化室 22 间。1987 年建成洽水区"农民乐园"，开设图书室、娱乐室、展览室、讲座室、宣传栏等，被肇庆地区文化处誉为"山区富民站"；1991 年获"广东省先进文化中心"称号。2012 年新建镇文化中心 1 座，配备多功能文化器材和文体设施；全镇 21 个行政村建成农家书屋和文体广场，镇文化站被评定为广东省一级文化站。1964 年成立洽水公社广播站，有线广播通至圩镇附近农村。20 世纪 70 年代，部分生产大队安装高音喇叭。1982—1983 年，在洽水圩和新岗林场建立电视差转台后，1984 年又在白水伐木场建立电视差转台。至此，全镇 75% 的人口可收看一套电视节目，30% 人口可收看两套电视节目。至 1994 年在圩镇建成有线电视播控中心，农村 70% 以上家庭收看到 5 套电视节目，1998 年完成最后 4 个无电村的通电工程后，有线电视信号覆盖全镇，2012 年全面完成有线电视"村村通"工程。

中华人民共和国成立前夕，洽水镇较大的村寨办有私塾学堂，圩镇青莲寺办有较大的义塾学校。1951 年较大的村寨开始办初级小学，青莲寺学校改设为第四区中心小学，之后多个村寨开办小学。1986—1993 年，全镇 19 所村小学校改建砖瓦平房校舍为钢筋水泥楼房。2002—2005 年，建成八洞、社背、小江、东园、旺洞、茶岩等村小学教学楼。2012 年农村小学布局调整后，全镇 21 个行政村小学校舍全部建有钢筋水泥教学楼；适龄儿童享受国家九年义务教育，农村儿童入学率达 99% 以上。20 世纪 60 年代初，洽水公社开办林业中学，1968 年在洽水中心小学内创办洽水初级中学，自此起洽水公社有普通中学教育。1969 年春，每个大队（村）小学附设初中班，洽水初中开设高中班，1980 年撤销该高中班。1983 年起不断改进改善校园校舍建设，1993 年洽水初级中学砖瓦平房校舍全部改建为钢筋水泥楼房。2012 年推进"教育强镇"建设，洽水初级中学整体搬迁到投资 2000 多万元的新校区。

中华人民共和国成立前，山区群众用刮痧、拔火罐、煎草药等土办法治病。1958 年成立公社卫生院。1964 年罗岗、社背、丽洞、七坑、白水、东园、新田等村开始有经县培训的流动卫生员为群众治疗常见病，公社卫生院在新田、七坑片区设立门诊所。1968—1978 年，各大队设立卫生室，配备 1 名赤脚医生坐诊并巡回到农户治病。1990 年开始实施农村初级卫生保健工作，1992 年村村建起卫生站，开展妇幼保健和儿童计划免疫、传染病防控、改水改厕等工作。1997 年镇卫生院"一无三配套"（无危房，房屋、设备、人员配套）建设，通过省、国家两级评估达标。1998 年建成镇卫生院住院部和药品仓库大楼。2012 年镇卫生院建成医疗综合大楼 1 座，配套完善了 X 光机、B 超、心电图、电动呼吸机、监护仪、120 救护车等设备。

（六）道路建设

中华人民共和国成立前，以洽水圩镇为中心，通往怀城的陆路西南有过社背村渡口越"云梯古道"经汶朗路径，东北有经小江村通阳山县白莲镇、西北有经石莹村通连南县寨岗镇的羊肠山道；水路沿凤岗河经凤岗、甘洒至坳仔象角汇合绥江而南往广州、西往县城。怀集解放后尤其是改革开放以来，不断改变或解决山区群众行路难问题。1959 年建成县道凤白线（凤岗至白水）公路，洽水人民群众在境域内第一次看见汽车行驶。1966 年开通洽水至茶岩乡道公路，1978 年开通大洞田至军掠的林业专用道，

1980 年开通谿村至天堂顶的林业、矿场专用道。1979—2000 年先后修通洽水圩通往丽洞、八洞、新田、小江、社背、丰叙等村的乡村公路。至此，15 个行政村俱开通公路。2002—2003 年铺设洽水至白水村的柏油公路和洽水至新岗林场水泥硬底化公路，2008 年全镇 21 个行政村村村通水泥硬底化公路。

（七）邮电通信建设

民国 29 年（1940 年）怀集县在罗岗乡（今洽水）开设邮寄代办所，代办邮政通信业务。1950 年设立罗岗邮政代办所，1952 年洽水区安装电话交接机直通县城总机，1958 年成立邮电营业所，在公社管委会及圩镇机关单位安装手摇接转固定电话。1985 年开通管理区（村）交换机电话，2003 年全镇 21 个行政村开通自动程控电话，电话用户 2600 多户，占农户总数的 40%。其间，在洽水圩建成无线电寻呼台和移动电话基地站，移动电话覆盖率达 90% 以上山村。

二、凤岗镇

凤岗镇位于怀集县东北部。凤岗圩镇是县内东北区域的中心集镇，距离县城 28 公里。全镇总面积 277 平方公里，其中耕地面积 1.68 万亩，山地面积 37.6 万亩。境内林木、矿产、水力资源丰富，是怀集县重点林区镇之一。镇内的冷瓮顶，海拔 1331 米，面积 10 平方公里，盛产冷瓮茶；将军头山磁铁矿储量多、品位高；热水坑村矿泉水资源丰富，水温 65 ~ 72℃；该镇盛产用萝卜苗制作的"六十日"黄菜，因种植的生长期为 60 日便收获腌制成色泽鲜黄的酸菜而得名，产品畅销珠江三角洲地区。2016 年下辖金坪、麦村、上南坑、下南坑、麻地、利民、碲下、上良、桂坑、黄石、孔洞、龙凤、新乡、四村、桃花、马头、石湾、龙门、欧上、白坭等 20 个村委会和 1 个圩镇居委会；总人口 4.77 万人；

全镇 5 个行政村有革命老区村庄，另有 3 个自然村是革命老区村庄，革命烈属 17 户 84 人。

（一）第一产业

凤岗镇山多田少，以林业生产为主。中华人民共和国成立初期，水稻平均亩产 100 公斤左右，地处山坑和高寒山区的村寨只能种植单造水稻，群众靠种植番薯、木薯、玉米等补充粮食不足，每年还要靠吃国家返销粮。1958 年公社组织兴修水利、平整土地和改造低产田，至 1966 年在凤岗河道上筑起拦河坝 7 座，安装水轮泵 40 多台灌溉田地和水稻等农作物。1973 年起陆续将一部分水轮泵站改建为灌溉兼发电的水力发电站。20 世纪 70 年代中期，推广农业生产新技术和杂优水稻新品种。1980 年初实行家庭联产承包责任制，加快粮食生产和农业经济发展，至 1988 年结束每年吃国家返销粮 400 万斤和吃"木薯糁粥"的日子。1990 年全镇水稻总产量 5539 吨。2000 年水稻总产量 8474 吨，比 1979 年的 4837 吨增长 75%。全镇林业生产由于 20 世纪 60—70 年代长期过量砍伐和一度出现乱砍滥伐，有林面积和林木蓄积量急剧下降，1984 年共有荒山、残次林 10.6 万亩，占宜林山地的 30%。1986 年起组织群众大力造林，至 1993 年人工和飞播造林 20 多万亩。1994 年起发展"三高"（高产、高质、高经济效益）农林业基地。1995 年起加大调整农林产业结构和品种布局，办成农林业"三高"基地 4.5 万亩。1997—1999 年，水稻生产使用抛秧插植技术，龙门、马头、新乡 3 个管理区成为"吨谷区"；全镇自筹或引进资金办农林产业基地 22890 亩；同时鼓励镇内能人和引进外商承包或租赁山地造林种果，2000 年全镇农林业总产值 6086 万元。

进入 21 世纪，凤岗镇持续推进农业生产的专业化、规模化和商品化。2002 年，引进技术和新品种在新乡等村建立韭菜花等优质蔬菜"订单"农业基地，2012 年推进"一果一猪一菜一林"发展，2015 年促进"一镇一品牌，一村一特色"的农业发展，加大以"上磴羊"为主的养殖业和以"六十日"黄菜、"仙聚"大米种植业发展，逐步形成品牌效应。2016 年，全镇实现农林业总产值 6.61 亿元，同比增长 12.8%；完成财税收入 531 万元，其中地税收入、国税收入各为 222.8 万元、308.2 万元，同比增长 199.7%、74.1%；农民年人均纯收入 13649 元，同比增长 10%。

（二）第二产业

中华人民共和国成立以来，凤岗镇有工业、建筑业经营，但建筑业规模小、产值低，占比微，缺统计数据，故记述从略。1958 年成立人民公社后，办起小型木材加工厂、农具厂等企业。20 世纪 60—70 年代，办有小水电站、食品加工、木器家具、建材等企业。80 年代起，利用本地资源发展集体和个体私营的资源型与加工型工业，推进乡镇工业发展。1988—1995 年，先后创办凤岗造纸厂、集凤木业工贸公司和花格木器厂，引进台商开办上岩石场，引进资金更新镇办老企业竹木工艺厂设备，并生产新产品，同时招商引资开办南坑口、荡夫埔选矿场和将军头山矿场采挖磁铁矿。1995 年全镇有集体、个体企业 256 家，其中烧砖瓦企业 100 多家，年总产值 6191 万元，是 1990 年的 11 倍，超过农业产值 1705 万元。1997 年开始实施"水电强镇"计划，至 2000 年先后改建扩大凤岗桥坝、热水坑、麻地、龙门等水电站的装机容量，引（投）资建设金龙水电站、银龙电站、汇龙电站、云龙电站，至此全镇水电站总装机容量超 3 万千瓦，年创税 500 多万元，镇、村增加收入 300 多万元。是年，全镇工业产值 9435 万元，占工农业产值 60.7%。随着建设发展，2003 年水电业成为全镇的支柱产业，加上引进开办的铸件厂 2 家、五金制品厂 1 家和热水坑矿泉水厂 1 家的生产，是年全镇工业产值 12933 万元，比 2002 年增长 16%。2012 年，全镇共有工业企业 35 家，其中矿业开发公司 2 家、水电企业 24 家、林木企业 8 家、石材企业 1 家，初步形成木材加工、矿产开发、石材开采、水电开发的工业门类。2016 年，全镇年工业总产值达 13.9 亿元，比 2000 年增长近 15 倍。

（三）第三产业

中华人民共和国成立前就有凤岗圩镇，商人商户在此经营山货、日杂等商品。中华人民共和国成立后，凤岗镇第三产业主要以商贸为主。1952 年设立凤岗供销合作社，并逐步下伸边远村庄片区开设分销站点。1978 年开始在凤岗河西岸社学洲拓建新圩市，1992 年开发建设新圩市西区龙凤洲，1994 年有集体、个体商业户 320 户，从业人员 850 人，社会商品零售总额达 1005 万元；至 1996 年，先后建成邮电所、财政所、工商所、供电所等办公楼和卫生院医技大楼、中心小学教学楼；建成个体商铺和住宅楼 100 多座，新圩建成面积比 1990 年扩大 5 倍多，居住人口 2000 多人。1998 年建设新农贸市场。2003 年，该镇与广东南湖国际旅行社、番禺怡金科热矿泉发展有限公司合作开发热水坑温泉区旅游业。2014 年旧圩改造和新圩建设初见规模，形成"两江三岸、山水新城"的布局。是年，在册登记的个体商户 236 户 236 人，社会商品销售总额 1.24 亿元。2015 年，筑造新圩集市凤岗河堤围，推进北区商住综合体项目建设，建成长 200 米、宽 16 米的新公路 1 条，配套完善新区农贸市场周边的市政设施。2016 年，新建农贸市场 1 个，完成建设圩镇堤围 1000 米及圩镇河堤路水泥硬底化 880 米；规范圩镇商铺和综合市场经营，新增登记共有个体商户近 300 户 300 人，社会商品销售总额 1.43 亿元。

（四）文化教育卫生事业

1959 年建立凤岗文化站，配备专职干部 1 名。此后推进农村文化建设，1983 年 50% 的农村建成"六有一坚持"（有文明村公约、图书阅览室、学习室、文化娱乐室、宣传阵地、组织机构，坚持按制度开展活动）文化室。1985 年建立凤岗区文化中心，改造旧大会场为凤岗电影院。1996 年在新圩建成镇文化中心楼房 1 座，增加文化用房。2014 年完成全民健身文体广场建设，民间舞蹈《龙鱼舞》评为广东省非物质文化遗产项目。2016 年 1 月，镇综合文化楼建成使用，镇文化站被评为广东省一级文化站。年末，全镇 21 个村（居）委会建成村（居）委会办公楼，村村实现农家书屋和电子阅览室全覆盖。

1957 年凤岗区（今凤岗镇）建成全县首个区级广播站，开始广播宣传，20 世纪 60 年代前期广播喇叭进队到村，1978 年农村入户广播喇叭 3400 只。1981 年在圩镇建成电视差转台 1 座，1987 年设立广播电视站，90 年代开始彩色电视信号传输，架通有线电视。1999 年镇广播电视归口县广播电视局垂直管理，2000 年实现全镇有线电视信号全覆盖。

中华人民共和国成立前，凤岗圩镇设有高等小学校，一些农村办有私塾。1950 年春在凤岗圩镇设立第三区中心小学校，并办村寨小学。1956 年秋第三区中心小学开设"戴帽"初级中学，称凤岗中学，1968 年秋开办高中班，1983 年改制高中班为职业班。1990—2000 年，扩建凤岗中学、镇中心小学和全镇 22 所完全小学的教学楼，新建校舍面积 2.14 万平方米，镇中心校被评为县一级学校。1995 年普及九年义务教育。2016 年，全镇幼儿入园率为98%；小学适龄儿童入学率 100%；初中适龄少年入学率 99.3%；高中阶段教育入学率 93.5%。

民国 26 年（1937 年），凤岗圩开设乡医务所和民间医生开办的"保安堂"私人诊所；1958 年成立凤岗公社中心卫生院；1964年部分生产大队配备有农村卫生员，1968—1978 年设立农村卫生站，配备接生员和赤脚医生。1985 年建成卫生院门诊综合楼，

1995 年凤岗卫生院被评定为一级乙等医疗机构；1996 年达到"一无三配套"（无危房，房屋、设备、人员配套）建设标准；1997 年获广东省卫生厅颁予"爱婴医院"牌匾；2001 年全镇村村建有医疗站，实现农村初级卫生保健工作达标。2012 年镇卫生院配备救护车、心电图、B 超、X 光机、血球计数仪、尿液分析仪等先进设备；2016 年继续完善装备设施。

（五）道路、邮电通信建设

中华人民共和国成立前，凤岗通往怀集县城的陆路走羊肠小道，经汶朗出怀城，水路沿凤岗河上溯抵达洽水、下行经甘洒出坳仔象角汇入绥江，往上游抵达怀城，往下游穿越坳仔出广宁。中华人民共和国成立后，逐步解决山区群众出行难问题。1958 年完成怀城至凤岗路段修建，凤岗开始有公路通甘洒到县城；1964 年开通凤岗至阳山县路段，开始有公路通往邻县。1959 年开通凤白线即凤岗至洽水白水村公路，至此凤岗可以有公路相通四邻。20 世纪 70 年代初建成跨凤岗河的凤岗大桥，1981 年建成坳头村至上磴村的村道。之后，接续建成四村、桃马、石湾、金坪、龙凤等 5 座跨河大桥，修通桃花村至马头村公路，结束附近村寨历代摆渡和涉水过河之艰辛。1994 年完成上南坑村的塘坪、白坭坑的南梅坑村、利民的利更村和民义村村道建设。1997—1998 年建成石湾水泥石桥、金坪白沙大桥和麦村佐坑村道，以及建成黄石村水泥拱桥 3 座、水泥硬底化村道 3 条，1999 年全镇实现村村通公路。2000 年省道凤凤线（连南凤埠至怀集凤岗）水泥路面全线贯通，并建成闸坳至利民村村道。2016 年，全镇 5 个革命老区村的乡村道路总里程为 24.4 公里，共完成水泥硬底化路面 23.6 公里。

1950 年设立凤岗邮政代办所，邮递路通达乡村。1974 年后改为凤岗邮电支局，圩镇机关单位和乡村大队部安装手摇接转电话，

20世纪80年代初安装自动拨号电话，1994年开通程控电话。1998年建成移动电话基地站，圩镇实现移动电话信号全覆盖，并建成龙凤村石家巷电话村。2000年建起覆盖全镇的移动电话基地站，2016年，全镇山区农村实现程控电话、移动电话和互联网信息化。

1958年"大跃进"中建成碲下小型水力发电站。圩镇及附近村庄开始有电灯照明。20世纪60年代建成凤岗桥坝水电站。1984年与县电网并网。1989年开始镇村以股份形式建设大浪坪、南坑口水电站。1991—1994年全县农村电网改造实现初级电气化县达标，供电网实现村村通，农户用电全覆盖。1996年起引进外资及客商投资建设水电站。2016年，全镇共有在运行水电站25座，总装机容量5万多千瓦，镇村均用电安全、充足、稳定。

三、甘洒镇

甘洒镇位于怀集县东部。甘洒圩镇距离县城18公里。地势东北高、西南低。域内坐落小竹与凤岗欧上、田螺交界的最高山峰大谢山，海拔766米。凤岗河流经甘洒金龙、小布、屈东、上屈、雨凌、下屈、罗爱等村，往坳仔七甲象角口汇入绥江；南洞坑水出小竹往凤岗马头水注入桃花水；罗密流坑水经石梅、金龙聚凤岗河。该镇"八成山地一成水，半成耕地半成村"，是县内重点林区镇之一。有林地面积1万公顷，盛产松、杉、茶秆竹和红椎等名贵木材。水能理论蕴藏量4600千瓦；有铁矿、金矿、磷矿和石灰石等矿产；有松香、茶叶、竹笋、"六十日"黄菜、冬菇、木耳、灵芝、蜂蜜等农林特产。2016年下辖南洞、小竹、罗密、钱村、石梅、金龙、小布、雨凌、屈东、罗爱、上屈、下屈、永富等行政村13个，总人口6699户22970人，革命烈属30户172人。

（一）第一产业

甘洒镇山多田少，向以林业为主。农业种植水稻一年两造，旱田、旱地、山坡地兼种番薯、木薯、芋头、大薯、玉米或岗禾（旱稻）等作物。中华人民共和国成立初期，稻谷年亩产量200～400斤左右，集体化后逐步改善生产条件，推广良种、运用农技，1978年全镇水旱田9154亩，年亩产稻谷423公斤，农业总产值289万元。1979年推广温室育秧，1981年引种杂优稻，稻谷年亩产量582.5公斤，农村基本解决温饱问题。1982年夏实行家庭联产承包责任制，解放生产力。随后，全面种植杂交水稻，1995年粮食种植面积9526亩，生产稻谷5789吨，玉米、番薯、木薯各194吨、467吨、3783吨。此后至2016年稻谷的单位产量保持稳定，是年全镇粮食种植面积19127亩，生产稻谷6175吨，玉米、番薯、木薯各305吨、1232吨、5481吨。落实家庭联产承包责任制后，农村富余劳力有上山垦荒办小山庄，发展种养副业。1995年、2016年全镇生猪各年存栏8818头、11150头，出栏8570头、24642头；"三鸟"饲养26.35万只、11.31万只，出栏140169只、31.05万只；生产塘鱼42吨、323吨。20世纪50年代开始扩大人工造林育林，1964年在金龙小烈江创办公社林场，继后开办各大队林场，大队之下办联队林场，每年造林2万多亩，抚育幼林面积3万多亩，坚持不懈至1974年。1982年林业生产落实"三定"、划分"三山"，推动造林育林护林。1986年开始"五年绿化怀集大地"计划，1993年甘洒镇绿化达标后，组织发动群众开展林业基地化、集约化、商品化生产，1995—2000年办起50亩以上的"三高"农林业生产基地20个，面积8万多亩。2013年引入天翼公司在南洞、小竹、罗密、石梅等地大面积种植速生丰产桉树林，2016年种植面积5万多亩；同时发展经济林、果树林，2012年引进罗定商人在小竹村松岗头辟建茶园基地500多亩种植茶叶，2016 年出产燕峻牌红茶、绿茶、乌龙茶和白茶等。1998 年该镇划定生态公益林 3.05 万亩。2016 年，全镇有林地面积 1 万公顷，森林覆盖率 80.2%，绿化率 80.3%，活立木蓄积量 43 万立方米。是年，农业产值的种植业、林业、畜牧业、渔业和农业服务业各项产值为 13903 万元、13279 万元、6682 万元、279 万元和 431 万元。农民人均年收入 1.27 万元。

（二）第二产业

中华人民共和国成立前，甘洒域内有家庭小作坊手工业，中华人民共和国成立后逐步发展成以工业为主的第二产业。20 世纪 50—70 年代，先后有人民公社办的农械厂、综合厂，1966 年建成龙中滩水电站，并有大队办的砖瓦厂和木材加工厂等企业一批。80 年代开始多元发展工业，1988 年开办装饰材料厂和龙中木材加工厂，村集体和个体户办起木器加工和酿酒、砖瓦生产等企业一批。1993 年金龙村邓乃玲等人建成甘洒铸轧钢厂。1995 年全镇工业总产值 5649 万元，其中镇级、村级和个体工业产值各为 2705 万元、671 万元、237 万元。此后，引进县内外资金先后建成小竹水电站、平头滩东坝水电站，办起肇庆信丰磁材厂甘洒分厂，山西省商人投资 200 万元生产合金稀土金属厂；甘洒下屈邓活、金龙邓乃玲等人利用本地木材资源加工生产花格、衣车台面板、旅游沙滩台、椅等产品销往省内外。2001—2016 年，继续推进第二产业发展。2010 年引进本地客商开办天宝木业加工厂，2013 年全镇以装饰材料、水电等为主导工业，有工业企业 8 家，总产值 5214 万元，2016 年全镇保持平稳发展。

（三）第三产业

中华人民共和国成立前，甘洒圩镇为域内商贸集散地，中华人民共和国成立后不久在此开办供销合作社，进而有百货门市、粮油门市等国家或集体专营的"店""站"。1955 年圩镇建成面积约 0.5 平方公里，居民 900 多人。20 世纪 80 年代开始多元发展商贸业，个体商业发展尤快，90 年代中期建成总面积 380 平方米的甘洒市场，设门店 8 间、摊位 39 个，1998 年成交额 179 万元。1999 年圩镇建成面积 0.6 平方千米，居民约 2000 人，街道 5 条，最长一条长 500 米、宽 12～14 米，设有电机修配、农机修理等厂和工商企业共 53 家。2014 年，完善主要街道路灯等基础设施建设，2016 年圩镇内有工商企业 100 多家。

（四）文化教育卫生事业

1942 年，中共怀集县委书记林鹤逸因避敌辗转到南洞，住在学生黎识荆家期间，利用晚上教农民群众读书识字，唱抗日歌曲，跳腰鼓舞和花棍舞，向群众宣传抗日。1955 年各村开办夜校进行扫盲和文化学习；20 世纪 60—70 年代成立农村政治学校，组织社员群众学政治文化、唱革命歌曲。1980 年开始新一轮扫盲，1982 年全公社基本扫除文盲。1989 年全镇 13 个行政村均办成人文化技术学校，办短期培训班，向农民讲授农科技术和新知识。90 年代后期修葺邓拔奇故居和黄凡元烈士墓，向全体群众进行革命传统教育。2016 年，获省公共文化设施建设资金扶持，镇政府新建占地面积 303 平方米、建筑面积 950 平方米的文化综合楼 1 座，内设老人活动、儿童活动、培训学习、图书、乒乓球、舞蹈、书画创作、展览和阅览等场室向群众开放，同时配套健全村级文体活动中心，丰富村民文娱生活。

中华人民共和国成立前，甘洒区域多处村寨办有私塾，中华人民共和国成立后先后开办甘洒和南洞、罗密、石梅、小布、屈东、上屈、下屈、小竹、钱村、永富、罗爱等小学，其中甘洒、上屈两所为完全小学，1953 年均转为公办小学，1964 年全公社有完全小学 13 所。1983 年开办黎屋、邵屋、王六坑、石水口、金双、罗拱、石树、园麻、儒雅、爱敬、沙圹坑、会龙、学堂坪等教学点，方便学童就学。1985 年普及小学教育，1995 年普及九年义务教育。2000 年调整学校布局，撤销多处教学点，维修扩建校舍。2003—2004 年促进革命老区学校建设中，南洞等 8 所小学获拨款投资 228 万元，建成建筑面积 2302 平方米的教学楼 8 座，同时获港澳地区爱国同胞捐予善款 84 万元改善办学条件。2016 年，全镇共有完全小学 1 所、小学教学点 12 处，学生 1400 人、教师 120 人。

1965 年办甘洒林业中学，1970 年改办为甘洒中学，1975 年搬迁至小布，1994 年搬迁至屈东村华富洞新校园。1969 年甘洒公社开始小学附设初中班 8 个，1979 年罗密开办高中班，1980 年并入甘洒中学；1981 年撤销各小学附设初中班，至此全区域只设甘洒中学 1 所。2016 年，甘洒中学校园占地面积 30240 平方米，建筑面积 16191 平方米，教学楼 3 座，综合楼 1 座，学生宿舍楼 1 座，革命传统教育思源室 1 个。教学班 15 个，学生 727 人，教师 62 人，教师学历达标率 100%。

1958 年秋公社化后，为帮助参加集体生产的家长护理幼儿，普遍以生产队为单位开办幼儿班，此为甘洒公社幼儿教育之始，后遇国民经济困难停办。1975 年推广天津"小靳庄经验"，由村小学代理，各大队办幼儿班，名为"红儿班"，因此属于小学附设学前班。1990 年秋季，镇中心小学开设学前班，随后上屈、屈东、小布、石梅、钱村等学校相继开设学前班。2005 年全镇学前班 9 个，学龄前儿童入学 434 人，幼儿教师 9 人。2016 年，全镇有公立、私立幼儿园各 1 所、2 所，入学幼儿 418 人，幼儿教师 43 人。

1950 年在小布上坪村建立甘洒卫生协会，配备医职员工 10 人，开展简单诊疗业务，1958 年撤销该协会，成立甘洒公社卫生院，医务人员 10 多人。1973 年甘洒公社卫生院搬迁，新址设在金龙村，添置新设备设施，医务人员 23 人。1983 年下设村卫生站 8 个，卫生院调配医生坐诊，持续至 1990 年。1991 年推进卫生院"一无三配套"建设，建成建筑面积 639 平方米的钢筋混凝土结构医技楼 1 座。2011 年建成建筑面积 649 平方米、高三层的医技综合楼 1 座。2016 年建成建筑面积 575.8 平方米、高三层的框架结构职工周转房 14 套。

（五）道路建设

甘洒未有公路前，域内以泥土山路小路互通，通相邻镇、县的陆路有东北向甘洒、凤岗、洽水区，东南向甘洒、龙头、屈洞、罗拱过阶洞去坳仔山路一条，甘洒、龙头穿利凤到县城小路一条，通县外有甘洒到广宁上林一条，甘洒经石梅、罗密、南洞到广宁旺甘山路一条。1958 年路经甘洒的怀城至凤岗公路开通后，甘洒开始有公路通达县城和凤岗。1974 年甘洒大桥建成通车、甘洒至小竹道路建成后，各大队开始并加快修筑公路大道，及下屈大桥、小布大桥建成通车后不久，全镇各村均先后建成沙石公路通行汽车。1990 年开始推进公路建设和升级改造，1992 年甘洒镇过境段公路实现硬底化，1993 年县道上上线甘洒上屈至坳仔上洞的公路建成通车，2000 年圩镇到各行政村全部开通公路，此后建设村道或村街巷道，2016 年各行政村的自然村道全部实现硬底化。

（六）邮电建设

20 世纪 50 年代甘洒圩镇开始通邮通电话，持续至 2016 年设立有邮政、电信和邮政储蓄等服务部门。

（七）生活饮用水

20 世纪 60 年代甘洒圩镇通电后，驻圩镇单位自建或多个单位合建蓄水塔抽水储水使用或打深水井取水使用。90 年代有人架设塑料管道接引或合资在山埇筑坝建池接引山泉水到家饮用，开始改变饮用河溪水或井水历史。2011 年完成甘洒镇小竹鱼嶰坑自来水工程，圩镇开始使用自来水，并向金龙村小烈江、迴龙村、平头巷等自然村供水。

（八）拨款扶持老区建设和扶贫

1995年，县投资15万元维修甘洒圩镇至南洞公路，1996年拨款15万元解决金龙管理区自来水项目建设。1997—1998年获革命老区建设促进专项资金，进行甘洒镇边远革命老区的修路建桥。2003—2004年获省市县促进革命老区教育建设资金228万元，扶持南洞、小竹、罗密、雨凌、上屈、小布、钱村等8所学校建设校舍。2006年对因受滑坡地质灾害影响的革命老区南洞邵屋村，进行整村搬迁的新村建设，至2010年县政府和上级部门共拨款232万元，佛山南海九江镇政府支助100万元，霍英东基金会捐助150万元，2016年建成搬进86户，占应搬迁户的80%，每户占地面积63平方米，建筑面积200平方米。2016年推进精准扶贫，核定甘洒镇贫困村1个，其中下屈村属于省级重点贫困村1个；贫困户465户1130人，占全镇人口的7.76%。肇庆市直单位市纪委帮扶下屈、屈东、雨凌、小布、钱村，肇庆市委宣传部帮扶金龙、石梅、小竹、南洞等贫困村，县直单位帮扶罗密、上屈、永富和罗爱等4个贫困村。按照补助政策补助困难学生294人，补贴金额32220元；政府全额资助1123名贫困人口参加城乡居民基本医疗保险，完成17户贫困户危房改造任务，扶持8户发展养牛、养猪、养鸡等项目；肇庆市纪委、市委宣传部还给帮扶村受扶持户每户发放500元农资卡，支持其购买生产急需物资。

四、坳仔镇

坳仔镇位于怀集县东南部。坳仔圩镇距离县城20公里。山地多在海拔400米上下，山岗丘陵相接。森林植被以竹林、杉林、松林、竹木混交林植被为主，面积为30～60公顷以下的草山植被多处。高峰覃双岭，海拔 482.6 米，山地面积 540 亩，活立木蓄积量 2139 立方米；凤岗河自甘洒镇入境象角口后注于绥江主流；绥江河自县城东南经坳仔镇流向广宁县；境内有鱼坑水、罗逢水、仕儒水、仙溪水等溪流。全镇总面积 221.7431 平方公里，其中耕地面积 24607 亩（水田 20864 亩），山地面积 275455.5 亩，占全镇总面积的 82%，其中茶秆竹林地 20 万亩，松、杉、杂木林地 7.55 万亩。所产茶秆竹有"钢竹""竹中之王"称誉。水力资源丰富。有凤岗河、绥江河段自然景观和大浪村郑氏大屋"六德堂"人文景观与革命烈士郑作贤故居等旅游资源。2016 年下辖仕儒、坳仔、罗大、璃玻、大同、仙溪、盆布、上洞、丰亨、渡头、美南、七甲、阶洞、坑口、鱼南、鱼北等村委会 16 个，坳仔街道居委会 1 个，总人口 9827 户 46175 人。革命老区村 4 个，革命烈属 10 户 62 人。农民年人均收入 1.3 万元。

（一）第一产业

中华人民共和国成立后，坳仔开始新社会新经济建设，1955 年 12 月坳仔仕儒乡初级农业生产合作社作为县试点转为高级社。1956 年仕儒乡第一农业生产合作社获广东省农业集体劳动模范奖。1958 年人民公社化后开始集体生产，1964 年起年种植水稻面积 2 万亩，年亩产 600 斤。1970 年、1975 年粮食年亩产 700 斤、900 斤。推广水稻深层中耕追肥等技术后，1978 年年亩产 1050 斤。20 世纪 60—70 年代，全社年种植木薯 1 万多亩、番薯 5000 多亩、花生 4000 多亩、玉米 4000 多亩、芋头 2000 多亩和小麦 2000 多亩，补充主粮不足。1971—1978 年，逐渐减少旱粮作物种植。80 年代实行家庭联产承包责任制后，开始出现养猪、养鱼等专业户。1986 年开始试种杂交水稻，1990 年大面积推广，水稻亩单产增至 500 多公斤。2000 年全镇粮食总产 9044 吨，比 1981 年的 3788 吨增长 1.4 倍。此后至 2016 年，播种面积、总产量基本保持稳定。

坳仔镇是林区镇，中华人民共和国成立初期就开始农林业并举，1956年仕儒大队获"全国林业模范单位"称号，1957年鱼南大队荣获"广东省林业特等模范单位"称号，1959年仕儒大队党支部书记蔡如松以农林业先进生产者身份赴京参加国庆十周年庆典观礼。20世纪60年代初，坳仔公社在上洞大队办坳仔公社青年林场，人数30多人，经营1000多亩山场的造林、育林。随后各大队辟办林场共43个，场员4300多人，年造林、育林1万亩以上。1974年举办林业采育场，统一经营造林、砍伐以及林副产品的采集、加工，并在石古埇等地造林2000多亩，又办瓦厂做副业，各大队办林业采育场，1978年采育场停办。80年代初落实林业"三定"政策、划分"三山"后加快林业发展。1983年4月，鱼南大队青年林场获团省委、省林业厅授予"广东省青少年造林先进集体"称号。1985年开始"十年绿化广东"行动，坳仔镇推动造林绿化，同时，在25度坡以上宜林山地发展茶秆竹种植，每年扩种3000～5000亩和改造残次竹林2000～5000亩。1985年全镇新种茶秆竹共5万多亩。1995年，坳仔镇璃玻管理区获全国造林绿化"千佳村"称号。1996年促进茶秆竹集约化、规模化、高效化、基地化生产，该镇在七甲管理区老虎大冲实行股份制辟办茶秆竹（厘竹）种植示范基地1540亩的带动下，旋即在多地多处连片种植，不久，茶秆竹收入成为全镇经济收入大项，茶秆竹主产地的仙溪、璃玻、罗大等村成为富裕村。2016年，全镇林业用地18363.7公顷，其中生态公益林1709.97公顷、商品林2886.5公顷；有林地18335.5公顷，其中竹林15461公顷，占有林地面积的84.30%；森林覆盖率82.93%，比1984年的60.76%高出22.17个百分点。

（二）第二产业

中华人民共和国成立后，坳仔镇不断发展工业和建筑业。20世纪50—60年代，先后办起农具厂、酒厂，并有县在坳仔开办二轻厘竹加工厂等。70年代加快发展社队工业企业，1977年10月在富潮村开办首家社办厘竹加工厂，高峰时就业人数近300人，年加工厘竹5000多万斤，年加工收入300多万元，是坳仔公社创办的支柱企业。80年代开始发展私营或个体工业企业。1988—1993年，镇政府先后开办竹微粒板厂、广东果冠饮料厂，在怀城镇幸福路（塔山脚）处办起石料工艺厂，至1999年三厂先后停业。20世纪80年代开始，该镇不断发展建筑业，2000年全镇建筑队伍30多支，常年从事建筑人员200多人。20世纪80年代开始，改变此前低价出卖茶秆竹原竹的做法，发动本地人大办厘竹加工厂进行厘竹深加工，1990年全镇厘竹加工企业300多家，至2000年有370多家，形成四连线公路坳仔村路段2.5公里长的厘竹加工一条街和罗大村至大同村绥江河段的厘竹加工走廊。是年全镇厘竹加工年产值5000多万元，占全县厘竹加工产值的60%，出现10多家厘竹加工创利税5万～30万元的大户。2016年，全镇有厘竹加工企业294家，厘竹加工年产值达9707万元，占全镇工业产值的74%。其中有规模以上厘竹加工企业6家。

（三）第三产业

坳仔镇水陆交通便利，处在怀集县东南出口。中华人民共和国成立前其商贸服务业以竹木贸易较兴旺，中华人民共和国成立后以坳仔圩镇为商贸中心，逐步发展第三产业。20世纪50年代开始以供销社、公私合营商业为主，商贸服务业门类齐全，贸易兴旺。1987年该圩镇建成全县乡镇首座楼式二层、总面积1498平方米的钢筋混凝土结构贸易中心市场，改变营商环境和活跃个体户经营。1988年建设坳仔圩镇宽9米、长400米水泥街道，改观圩镇环境。1998 年移筑过圩街市公路，拓宽市场经营。20 世纪 50—60 年代社队集体先后办有汽车运输队、运输船队、旅业等企业和服务业。80 年代迅速发展为以交通运输业、商贸饮食业、修理服务业为突出的个体、私营商业，2000 年由农户筹资购买或联营经营的 30 吨以上货运机帆船 10 艘，客运船 6 艘，大型货运车 10 辆，小三轮、四轮车 40 多辆；小商店、小饮食店、各类修理店遍布圩镇和村庄。从事第三产业的人员有 5500 多人，第三产业产值占全镇社会总产值的 8% ～ 10%。2016 年，全镇登记在册个体商户 160 多户，从业人员 200 人，社会商品销售总额 300 多万元。

（四）文化教育卫生事业

1958 年，坳仔公社利用电话线为广播线路，在各村安装舌簧喇叭开通广播。1964 年架成广播专线，各大队、生产队都安装舌簧喇叭收听广播，1993 年电视事业迅猛发展，电视广泛进入家庭后停办广播。1959 年开始，县第四电影放映队不定期到坳仔各村放映电影，1972 年坳仔公社自购 8.75 毫米电影放映机，在圩镇和轮流到各大队、生产队放映电影。1985—1990 年，七甲、鱼南等 7 个大队先后购置电影放映机放映电影。1989 年坳仔镇文化站被县评为先进文化站、璃玻村文化室被评为先进文化室。1991 年坳仔镇投资 80 多万元、1995 年建成高六层的文化大楼，可使用面积 1268 平方米。内设功能室多个，被省文化厅评为一级文化站，1997 年被评为省特级站，2016 年该站藏书 1.5 万册。20 世纪 90 年代各村委会办公大楼建成后设立文化室、娱乐室、图书室、电脑室等，全镇建成农家书屋 16 个。

中华人民共和国成立前坳仔域内有民办小学或私塾，20 世纪 50 年代各村开办公立小学，全公社共有小学 46 所、学生 2500 人、教师 300 多人。受"大跃进"推动，坳仔公社曾办林业中学

（1981 年撤销），坳仔、阶洞、鱼坑等大队曾民办农业中学（1960
年前后撤销）。1968 年，各大队小学附设初中，之后逐步停办，
至 2005 年全部撤销。1970—1990 年开办坳仔高级中学；1976 年
在渡头、七甲、鱼北、鱼南大队开办高中班，1978 年俱撤销。
1994 年坳仔镇普及九年义务教育，镇政府拨出资金 31 万元，另
择新址建造坳仔中学新校园，后获上级拨款 600 多万元继续建设，
1996 年秋季落成开学。2016 年共有 21 个班，学生 1300 人。2001
年，坳仔镇投入 80 多万元，上级支持 200 多万元，以全镇示范性
学校要求，择新址建设坳仔中心小学，2003 年 9 月建成使用。
2003—2005 年，群众集资和革命老区教育促进扶持资金 351 万元
改造建设全镇 11 所老区学校。2013 年坳仔镇建设成为"教育强
镇"。2016 年，全镇有初级中学 1 所，完全小学 2 所，教学点 20
个，成人文化技术学校 1 所，中心幼儿园 1 所。在校中小学生
2775 人，中小学教职员工 273 人；在园（班）幼儿 275 人，教师
16 人。学前三年幼儿入园率为 98.2%；适龄儿童入学率为 100%；
初中阶段入学率为 100%，初中毕业率 100%，升学率为 95%
以上。

中华人民共和国成立前，坳仔乡村缺医少药，只有几间中药
铺和少数中医医生。20 世纪 50 年代各大队统筹资金培训卫生员
满足群众医疗需要。60 年代中期起，各大队设立卫生所配备赤脚
医生，改善乡村缺医少药状况。60 年代，改造圩镇旧大坑庙的一
排平房为公社卫生院，1982 年选址新建建筑面积 300 多平方米的
二层钢筋水泥结构楼房 1 座，改善医疗用房，1995 年被评定为一
级乙等标准卫生院。1996 年 9 月获准为"爱婴医院"。2012 年因
建设贵广高铁需要，坳仔镇卫生院搬迁到坳仔圩市原税所大楼改
造开办。2014 年，坳仔镇卫生院一体化管理全镇 12 个村卫生站，
便捷群众看病。2016 年，该镇卫生院为一级医院，全镇 16 个村

委会共有乡医 51 人。2004 年，坳仔镇开始推行新型农村合作医疗制度，起初几年参保率为 30% 左右，2016 年达 98% 以上。

（五）基础设施建设

坳仔凭借凤岗河、绥江河流经本区域的条件，中华人民共和国成立前已经水路用木船、机帆船（本地人又叫火船）出行，陆路行走村间泥土小路出行。1955 年 1 月怀城至坳仔线与广宁县公路开通，坳仔人民用此上行县城下行广宁。此后进行与其他镇以及镇内公路建设。1976—1987 年先后开通上洞大队至七甲大队以及三基塘至鱼坑（鱼南村、鱼北村）的沙土公路，1979 年、1987 年先后开通仕儒大队，阶洞村至过桥头的沙土公路。至此，基本解决坳仔镇群众出行难问题。20 世纪 90 年代开始道路硬底化建设，2016 年，鱼北村、鱼南村、七甲村和阶洞村各总里程分别为 15.3 公里、8.9 公里、10.7 公里与 3 公里的乡村道路均已硬底化。

民国 20 年（1931 年），县在坳仔圩设立电话分机开通电话 1 部，民国 29 年设坳仔邮寄代办所。中华人民共和国成立后，推进通邮通电话建设，1952 年坳仔邮电支局架设专线至各村开通手摇电话，1993 年开始使用寻呼机，1994 年开通程控电话，1996 年该镇富潮村、倒流村电话用户占其村总户数的 60%，成为县内首批电话村。1999 年坳仔的移动通信基站先后开通使用，寻呼机停止使用。2016 年，全镇自动电话 2700 多户，移动电话 3 万多户。

1963 年以阶洞大队为开始，接着有鱼南、坳仔、仙溪等村利用小型拦河坝蓄水建发电站发电。1966 年 10 月坳仔公社自筹资金建设泽联电站；1969 年 1 月县接管此工程后加快建设；1971 年 7 月 1 日第一台机组发电，坳仔公社各大队逐步用上泽联电站供应的电力；2014 年全镇进行高压输电线路、电网改造。2016 年，全镇高压输电线路总长 140 公里，各村民小组均用南方电网供应的电力。

1994 年建成该镇首宗即坳仔圩镇深井自来水工程，受益人口
2500 人。1995 年镇政府投资建成坳仔村十四队引用山泉自来水工
程，2011 年国家投资 280 万元建设引水管道长约 30 公里的石川坑
自来水引水工程，向仙溪、璃玻、坳仔、罗大村及坳仔圩镇供水，
受惠人口 1 万多人。20 世纪 80 年代末至 90 年代，其他各村村民
集资以及上级资金支持，铺设管道引用山泉水，2016 年全镇农户
100% 用上洁净自来水。

五、诗洞镇

诗洞镇位于怀集县南部。诗洞圩镇距离县城 40 多公里。属于
山区，四面环山，地势大致为南高北低。境内最高山峰白崖山
（七星岩），海拔 1274 米，面积约 80 平方公里。中部为丘陵盆地。
诗洞河（永固河上游）沿途汇集境内各支流后再向东北流入永固
河段。总面积 335 平方公里，合 3.35 万公顷，其中山地面积 2.4
万公顷，耕地面积 1890 公顷。有花岗岩、大理石、稀土、金沙矿
等矿产资源；农业经济以粮为主，兼营林、牧、副、渔，农作物
以水稻为主，兼种番薯、玉米、木薯、芋头，还有水果、花生、
大豆、蔬菜等经济作物。是怀集县林产区之一，盛产松、杉、杂
木，并有竹笋、蘑菇、木耳、药材等野生产品，所产白崖茶、金
沙茶清香甘喉。2016 年下辖龙凤（双凤和新凤合并）、丰安、凤
艳（凤艳和大东合并）、健丰、健营、六龙、诗洞、云田、万诗、
实源、六苏、中和、双龙、金华、保安、安华、金沙、仁和、安
南等 19 个行政村和诗洞圩镇居委会 1 个；户籍人口 11830 户 7.6
万人；革命烈属 62 户 814 人。

（一）第一产业

中华人民共和国成立后，诗洞人民随土改、互助生产、合作
化以至人民公社等集体生产经营，农林并举，农业为主。其稻谷

亩产（单造）、粮食总产从 1949 年的 186 斤、953.50 万斤提高到 1954 年 230 斤、1159.32 万斤。同时兴修水利、积肥、造林，1962 年以后粮食生产连年增产，1965 年全社粮食总产比 1962 年增加 36%，生产队集体经济收入增加 50%。同时发展家庭饲养禽畜，1963 年全社生猪饲养量从 1960 年的 3800 头增到 6950 头，1965 年为 8500 头。1963 年，利用本地木薯种植优势发展木薯蚕养殖，1964 年全社共养 1100 盒、产蚕茧 1600 公斤，后因经济效益不高至 1968 年停止。20 世纪 60 年代初大力推广山埔田和山坑塘进行上半年种稻、下半年养鱼的鱼稻轮作，全公社年鱼稻轮作面积 246 公顷，占全社耕作面积和全县鱼稻轮作面积的 13%、29.5%。1969 年全社粮食总产比 1967 年减 15%，春收作物减 13%。1970 年 8 月后开展"农业学大寨"，开山造田，全社减少鱼稻轮作面积 130 公顷，改种两造水稻的稻田易涝受浸，稻谷收入不多，经济效益大大降低。1976 年社员的温饱问题未获解决。20 世纪 80 年代实行家庭联产承包责任制，解放生产力又推广种植杂优水稻，1983 年诗洞区稻谷平均亩产 565 斤，总产 1300 万斤，比 1978 年增长 18%，农民人均月口粮 50 斤（稻谷），温饱问题得到解决。1990 年、2000 年的水稻平均亩产为 259 公斤、339 公斤。1999 年粮食总产 1.83 万吨，是总产量最高年份。2016 年诗洞镇粮食总产 2.375 万吨。1979—2016 年，诗洞群众拓宽生产范围和提高经营技术，发展经济和致富家庭。1985 年佛仔村 8 户农民种植茯苓收入 30547 元，培育冬菇、木耳收入 18180 元，养蜂收入 8349 元，农林业收入 35595 元，合计 92671 元，每户平均收入 11584 元，成为万元户村寨。2008 年 3 月以来全镇有 19 人获得怀集县的创业贷款共 280 万元，进行专业化种植饲养。

　　20 世纪 50 年代起，诗洞群众炼山垦山地造林加开办公社林场、大队林场发展林业生产。80 年代落实林业"三定"、划定林业"三山"，并随"绿化广东""绿化怀集"的推进，群众自觉植树造林，1986 年全镇有林面积 22 万多亩，1993 年达 33.7 万亩，占宜林山地 37.3 万亩的 90%。90 年代兴办"三高"农业，1995 年后继续大造经济林、用材林基地，造林初期套种木薯、花生、玉米、生姜、芋头等作物。2000 年创办连片集中的甜笋竹基地，凤南村 300 亩、底圩山 200 亩、长坑 100 亩，是年全镇农业总产值 6381 万元，比 1990 年增长 145%。进入 21 世纪后开始公益生态林建设。2016 年，全镇农业总产值 54956 万元，其中种植业 24311 万元，林业 11614 万元，畜牧业 16161 万元，渔业 2137 万元，农业服务业 733 万元。是年，农民年人均可支配收入 12269 元。

（二）第二产业

中华人民共和国成立前夕，诗洞范围有铁器制造业、造纸业等手工业作坊多户。中华人民共和国成立后逐步发展工业，1956 年诗洞圩镇成立服装合作社、铁器合作社各 1 个，从业人员各有 12 人、29 人。1958 年人民公社化后办公社农具厂、肥料厂等企业多家，1962 年随国民经济调整停办。1960 年、1962 年先后办起该公社最早的双井水电站、南双水电站，1964—1976 年先后利用水轮泵站建成水电站 10 多座，1966 年利用诗洞河沿线所建的双黎、南双、富德、龙塘等水轮泵站办水电站，1978 年有社办电站 2 座，队办电站 45 座，社队电站总装机 356 千瓦。同时，利用电力开办粮食、木材等加工企业，社办企业 1965 年有 3 家、企业总收入 3.5 万元，1976 年有 10 家、职工 208 人、总收入 19 万元，1978 年有 12 家、职工 204 人、总收入 17.2 万元；队办企业 1965 年有 5 家、总收入 1.4 万元，1976 年有 36 家、固定劳动力 678 人、总收入 19.9 万元，1978 年有 9 家、固定劳动力 30 人、总收入 1.6 万元。20 世纪 80 年代招商引资，利用本地资源办木材加工、竹木工艺、食疗、陶瓷、造纸、农副产品加工等，开始多元发展工业和改革原有社队企业经营体制。1992 年在诗洞圩西郊由界洞开办占地 36 亩的工贸开发区，吸引个体户和外地客商前来开办工商企业，1994 年全镇三级工业企业（个体）共 474 家（镇办 17 家、村办 16 家、联营 79 家、个体户 362 家）。1994 年全镇工业总产值 2207 万元。同时各村寨或民资投入续办水电企业，1982—2016 年全镇共有大小水电站 33 座，总装机容量 1996 千瓦，全部电力并入南方电网。

20 世纪 90 年代继续推进招商引资办企业，先后引进客商投资办红砖厂、刨花板加工厂、六龙坑石场等，1999 年全镇工业总产值比 1994 年增长近 4 倍。2010 年，部分外出务工人员引进制衣加工厂，接外地制衣厂的订单加工，部分工序发放到村民在家庭加工，从业人员 40 多人，增加村民收入 80 多万元。2016 年，全镇形成主要生产家具、门窗、窗帘、内衣、腐竹等工业企业，其中自 1982 年逐步发展壮大起来的诗洞山水腐竹产业远近闻名。是年全镇总产值 1.3 亿元，分别占工农业总产值、国民生产总值的 17.12%、14.14%。

（三）第三产业

中华人民共和国成立前，诗洞圩镇为诗洞区域商业贸易中心，有多家店家从商，并增有六龙坑"红军圩"的设立经营。中华人民共和国成立后继续商贸等第三产业经营和发展，1953 年 8 月开设九区（诗洞）供销社门市部；1954 年政府组织农民入股成立九区（诗洞）供销合作社；1956 年发展商业，并下伸至各乡设立供销社分销店、大村设立代销店，同时改造诗洞圩市的私营商业为合作商业经营，区域内各乡均建起信用社服务农村农业金融。1958 年，诗洞圩镇有宽三四米、长 100 多米的街道 1 条，街道两边多为高一二层的泥砖瓦房，20 世纪 60 年代起先后建造砖瓦结构的公社办公场所、卫生院、大会场、供销社、百货商店、粮站、食品站、森工站、农贸市场，扩建学校。至 1978 年形成供销、合作加农贸的商贸和粮油、金融、通信等国家专业经营的服务品类。80 年代加快圩市建设，1983 年农贸市场方圆 100 米纳入圩镇集市范围，1986 年诗洞区政府筹资 168 万元辟建沙林苑新市场，1987 年新市场十字路口方圆 100 米纳入圩镇集市范围。1987—1990 年建成百货、五金、药材、服装、饮食等商业楼宇，市场经营面积扩大到 4500 多平方米，个体商铺 14 间、固定摊位 76 个。90 年代中期建设钢筋水泥或石拱桥梁共 3 座，连接诗洞圩原来两河三片块为一体，方便、活跃商业贸易服务。21 世纪开始推进第三产业发展，2014 年引进投资商开发怀集县第一个乡镇房地产开发项目——诗洞雄基广场项目，该项目属于"三旧"改造（指旧城镇、旧厂房、旧村庄改造）即升级改造旧农贸市场，2016 年 5 月完成基本建设并继续推进。2016 年，全镇登记在册的各种工商业户648 家，并村村有商店，快递到村，农副产品可以通过电商买卖到全国各地，无线电话三大运营商的信号覆盖全镇村庄。是年，该镇第三产业总产值 7500 万元，占全镇国民生产总值的 8.97%。

（四）文化教育卫生事业

1956 年开始有农村电话线传递信号喇叭广播，1954 年开始有电影放映，20 世纪 60 年代前期有公社广播和文化室文娱活动，80 年代加快文娱设施建设和丰富文娱内容，2016 年全镇形成有线电视、农家书屋、村寨健体器材设置和镇文化中心与村寨文化广场等。

中华人民共和国成立前夕，诗洞域内大自然村设私塾，并有协和乡中心校。中华人民共和国成立之初，改称原中心校为第九区中心小学，1952 年国家办农村小学，域内小学、学生与教师分别从 1949 年的 28 所、688 人与 42 人增加到 43 所、1739 人与 48

人。1963 年、1965 年先后增办凤艳完全小学、仁安完全小学，1966 年全公社小学生 3009 人、教师 127 人。1968 年采取"把学校办到贫下中农家门口"做法，各大队办完全小学，较大村寨办小学，较远或学童少的村寨办半耕半读班，全公社有完全小学 21 所、小学校 60 多所和耕读点多处。1983 年开始推进学校"一无两有"（无危房，有教室、有桌椅）建设，1986 年全镇有完全小学 21 所、村小学校（教学点）24 所（处）全部通过"一无两有"验收。1984 年秋普及初等教育，1995—1996 学年度，全镇适龄儿童入学率 98.6%，初中入学率 95.5%，小学毕业率 100%。接受慈善爱心的捐资助学，建造革命纪念学校和革命传统教育基地，2002 年开始革命老区学校的改造建设，2004 年在全镇 22 所此类学校建成教学楼 22 幢、建筑面积共 1.2 万平方米。2016 年，全镇有完全小学 3 所，村小学校（教学点）23 个，小学生 5085 人、教师 312 人。1956 年诗洞中心校附设初中班，1958 年建设为诗洞中学。1968 年春季有 6 个小学附设初中班，秋季追求"初中不出大队，高中不出公社"，各大队小学俱附设初中班，诗洞中学开办高中班，1990—1995 年开办职业高中班。1995 年开办诗洞第二中学，将分散在村的附设初中、联办初中撤并入诗洞中学和诗洞第二中学。1995 年诗洞镇普及九年义务教育。2016 年，诗洞镇有中学 1 所，学生为七至九年级共 2928 人、教师 178 人（2002 年 9 月诗洞第二中学撤并入诗洞中学）。

　　1937 年诗洞圩镇曾设立南区卫生所，但医务人员和药物欠缺，不久撤销。中华人民共和国成立后推进医疗卫生事业建设，1954 年县在诗洞圩镇设立第九区诊所，开始推广新接生法。1958 年开办公社卫生院，公社和部分大队办起妇产院。1967 年广东省选址诗洞坪盘山建设广东省战备后方医院，医院大楼 2 座建成使用，诗洞卫生院和该医院合二为一，挂牌诗洞公社卫生院。1969

年开始各大队都办起合作医疗站，1978 年后解散。1993 年建成诗洞镇卫生院泥砖楼房 1 座，随后获革命老区专项资金扩建业务用房和医务人员宿舍，1995 年成为一级乙等标准医院，1997 年 11 月"一无三配套"建设达标。2010 年获革命老区卫生院建设资金支持，进行业务用房改造和医疗设备添置，2013 年政府拨款建设职工宿舍楼。2016 年，诗洞镇卫生院占地面积 7809.5 平方米，医疗用房面积 2996.2 平方米，是一所集医疗、预防、保健和康复为一体的公立公益性医院。

（五）基础设施建设

1959 年前，诗洞居民以山间小道与外界往来，有水路经永固河远接绥江，1960 年民办公助筑成诗洞至永固公路可通达县城，自此诗洞交通跨入汽车时代。1965 年筑诗洞至东坑路段，后南接广宁木格公路，可通广宁、德庆、肇庆、梧州等县市，公路沿线诗洞的万诗、中和、双龙、金华、保安、诗洞、凤艳等大队得其交通便利。1968 年县道诗洞总丰至桥头公路开通，1968 年穿越安华、龙凤、丰安、健丰的诗洞至云田公路开通。1972 年起各大队组织修筑大队、生产队可通行手扶拖拉机道路，至 1976 年先后修通诗洞至安南、双凤至金沙、金华至安南、诗洞至金沙等乡村道路。2000 年全镇各行政村及大的自然村均有可通汽车的沙泥公路。20 世纪 90 年代末，诗洞镇出境公路完成水泥硬底化公路改造。2001 年开始镇内乡村道路改造，2004 年推进村村通水泥路建设，至 2009 年尚欠安南村 2.8 公里、云田村 2.2 公里未硬底化，后于 2016 年建成。2013 年开始村民集资加上级拨款资助，进行自然村村道硬底化建设，至 2016 年共完成此类硬底化 65 公里，尚欠 45 公里未硬底化。1951 年设立诗洞邮政代办所，1952 年安装电话交换机，4 个乡均通电话，继续建设至 2016 年有邮政、邮政储蓄、程控电话、移动电话、互联网等邮电服务。1960 年建成诗洞公社双井水电站，开始使用电力，1999 年改为使用县电网供电后，用电安全稳定保障。

六、永固镇

永固镇位于怀集县南部。永固圩镇距县城 30 公里。属于山地丘陵地带。全镇多属海拔 300 米以上的山地，最高山峰三宝山海拔 799 米；永固河（曾名诗洞水）自诗洞镇西南向东北流经永固镇流入广宁县。森林植被主要以竹林、杉林、松林、竹木混交林植被为主；面积为 30～60 公顷以下草山植被多处。总面积 192 平方公里，其中山地面积 143.35 平方公里，耕地面积 7.93 平方公里，俗称"七山二水一分田"。山地面积占总面积的 70%，其中松、杉、杂木林地 12.35 万亩，盛产松、杉、竹和杂木，年产木材 1 万多立方米，是县内林区镇之一；厘竹林地 9.1 万亩，约占全县茶秆竹面积的 20%，是怀集县厘竹主产区。2016 年，下辖龙田、苍岭、多安、联安、宿安、保良、永良、保安、朝进、富禄、富邦、富德等 12 个村委会，永固圩镇社区居委会 1 个；总人口 10725 户 53701 人。

（一）第一产业

20 世纪 50 年代初，开始改进耕作方法，随后推广、扩大优良种子和杂粮品种播种，不断提高粮食单位产量，1977—1978 年推行水稻根外施肥技术获得增产 5%～15% 的效益。80 年代初实行家庭联产承包责任制后，富余劳动力转向饲养猪牛、垦建小山庄或经营手工业等。1983 年全镇推广种植杂优水稻，稻谷年平均亩产从此前的 350 公斤提高到 400 公斤，又扩种木薯、番薯、玉米等杂粮作物，1990 年后全镇实现粮食自给，改变靠吃国家返销粮的历史。1992 年推行水稻塑料盘育秧抛秧栽培技术，平均亩产 530 公斤，并养殖南德文优质肉牛、养肉鸡育雏鸡。2000 年农业产值 4577 万元。2000 年起开始种植砂糖橘，2016 年全镇有砂糖橘种植基地 600 多亩，年产量 100 多万斤，收入 300 多万元。1995 年开始专业户养猪，2006 年佛山市丹灶镇在朝进村扶贫开发养猪项目，2010 年、2013 年全镇有生猪养殖大户 6 户、12 户，2016 年共有大户 90 户，全镇饲养生猪产值 141.75 万元，全镇农业总产值 13729.32 万元，农村人均纯收入达到 9700 元。

1950 年起，永固镇一直农林并举，20 世纪 60 年代组织全体社员种杉、松、茶秆竹和茶叶，1960—1983 年主要出产松、杉、竹和杂木，年产木材 1 万多立方米，并有土特产药材、茶叶、蜂蜜等。80 年代初划分"三山"后，农户在自留山、责任山上建厂搭棚，开展种养。1985 年开始绿化怀集大地后，全镇推进造林绿化。90 年代开始林业基地建设，2016 年全镇生态公益林面积 69750 亩。1950 年起一直种植茶秆竹，1990 年起推进茶秆竹种植，2000 年、2016 年全镇茶秆竹种植面积分别为 4 万多亩、9 万多亩。

（二）第二产业

中华人民共和国成立前，永固区域有乡下造房建筑工匠和家庭作坊等手工业生产。中华人民共和国成立后逐步发展第二产业，以工业为主。1958 年创办首家永固公社综合厂，加工厘竹（茶秆竹）半成品供收购，年产值 1 多万元。此后至 1980 年，分别办有公社、生产队的竹木加工、爆竹等集体工业企业。1981 年，开始出现个体竹木加工企业，1990 年起增办茶秆竹加工企业，形成富邦、富禄、富德、朝进、保安 5 个茶秆竹加工专业村和有茶秆竹加工企业 40 多家的永保茶秆竹加工一条街。2000 年镇政府投资 130 万元的永固镇茶秆竹加工总厂投产，年加工各种成品竹材、竹制品 3000 吨；永固镇政府与商人植成威合资建成厘竹加工总厂，年加工成品竹及厘竹制品 400 吨，年销售额 570 万元。2016

年，全镇有厘竹加工企业 20 多家，年加工厘竹 3 万吨，产品远销欧美和东南亚 30 多个国家和地区。

（三）第三产业

中华人民共和国成立前，永固区域有乡下货郎担和永固圩镇小店铺从商。中华人民共和国成立后逐步发展商业。1952 年在永固圩镇设立供销合作社后，渐次开设百货商店、旅店、饭店、理发店、照相馆、粮站、食品站、土特产购销部等国家、集体或合作经营的门市。1978 年改革开放，发展个体商业，20 世纪 80 年代建成楼房式永固农贸市场，一楼经营肉菜，二楼作服装销售。1995 年镇政府筹集资金在永固圩侧两个山头建成占地 2000 平方米的综合贸易市场和店铺用房 30 多家。1999 年镇政府迁抵地处罗汉山背新建综合办公楼，在其腾出的原址上扩建为圩镇贸易空间。2000 年永固圩镇建成面积从 1980 年的 0.23 平方公里扩至 0.85 平方公里，共有楼式贸易市场 3 个，建筑面积 6100 平方米。2015—2016 年推进圩镇卫生、整洁和街道路灯亮化建设，引入社会资金建成占地面积 700 多平方米的农贸肉菜市场 1 个。各自然村均有个体日杂用品店铺。

（四）文化教育卫生事业

中华人民共和国成立前，永固域内有舞狮子、唱"南歌"习俗。1959 年开始，县电影放映队不定期到永固各村放映电影。20 世纪 70—80 年代永固公社先后购置电影放映机，组成 3 人放映队在圩镇和轮流到各大队、生产队放映。1989 年建成永固镇文化大楼，内设多个功能站室，2015 年修葺翻新该大楼，永固镇文化站被省文化厅评为一级文化站。2016 年永固镇文化站藏书 1 万册。20 世纪 90 年代，各村先后建成村委会办公大楼，其中开设村文化、娱乐、图书、电脑使用等功能室。

中华人民共和国成立前，永固区域多处村寨办有私塾，中华人民共和国成立后发展教育事业，1978 年全公社有永固联中 1 所、大队小学附设初中多所和各大队小学。20 世纪 80 年代，收缩附设中学点；1997 年普及九年义务教育。2000 年起调整学校布局，进行革命老区学校改造建设。2003 年 11 月属于革命老区学校改造的永固镇中心校建成 5 层 18 室、建筑面积 1850 平方米的教学大楼。2012 年 2 月永固中学教学楼投入使用，随后永良小学教学楼、富邦小学教学大楼相继投入使用，是年末永固镇成为"教育强镇"。2016 年，全镇有小学 2 所、教学点 10 个，学生 5300 人、教师 260 人，九年义务教育入学率 100%；中学 1 所，学生 2800 人、教师 140 人。

中华人民共和国成立前，永固境域群众有病靠刮痧、拔火罐、煎草药医治。中华人民共和国成立后逐步发展医疗卫生事业，1958 年成立公社卫生院，1964 年龙田、永良、三富等大队开始有流动卫生员为群众治疗常见病。1968—1978 年各大队设立医疗站或卫生室，配备赤脚医生，1980 年后改为村医个体医疗站，1992 年村村建起卫生站，1996 年易地建造镇卫生院，建设达到"一无三配套"标准。2011 年 1 月永固镇卫生院医疗办公大楼落成，解决床位 60 多个，进一步改善医疗卫生环境。

（五）基础设施建设

中华人民共和国成立前，永固圩镇自宿联过龙田通保良经永良，穿越闸岗到县城，全程泥路，1959 年开通怀城至永固公路，之后永固到诗洞、到桥头的公路开通，1995 年完成怀城至永固公路水泥硬底改造，永固镇出入方便。1998 年修通总良公路后继续修筑边远山区公路，2010 年 10 月，富禄村自筹资金建成石咀大桥，该村 200 名群众出行不再难；永良、保良、多安、联安、龙田 5 个行政村的 10 多个自然村实现村道硬底化。2014 年 2 月，富邦村委会南寨村大桥建成，方便老区群众出入。2016 年，各行政村均实现公路硬底化，169 个自然村中 146 个村的村道实现硬底化，总里程 6500 公里。

1959 年利用龙田大陂建成装机容量 70 千瓦的永固公社第一座水电站——永固综合厂电站，又建成富禄水电站，开始永固的起初用电。1960 年建设龙田水电站后推进电力建设，2000 年建设成为村村通电、用上南方电网供电。民国 20 年（1931 年）永固圩镇装有电话分机，民国 29 年始设邮寄代办所。中华人民共和国成立后推进邮电建设，1992 年、1993 年先后开始使用寻呼机、移动电话，2000 年该镇 12 个村 80% 以上农户使用程控电话，2004 年部分农户开始使用互联网，2016 年全镇拥有移动电话 2 万多台，3G 和 4G 信号覆盖全镇域，60% 以上农户用上互联网，100% 手机上网。1989 年以前永固群众饮用河溪水，1990 年镇政府投资 30 多万元建设引接双骨涌泉水自来水工程，受益人口 2 万多人；2015 年建成圩镇饮水工程，解决龙田、圩镇和保良、永良等村群众 2.3 万人的饮水难问题。20 世纪 80 年代末至 90 年代，其他各村村民集资架设管道引山泉水为饮用水，2016 年全镇 100% 村寨农户饮用自来洁净山泉水。

七、怀城镇

怀城镇所辖的革命老区村珠洞村，2002 年以前隶属大坑山镇。大坑山镇位于怀集县中南部，怀城镇最南端，镇政府驻地大坳小圩镇坐落高龙村，距县城 20 多公里。区域面积 86 平方公里，其中耕地面积 2665 亩，主要以种植水稻为主，旱地间种番薯、玉米、芋头、花生等作物；山地面积 85923 亩，主产茶秆竹，有竹林地 6.5 万亩，夹杂有松、杉等林木。有木耳、灵芝、竹笋、蜂蜜等特产和铜、金、铅、锌等矿产资源。地势南高北低，两条溪流，一条由南边永固山地向北经珠洞、升平、永平汇流柑洞河注

入绥江，一条由南边石川坑向东经高龙盘布村流入绥江。2002 年
总人口 1468 户 7644 人，是年盆布村划属坳仔镇，余者包括珠洞
村并入怀城镇。2016 年，怀城镇总面积 333.33 平方公里，耕地
面积 4.2 万亩，山地面积 31.9 万亩，拥有丰富的松、杉、厘竹等
多种林业资源。下辖怀高、木兰、苍龙、高凤、盆凤、梅石、大
梨、平南、黄岗、眉田、顺岗、三斗、高龙、永平、升平、珠洞、
谭舍、龙湾、盘寨、谭云、利凤、共和、石龙、车头、大象、扬
名、罗龙、庙咀、富杨、大龙、龙西、谭勒等 32 个村委会和兴
贤、育秀、永光、文化、上郭、河南、幸福、高第、永红、永安、
山城等 11 个居委会，有自然村 396 个；总人口 15.7 万人。

（一）第一、二、三产业

中华人民共和国成立后革命老区珠洞村所在的大坑山镇人民
开始新社会建设和新生活。20 世纪 50 年代后期成立大坑山农林
场，农林并举。农业注重粮食生产，稻谷为主，杂粮并行，1994
年起在新种茶秆竹林套种木薯，种植面积 3000 多亩，年产鲜薯
1200 多吨。利用山坡地种植玉米、花生等经济作物。2000 年大坑
山农业总产值 6324 万元，人均收入 3567 元。在占总面积 80% 的
8.6 万亩林地发展茶秆竹，此处成为本县茶秆竹的重要产地，茶
秆竹面积 1979 年有 5 万亩，占林木面积 60%，年产量 1 万多吨，
不久实行家庭联产承包责任制，激发群众耕山造林积极性。1985
年起实施"以林为主，多种经营、综合利用、以短养长和林工贸
并举"方针，进行茶秆竹的抚育管理，改造低产、残次茶秆竹
林，限量砍伐，每年抚育、改低施肥 2000 多亩，至 2000 年共改
造茶秆竹林 4 万多亩。1997 年创办双宾、老山尾速生茶秆竹基地
500 亩。1998 年与县林业局合办大花岭茶秆竹基地 1300 亩。至
此，全镇茶秆竹林 6.5 万亩，人均茶秆竹林 9 亩多，年产茶秆竹 2
万吨左右，收入 1000 多万元，仅此人均收入 1500 元。1980 年起，

鼓励村集体、个体户办茶秆竹加工企业，提高附加值，至 1993 年全镇共有茶秆竹加工厂、加工点 105 个。此后，招商引资办厂，善于经营的加工厂发展扩大，经营不好的下马或归并，1996 年全镇厘竹加工企业 50 家。至 1997 年共引进外商独办或与镇、村合办香骨厂 6 家。1999 年引进罗定市岭南牙签厂，利用加工成品竹后的竹头、竹尾和次竹制作牙签。是年全镇工业产值 4880 万元，占社会总产值的 73.8%。2002 年大坑山镇并入怀城镇后，一同推进建设。2016 年，全镇种植高产水稻 4 万多亩，参加政策性水稻保险 4500 公顷，参保率 100%；办蔬菜基地 3420 亩，完成茶秆竹改低 1500 亩、中幼林抚育 1.46 万亩、人工造林 3000 多亩、义务植树 16 万多株；发展水果基地 2.56 万亩，其中新增沙糖橘果场 25 公顷、火龙果 7 公顷、山楂 13 公顷，还有养殖场 156 家。完成增值税 972.2 万元，地方税收收入 1.17 亿元，"两税"收入同比 2015 年增长 18%。是年，人均可支配收入 13449 元。

（二）文化教育卫生事业

1956 年，大坑山区域的高龙和平安片（永平、升平、珠洞）群众组织盖成泥砖瓦房校舍，开办高龙小学和安良小学。1968 年小学附设两年制初中班，1980 年撤销其他大队所办初中，保留高龙初中部。1987 年改乡建制后，在高龙小学建成分开学区的中心小学和初级中学的教学楼。1993 年后，永平、升平、珠洞等村自筹资金和上级支持，相继建成小学教学楼。2000 年，大坑山镇在校小学生 1065 人、初中生 516 人，教师 95 人。1967 年，农林场架设广播线到各队，群众开始收听广播，并有少数人购有收音机收听。1990 年，开始有少数农户买进黑白电视机收看电视，1996 年有线电视线路到村，音像清晰稳定，八成多的农户买用电视机。

中华人民共和国成立前大坑山区域群众缺医少药，中华人民共和国成立后逐步改善医疗条件。1965 年各大队派人参加县举办的农村赤脚医生的培训班后，开始有本大队卫生人员从事简易医疗服务，1970年各大队成立合作医疗室，群众交1元多钱保障一年间医求药的方便，1980年左右停办合作医疗室。1987年，在乡政府驻地办成卫生院，方便群众就医治病。2002年大坑山镇并入怀城镇后各项事业继续推进建设。

（三）基础设施建设

中华人民共和国成立前，大坑山区域以崎岖山路、弯曲小道与外界往来。20世纪60年代开通县城到大坑山林场的简易沙土公路。1971年，平安片组织群众靠一锹一凿开出可通小型拖拉机的机耕路1条，1996年扩宽为可通行汽车的泥土公路，与改道通林场的怀大公路连接，2006年铺设为硬底化公路。同时修通南至永固圩，西至闸岗圩、东至坳仔的公路，形成了四通八达的交通网。开通县城到各村的公交车，群众出行方便。1966年设立的公社一级建制的大坑山农林场，驻高龙村大坳，此地成为该区域的政治、经济和文化的活动中心，渐而成为小圩镇，但至1986年农林场场部机关和多个部门仍拥挤在一幢高二层的砖木结构房子里办公，圩镇建设缓慢。1987年改乡建制后，乡政府筹资并获县政府支持和县有关部门帮助，开始较大范围的基础设施建设，是年建成高4层、建筑面积2000平方米的乡政府办公大楼1幢。随后，中学、卫生院、工商、税务、财政、邮电等部门的办公楼房陆续建成。1998年投资10万元建自来水工程，解决大坑山镇政府、中小学校和各机关的用水困难。1999年筹集40万元，建成镇文化中心、镇计生服务中心，同年电信设施日趋配套完善，小圩市渐成规模，5个村也相继建成办公楼房。1987年，乡政府驻地开设邮寄代办所，乡政府安装手摇电话，随后发展改进，2000年5个行政村均开通程控电话，电话用户732户，占总农户数的49%。1987年架设小圩镇的输电高压线，乡政府和部分高龙村群

众开始用电，其他多个村和一些农户利用溪流安装小型或微型发
电机自供照明。1998年暴发山洪冲毁小水电站，升平、永平、珠
洞等村的自供电变成无电区。2000年，县、镇多方筹资进行无电
村通电工程建设，县电网输电到村，获正常和稳定用电。

第四节 促进老区的专项建设

一、扶持老区建设拨款

1958 年，县政府给诗洞区"红色游击区"健智等 7 个自然村共拨款 34549 元修建房屋和购买耕牛、农具，另拨专款 3000 元帮助凤艳（原凤植、凤艳自然村）和健营（原健智、健德自然村）老区建设猪场，发展养猪事业。1981—1985 年，县政府以及有关部门共出资 22 万元，支持老区架设高压输电线路 13 公里，建抽水站 3 个，建自来水站 2 个，新修公路 8.3 公里，建钢筋水泥桥 2 座，建初中校舍 1 所，小学 4 所，拨给扶持生产资金 6 万多元，扶持贫困户 120 多户发展生产，扶持大东（原大碑自然村）、健营、凤艳三村办企业。此时，老区人民基本解决温饱问题，盖起了新房屋 160 多座。1986—1993 年，全县共投入资金 9378 万元，建设老区项目一批，其中支持诗洞镇维修健营至扭蒙公路 4 公里、六龙至鱼散公路 2 公里，架设扭蒙、鱼散、上下桌等地的输供电高压线路和更换其他老旧的输电线路；建设大小桥梁 16 座，扶持诗洞镇开辟玉桂种植基地、镇办工厂和兴修水利等。全县教育拨款 4 万元帮助 4 个老区村的小学修缮校舍，拨款 1.5 万元帮助健营老区村建设文化娱乐室。1995 年，肇庆市老区建设办公室拨款 6.2 万元，帮助诗洞、甘洒等老区镇发展"三高"农林业。1996 年县投资 15 万元维修甘洒圩镇至南洞公路，拨款 9.5 万元给部分老区人民维修电站、架电线照明、建设自来水工程和修建烈士纪念碑。2001 年开始推进革命老区产业发展，以及解决其"四难"（读书难、行路难、看病难、饮水难）问题，中央、省、市和县分别给予其财政拨款、资金帮助，至 2016 年包括扶持老少边穷地区发展补助和专项补助、边远分散老区村庄搬迁补助、专项经济发展补助，各级财政补助（拨款）全县革命老区建设共 6066 万多元。

二、老区专项建设

（一）老区破危小学改造

中华人民共和国成立以来至 2002 年 5 月，因陋就简办学而缺后续建设，或因贫困、经济不支致无力及时修葺，县内多处革命老区村小学校舍破危。据调查，诗洞镇老区村大东村小学，原有的泥砖木瓦校舍因严重破危被封闭后，于操场临时搭建大棚一架，隔成课室复式上课，全村适龄儿童 150 人中辍学 40 人。云田村小学原有课室 5 间因破危废弃 4 间、不得已保留 1 间，而另借陋旧祠堂 2 间为课室，一校分设三处，又因校舍不足只好隔年招生；其六年级班学生 28 人，来自封开县七星镇 9 人，每天往返路程两小时，来自德庆县莫村镇 3 人，投靠亲友食宿。永固镇地处边远山区的朝进村小学破危，另用竹木搭架、尼龙纸膜为盖的大棚上课，师生上课遇雨撑伞，晴天戴帽，曾出现多名学生上课时中暑的情况。2002 年 5 月启动县内革命老区农村破危小学改造，2005 年 6 月结束。全县老区镇 7 个、老区村 60 个（含老区自然村），共投入资金 2754 万元，其中省下拨专项资金 1980 万元，社会各界支持 774 万元，改造 68 所破危小学，其中诗洞镇改造 24 所。

这一改造，新建的教学楼，钢筋水泥框架结构，铝合金窗，外墙贴瓷砖，楼顶加隔热处理，后窗加设防护网，或有铺地板砖，坚固实用，宽敞明亮，美观大方，经监理部门验收全部达到标准质量。经改造的甘洒镇下届小学新教学楼启用典礼，张挂"沐党恩，老区学校欣添异彩；沾甘露，下届少年喜展宏图"对联作庆。

（二）老区公路、村道建设

20世纪90年代末进行"四通"建设，在2000年"公路建设大会战"中，全县筹集建设资金267万元（包括省市支持53万元），建成通往14个革命老区行政村需要修建的村公路14条、长111.5公里。2001年，怀集县行政村基本实现"村村通沙土石公路"目标，仍因建设资金不济和边远偏僻，一些边远老区村庄未通公路，有已修通但质量不高以及管养不周，路面坑坑洼洼，甚至连四轮驱动车都难行。2002年5月下旬，广东省老区建设促进会（老区建设促进会简称"老促会"）会长林若等领导到怀集县诗洞镇调查，从诗洞镇驻地出发，汽车沿着石子裸露、弯多坡陡的公路，颠簸翻过5座山岭才抵达位于怀集、封开、德庆三县交界的七星顶山下的云田村。类此行路难，在革命老区中不止几村几处。是年下半年起至2006年，推动革命老区农村交通基础设施建设，解决其行路难问题，并获上级支持资金80多万元，修成革命老区甘南公路、罗密公路、欧上公路、洽水茶岩公路、怀城珠利公路、永固三富公路、诗洞大龙坑公路等10条，里程180多公里。2003年利用广东省政府用5年时间实现全省农村行政村通硬底化公路的计划机遇，怀集县上报全县7个老区镇共57个行政村需要这一建设与规划，获省交通部门核实怀集县革命老区公路建设312公里，补助资金4680万元，其中增加补助资金1560万元后，订以3年实施，其中甘洒等镇推进较快。2006年初，全力推进改变诗洞镇13个老区行政村未有一村通水泥路的状况。六龙坑、万诗、健丰、丰安、金华等行政村年内贯通水泥路，诗洞镇基本完成建设任务。但洽水镇茶岩村、凤岗镇欧上村、诗洞镇云田和金沙等村总里程近 63 公里为最困难，俱以路途远、人口少、经济欠发达，要求群众捐资修路甚困难为突出问题，后获广东省老促会额外拨款 16 万元以及交通部门将这 16 万元作为群众捐资投入公路建设，减轻群众负担，从而加快建设进度。2007 年全县老区行政村公路建设完成 246 公里；2008 年结合全县推进镇通老区行政村道路硬底化建设和通 500 人以上老区自然村村道硬底化建设，完成 113 个老区自然村村道硬底化建设 146.7 公里；2009年进行老区 500 人以上自然村村道硬底化建设；2010 年完成 9 个自然村 9.73 公里硬底化公路建设；2014 年、2015 年、2016 年分别完成老区自然村村道硬底化建设 48 公里、21.85 公里、19.538公里。至此，甘洒镇 9 个革命老区村乡村道总里程 41.6 公里，坳仔镇 4 个革命老区村乡村道总里程 38.8 公里，怀城镇珠洞革命老区村乡村道总里程 14.1 公里，俱全部硬底化；永固镇 7 个革命老区村乡村道总里程 45.8 公里，完成硬底化 41.1 公里，未硬底化里程 4.7 公里，其中宿安村 0.3 公里、保良村 4.4 公里；诗洞镇13 个革命老区村乡村道总里程 81.3 公里，完成硬底化 76.3 公里，未硬底化里程 5.0 公里，其中安南村 2.8 公里、云田村 2.2 公里；洽水镇 14 个革命老区村乡村道总里程 128.6 公里，已完成硬底化126.4 公里，只剩下茶岩村未硬底化里程 2.2 公里；凤岗镇 5 个革命老区村乡村道总里程 24.4 公里，已完成硬底化 23.6 公里，尚未硬底化里程 0.8 公里，其中上磴村、四村村各 0.4 公里。

（三）推进建设老区镇卫生院

根据 2005 年省、市、县三级老促会和卫生部门联合组成调查组对怀集县 6 个老区镇卫生院（怀城镇卫生院除外）和 3 个中心卫生院的调查表明，当前县内老区镇卫生院明显存在技术人才严重流失和匮乏、医疗水平明显下降、业务工作用房危缺、医疗设备残缺简陋，以及经济入不敷出乃至债务沉重等问题。此后，根据广东省关于加强乡镇卫生院改革与建设管理，逐步实施把镇卫生院营利性事业单位的改革恢复为非营利性公益事业单位，由财政拨出专项经费运作的规定，逐步解决存在问题。2007 年，省财政按人口比例，对卫生院工作人员每人补贴 1200 元的 80%，安排怀集县 942 多万元，其中老区卫生院 384 多万元。以此经费推进乡镇卫生院建设和稳定医务人员队伍，解决老区人民"看病难""看病贵"问题。同时，又获省安排 3 个镇卫生院（每所 100 万元）300 万元更新等资金，改造卫生院的业务用房和医疗设备。2008 年，凤岗、永固、坳仔三镇卫生院各获省拨款 100 万元，凤岗镇、永固镇分别建设高三层建筑面积 1100 平方米楼房一座，坳仔镇卫生院改造建设高四层、建筑面积 1192 平方米的综合楼投入使用。而后转为进行老区镇卫生院医疗人员职工宿舍建设，2014 年完成总投资 530 万元共 54 套职工宿舍（甘洒镇卫生院、凤岗镇卫生院和诗洞镇卫生院各为 14 套、20 套和 20 套）的建设，2016 年完成洽水镇卫生院、坳仔镇卫生院各 30 套、20 套的建设，永固镇卫生院周转房 20 套动工建设，怀城镇中心卫生院周转房因未解决建设用地待建设。

（四）解决老区饮用水安全问题

2007 年调查全县 7 个老区镇 57 个老区行政村的饮用水安全表明，其中 24 个行政村、群众 224870 多人因为挖矿受污染致饮用水存在饮用水安全问题。随即县内开始切实改善老区人民饮水环境工作，2008 年投入 2401 万元（中央、省资金 1507 万元），建设老区安全饮水工程，其中投资 650 万元、受益人口 1.8 万多人的甘洒镇，2009 年总投资 502 万元、受益人口 2.3 万人的诗洞镇，2010 年投入资金 1221.7 万元，对坳仔镇、甘洒镇、洽水镇、永固镇 4 镇进行安全饮水工程建设。2011 年 12 月，对永固、洽水、甘洒、坳仔、怀城、诗洞等镇的饮水安全工程进行建设。至2016年，共投入全县革命老区农村安全饮水工程建设资金4628万元，受益人口12.63万人，9万多人的饮水安全问题获解决。

三、资助革命烈士后裔读书

2003年开始，由县老促会发放烈士后裔助学金，每年对一些应届录取、有家庭困难的烈士后裔大、中专学生给予每人1000元左右的助学金。同时开始每年输送300名老区贫困家庭子女免费到市技校读中专、学技能。2008年、2009年完成老区扶贫招生多名。2010年、2011年办理中专扶贫免费申请手续的老区村困难学生859个。2014年对被录取为中专、大专、本科新生的19名革命烈士后裔共发给助学金2万元；2015年、2016年对被录取为中专、大专以上的新生22名、26名烈士后裔共发给助学金2.05万元、1.95万元。

四、老区扶贫

1978年4月，按照国家和省要求，怀集县帮助平均每人每年稻谷200公斤以下和收入120元以下的家庭户摆脱贫困，全县327个生产大队中有315个开展这一工作，评定扶贫对象1573户7732人，占全县总农户的1.6%。1979年因条件限制终止此项工作。1983年11月，成立怀集县扶贫领导小组及办公室，组织开展扶贫工作。12月在诗洞区搞试点，翌年全县铺开。1986年底，广东省政府划定怀集县为贫困县，翌年5月成立怀集县扶贫开发工作领导小组，组织开展全县的脱贫工作，1998年经广东省检查验收，怀集县实现脱贫达标。2000年6月，按广东省的部署和要求，怀集县组织开展扶贫大会战，投入资金960万元，完成行政村"四通"和贫困户"四个一"（1人半亩耕地、1户1个劳务输出、1 户挂靠 1 个龙头企业、1 户有一门致富技术）的扶贫任务。
之后至 2008 年，推进农村经济持续稳定发展和防止部分经济基础
较薄弱、经济收入不稳定的村、农户返贫。2009—2015 年，实施
"规划到户、责任到人""一村一策、一户一法"等扶贫措施，其
中 2009—2012 年帮扶县内农村家庭年人均纯收入 1500 元以下的
贫困户 8613 户 42557 人稳定脱贫；2013—2015 年帮扶县内家庭人
均纯收入低于 3093 元以下的贫困户 5278 户 23728 人稳定脱贫。
2016 年开始新时期精准扶贫、精准脱贫三年攻坚工作，按照农村
居民年人均可支配收入低于 4000 元（2014 年不变价）的标准，
全县农村 1.16 万户贫困户 3.28 万人为相对贫困人口；按村年人
均可支配收入低于 8000 元（2014 年不变价）、相对贫困人口占村
户籍人口 5% 以上的标准，全县 41 条村为相对贫困村。是年，完
成上列革命老区镇村的贫困村、贫困户信息在广东省新时期精准
扶贫信息平台建档立卡和全部贫困户名单公示，各级挂点单位完
成各项帮扶规划前期工作。并按照《广东省委办公厅、广东省人
民政府办公厅印发〈关于加大脱贫攻坚力度支持革命老区开发建
设的实施意见〉的通知》，全县推进革命老区的扶贫、脱贫。

怀集县各时期均关注帮扶革命老区人民脱贫。其中 2009—
2012 年安排帮扶老区村脱贫的单位为：洽水镇旺兰村/南海区环
保局联合工作组、小江村/肇庆市七星旅游集团有限公司、茶岩村
/肇庆市残联、社背村/肇庆星湖生物科技股份有限公司；诗洞镇
安南村、健营村、安华村/南海区大沥镇政府，六苏村/肇庆市人
社局，金沙村/广东省西江航道局，凤艳村/中石化肇庆石油分公
司，六龙村/肇庆市财政局，云田村/肇庆市第二人民医院，中和
村/肇庆市政协办公室；永固镇朝进村/南海区丹灶镇政府、富德
村/肇庆市民政局、富邦村/肇庆市计生局、富禄村/肇庆市司法
局、苍岭村/肇庆医学高等专科学校；甘洒镇罗密村、南洞村/南

海区九江镇政府；小竹村/肇庆市府经研室，钱村村/肇庆市经信局，石梅村/肇庆市城乡规划局；凤岗镇欧上村（原坳头村和上磴村合并后村名，都属于老区行政村）/南海区发改局联合工作组、上坑村/肇庆市公安局、利民村/肇庆市档案局；坳仔镇鱼南村/肇庆市中医院；怀城镇珠洞村/国家统计局肇庆调查队、肇庆市统计局。2013—2015 年安排帮扶老区村脱贫的单位为：洽水镇洽水村/肇庆高新区财政局、鱼田村/中山市教育局联合工作组、八洞村/肇庆高新区人居环境建设和管理局、七坑村/肇庆高新区发展规划和国土资源局；诗洞镇实源村/肇庆高新区社会工作局、万诗村/肇庆高新区经济贸易和科技局、金华村/肇庆高新区党群工作部、仁和村/肇庆市邮政局；永固镇多安村/中山市烟草专卖局联合工作组、保安村/肇庆市文广新局、联安村/中国人民银行肇庆中心支行；甘洒镇永富村/中山市卫生局联合工作组、上屈村/肇庆市计生局、罗爱村/肇庆市物价局。2016—2020 年安排帮扶老区村脱贫的单位为：洽水镇大洞田村、新田村、丽洞村、丰叙村/中山市东区；诗洞镇诗洞村/中山市委宣传部联合工作组、保安村/中山市委统战部联合工作组；永固镇宿安村/中山市纪委；甘洒镇下屈村/肇庆市纪委；坳仔镇鱼北村/广东电网公司肇庆供电局、七甲村/广州铁路监督管理局。

表 3－4－1　2016 年怀集县革命老区贫困人口情况表

乡镇名称	贫困户（户）	贫困人口（人）	贫困村（条）
洽水镇	489	1650	4
诗洞镇	876	2498	2
永固镇	576	1770	1
甘洒镇	476	1130	1
凤岗镇	136	339	0

（续表）

乡镇名称	贫困户（户）	贫困人口（人）	贫困村（条）
坳仔镇	234	703	2
怀城镇	24	90	0
合计	2811	8180	10

注：凤岗、坳仔、怀城三镇仅列其革命老区村的数字

人民生活水平

一、全县人民生活水平

中华人民共和国成立前，县内农民受地租、高利贷的剥削，其中70%以上的人生活贫困。民国22年（1933年），全县68162户家庭中38055户负债，负债金额银元45.66万元，平均每户12元。民国30—31年（1941—1942年），县内市场物价上涨，中白米、牛肉、花生油、猪肉、黄糖、豆芽等6种商品平均上涨270.06倍。民国35年（1946年）底，中白米每斤、蓝布每尺从160元、350元增至245元、655元，工农业产品价格与民国26年相比，均以2000多倍至3000多倍以上的幅度增长，人民群众生活更为困难。

中华人民共和国成立后，农民生活逐步改善。1954年，从各区互助组的调查资料表明，山区农民多为销售木材和林产品，经济收入比平原区的农民略高，山区片的凤岗、洽水每人每年平均收入49.70元，平原片区的梁村每人每年平均收入44.20元，全县每人每年平均收入46.90元。人民公社化后的1959年，凤岗、洽水公社每人每年平均收入33元，梁村公社每人每年平均收入34.50元，全县平均每人每年平均收入31.20元，比1954年下降33.5%。三年经济困难时期，农民生活水平滑落，有人因缺粮食用"黄狗头"（蕨类野生物根块）充饥。1962年分配的社员口粮，一般达到每人每月平均稻谷 25 斤左右，原粮 30 斤以上，一般地区可达到每天一餐饭、一餐粥、一餐杂粮。1966—1976 年，强调"以粮为纲"，生产单一，期间一度砍"资本主义尾巴"停滞农户家庭副业，全县农村每人每年平均收入徘徊在 65～75 元之间。1978 年，全县农民口粮 183 公斤、人均年收入 163 元。1979 年，农民参加生产队集体分配，人均年纯收入 171 元。

1980—2016 年，农村经济由传统的单纯种养业向兼工业和商饮服务各业转变，农民收入的项目、渠道由种养业为主逐步转变为一、二、三产业的多产业多门路。其中 1982 年后，农村外出务工人员逐年增多，劳务收入成为农村、农民的主要经济收入项目。是年，农村人均年纯收入 234 元，1985 年增至 354 元，其中怀城菜农每人每年平均收入 527 元，梁村区每人每年平均收入 502 元，汶朗区（属半山区）每人每年平均收入 402 元，口粮从 1954 年的 200 公斤增至 1985 年的 253 公斤，一些农民在改革开放政策允许下，率先成为劳动致富的典型。20 世纪 80 年代中期起，农村富余劳力外出务工，扩大劳动门路，增加家庭收入。1990 年，全县农村人均年纯收入 695 元，1999 年 3479 元，2000 年受农产品价格下降影响，降为 3307 元，比 1978 年增长 19.3 倍，年均递增 14.7%，扣除物价增长因素，实际年均递增 6.37%。2002 年，全县人民生活总体达到初步小康水平，农村居民人均纯收入、城镇居民人均可支配收入分别达 3441 元和 5548 元。住房条件不断改善，城镇居民人均住房使用面积 38 平方米，农村居民人均住房面积 16 平方米。2007 年、2010 年、2012 年农村居民人均纯收入分别为 4138 元、6135 元、8510.5 元。2016 年，全县全体常住居民人均可支配收入 17165 元，农村常住居民人均可支配收入 13449 元，同比分别增长 7.1%、7.0%，扣除物价增长因素，实际增长各为 5.3%、5.2%。

二、老区镇人民生活水平

（一）洽水镇

中华人民共和国成立初期，洽水山区农民主要靠销售木材和农副产品为收入，日常以吃粥和杂粮为主。1954年人均年收入49.70元。1958年成立人民公社实行集体按劳分配，人均年收入33元。20世纪60年代初，调整落实农村政策，经济逐步恢复和发展，1965年人均纯收入65.5元，1978年人均纯收入75元。1978年改革开放，加快个体经济发展，群众生活水平逐年提高，人均收入为1982年276元、1985年354元、1990年695元。90年代初开始，农村富余劳力尤其是青壮年陆续外出务工，形成农民靠农林种养业收益和外出务工挣钱为收入，全镇人均纯收入1994年为1454元、1999年3479元、2005年3638元、2013年9895元，2016年人均可支配收入达13449元。

1959年在丽洞地段的关帝庙内创办洽水敬老院，20世纪60年代搬迁至圩镇新建的一排土木结构平房，90年代初增建为两排砖木结构平房，90年代末建成二层16间、约400平方米砖混结构楼房一座，2016年新建建筑面积达643平方米的钢筋水泥楼房1座，设有房间8间床位23个、老人多功能活动室1个，各项配套设施齐全。2016年，全镇有五保老人163人、残疾人818人、孤儿27人、事实无人抚养儿童51人、低保对象218户，以及烈属、复退军人、60岁以上老人均享受国家优抚补助金。2016年，全镇参加城乡居民医疗保险32770人；参加农村养老保险11253人、续保人数6806人。改革开放前，农民居所大部分为泥砖屋，小部分为砖瓦房。20世纪80年代开始建造钢筋水泥楼房，2000年后基本无人再建泥砖瓦房，至2016年全镇90%以上的农户建成一至三层或以上钢筋水泥楼房，15%左右的农户在城镇购买商品房居住，农村居民人均住房面积 18.3 平方米。全镇乡村 1800 多农户购买了摩托车，126 户购买了货运汽车，1320 户购买了小轿车。全镇农村 98% 以上家庭生活实现燃气化和使用家电。

（二）凤岗镇

中华人民共和国成立初期，凤岗区域群众主要靠销售木材和农副产品以及参加生产队按劳分配获取收入，日常以吃粥兼杂粮为主，有时晚上一餐大米饭，1954 年人均年收入 49.8 元。1958 年成立人民公社后实行集体分配，人均年收入 35 元。1964 年后随着林区公路陆续开通，群众加大木材生产经营，1966 年各生产队年终分红人均 600～700 元，但计划经济实行肉票、布票、粮票、油票等，类似商品限量供应，山区群众的衣、食、住、行还处于"过紧日子"状态，全公社农村经济发展不平衡，贫困村、贫困户比例偏大。20 世纪 80 年代初实行家庭联产承包责任制，加快发展个体经济。90 年代初开始，农村富余劳力陆续外出务工，此后形成农民靠农林业收益和外出务工所得为收入，1994 年全镇人均纯收入 1270 元，农民人均纯收入 1998 年 3480 元、2013 年 10200 元、2015 年 12408 元、2016 年 13649 元。

中华人民共和国成立初期，山区农民多数居住杉皮木棚屋，少数住泥砖屋。20 世纪 60—70 年代，逐步减少杉皮木棚屋，建造泥砖瓦房，少数农户建成青砖瓦房。80 年代中期开始建造钢筋水泥楼房，2002 年普查贫困户危房后，开始规划改造首批 22 户特困户危房，2012 年政府投入 18.2 万元帮助 14 户因洪涝灾害导致房屋全倒户完成住房重建。2016 年，全镇 93% 以上的农户建有一至三层或以上钢筋水泥楼房，16% 左右农户到城镇购买商品房居住。农村居民加快实现家庭电器化和饮水安全自来化，实行生活垃圾定点收集有专人清运、村居巷道硬底化和安装路灯照明化；全镇乡村有农户 12110 户购用摩托车、156 户购有拖拉机、283 户购有货运汽车、627 户购进小轿车。全镇在册低保户 725 户，在册五保户 252 户；新增低保户 30 户，取消低保户 40 户；新增五保户 10 人；完成镇敬老院简易消防工程以及厨房改造等。全镇城乡居民参加养老保险人数 15577 人、续保人数 9330 人。参加城乡居民基本医疗保险 38194 人。

（三）甘洒镇

中华人民共和国成立前，甘洒域内的人民生活困苦，一日三餐主食白粥加木薯、番薯等杂粮，住杉皮土砖屋，穿补了又补的土布衫裤，甚至八九岁大的小孩无裤子穿。中华人民共和国成立后，人民群众逐步改善生活，但因耕作技术、种子种苗制约和其他因素影响，至 20 世纪 70 年代后期全公社每年仍靠国家 180 万斤的统销粮补充，温饱问题还没解决。80 年代改革开放推进，加快农工商贸各业发展，全镇农村人均纯收入 1980 年 68 元、1985 年 267 元、1990 年 626 元、1995 年 1919 元、2000 年 3107 元、2005 年 3360 元，2016 年人均可支配收入 1.34 万元。粮食的人均稻谷、薯类 1995 年各为 251.7 公斤、184.7 公斤；2001 年为 231.5 公斤、310 公斤；2005—2016 年基本保持每年人均稻谷 239.6 公斤、薯类 320 公斤。

（四）坳仔镇

中华人民共和国成立前，坳仔区域的贫苦农民吃不饱、穿不暖、住破烂。1950—1956 年人民开始当家作主，发展农业生产，群众生活有所改善。1965—1976 年集体生产、集体分配，一般生产队人均月主粮 25 斤左右，并享受国家统销粮、造林补助粮、木材粮和其他奖励粮，乃至国家下拨的救济粮，又以木薯、番薯、玉米等杂粮补充，但至 1978 年群众温饱问题还未解决。20 世纪 80 年代初实行家庭联产承包责任制，增加粮食生产，1985 年人均月主粮 70 多斤，1990 年推广大种杂优水稻提高单位产量，1994

年开始村民粮食自给自足。

中华人民共和国成立后贫苦农民逐步改变住杉皮、篱笆、茅草屋或低矮土砖瓦房情况。1970—1976 年群众开始建新土砖瓦房，1977—2000 年有农户建造钢筋水泥结构楼房，2000 年璃玻、仙溪、大同、坳仔等村 80% 以上农户建成钢筋水泥结构楼房，2001—2015 年全镇村民普遍建造钢筋水泥结构楼房，2016 年全镇农村 98% 以上家庭建有钢筋水泥结构楼房，人均居住面积 20 平方米以上；全镇约有 10% 的农户到城镇购、建房居住。2015 年进行农村危房改造，是年全镇改造 67 户，2016 年 65 户。2015 年开始水上住家船民安置房建设，全镇获国家投资 80 万元，建成总建筑面积 3400 多平方米共 58 套安置房，给予安置。

中华人民共和国成立后，农民逐步改变穿着破烂、铺盖又黑又旧，甚至睡床没有蚊帐避蚊，冬天床铺稻草或稻秆编织垫，穿木屐或自做布鞋情况。20 世纪 60—70 年代，群众穿衣凭布票购买，唐装为主，少数人穿青年装，不少人脚穿布鞋、解放鞋，家庭都张挂蚊帐、盖新棉胎。80 年代群众衣着快速变化，明显服饰换新，市场有什么款式人们就穿着什么款式，有的家庭用上"席梦思"类床垫、盖丝棉被。村民出行逐步从步行到 1977 年开始骑自行车代步，80 年代末期至 90 年代逐步用上摩托车，2016 年全镇 90% 的农户购有摩托车及 30% 的农户购有小汽车、运输车，开通县城至镇、村客运公交车，群众出行更方便。家用电器较快进入农家，2016 年全镇农户拥有家用电器 33427 件，其中洗衣机 7000 台，电热器 9827 件，电冰箱 7800 台，消毒柜 8800 台，90% 农家使用石油液化气。

（五）诗洞镇

中华人民共和国成立前，诗洞区域贫苦大众的衣着，多用自己种的麻、络纺线请人织的土络、麻布为衣服，穿不暖、多破烂，中华人民共和国成立后逐步提升衣着保暖程度，1962年后机制棉布、卫生衣普及，仍以保暖为主，"新三年，旧三年，缝缝补补又三年"的衣着模式奉行至1976年，基本达到穿衣保暖。改革开放后，穿衣从单保暖功能逐步向讲究舒适、款色等方面发展。食方面，中华人民共和国成立前食不果腹，中华人民共和国成立初期至1965年逐步改变为主粮杂粮参半，基本吃饱，1966—1978年虽增加粮食产量但仍是主粮不足杂粮帮补，温饱问题未解决。20世纪80年代中期起粮食问题得到解决，随后农民用餐逐步丰富，至2016年基本上是每天吃米饭为主，加蔬菜肉食品佐餐。住方面，从祖辈延续的低矮破烂泥砖木屋到20世纪70年代基本各家建有土砖泥瓦房，90年代开始建造钢筋水泥楼房，2016年全镇97%农户都住上楼房。行方面，1960年以前诗洞没有一寸公路，出入全靠步行，此后公路逐步修通，20世纪60年代后期自行车进入家庭至80年代普及；70年代开始手扶拖拉机运输部分物资到80年代后期出现摩托车至90年代普及和车辆运输重物；90年代后期开始有人购买小汽车，到2016年全镇在怀集县内注册的小汽车620辆，诗洞每天往返县城的班车25班、广州2班、肇庆2班和开通农村客运。2016年，全镇农村人均可支配收入1.1万元；人的平均预期寿命73岁。

（六）永固镇

中华人民共和国成立前，永固区域的贫苦农民吃不饱、穿不暖。中华人民共和国成立初期，永固山区农民主要靠销售木材和农副产品增加收入，日常以吃粥和杂粮为主。1954年人均年收入45.80元。1958年成立人民公社后，实行集体按劳分配，人均年收入31元，1978年人均纯收入76元。1978年改革开放，加快提高群众生活水平，人均收入1982年为246元、1985年368元、1990年691元。1990年起多数青壮年外出务工，农民主要靠农业和务工挣收入，全镇人均纯收入1994年1560元，2012年、2013年、2014年分别为7900元、8769元、10861元，2016年为13299.93元，是年城乡居民养老保险参保率98.53%，城乡居民基本医疗保险参保率96.75%。

改革开放前，农民居所大部分为杉皮泥砖房，小部分为砖瓦房，20世纪80年代开始改变泥砖屋为钢筋水泥楼房的建造，2016年全镇90%以上的农户建成一至三层或以上钢筋水泥楼房，农村人均居住面积18.3平方米，15%的农户进城镇购买商品房居住。全镇乡村有5500多户购用摩托车，263户购买货运汽车，3320户购买小轿车，95%以上家庭生活实现燃气化和使用多种家电器具。2016年，富德小步村、保良百古村、龙田豪播村、宿安罗脚村、富邦大院村、保安道金村等多个自然村创建成为省级卫生村。

（七）怀城镇

中华人民共和国成立后，怀城镇唯一的革命老区村珠洞村所在的大坑山群众逐步提高生活水平。20世纪50年代前中期的高级社时人均年收入53元，饭餐以吃粥和木薯为主。人民公社成立后，集体按劳分配人均年收入86元，1970年人均年纯收入132元，生活改善缓慢。80年代加快改善，1987年人均纯收入359元，1989年为834元，2000年为3567元，2013年为10793元，2016年全镇人均可支配收入1.43万元。

4

第四章
革命老区村概况

第一节 洽水镇老区村

一、社背村

位于洽水镇西北部，白水河下游。村委会驻地社背下寨距镇政府驻地 5 公里。因村居位于社坛（庙）背面而得名。村落四面环山，地势呈周围高、中间低的盆地形态。村西南最高峰雪山顶，海拔 789 米，白水河由西北往东南从村前流过。总面积 1.05 万亩，其中山地 9800 多亩、耕地 690 多亩（水田面积 530 亩），种植水稻为主，有松、杉、杂木等山林资源，盛产松脂、山楂、药材、冬菇、木耳、沙糖橘等。2016 年，全村总人口 362 户 1653 人；五保户 9 人，低保户 14 户 112 人；革命烈属 3 户 48 人。

中华人民共和国成立后，社背人民开始新社会建设和新生活。历三年经济困难，到 1962 年起，恢复和发展生产，逐步改善生活。1964 年开垦荒山办林场，1965 年生产队集体经济收入比 1962 年增加 50% 左右。1966 年"文化大革命"开始后受运动冲击，生产发展减慢，一个劳动日（满 10 个工分）工值 0.3 ~ 0.5 元，每一劳力年底结算收入 100 ~ 200 元，1976 年群众温饱问题还没解决。1982 年实行家庭联产承包责任制后，村民种植水稻兼多种经营，全大队年生猪存栏 80 多头，有多户村民承包集体山地发展种养业，富余劳力开始外出务工。20 世纪 90 年代，部分村民办农林产业基地，其中个体户办沙糖橘基地 100 多亩，年亩产值 8000 元。2000 年以来，村里有 5 户 8 人办股份制基盛农产品种养专业合作社，占地面积 8000 多平方米，总投资 300 万元，年产牛蛙 100 万只，总产值 1000 万元以上，年收益 100 万元左右。2005 年洽水镇引资在该村所属河段建成水电站 1 座，村民享有 6.1% 的利润分成以及 10 万度上网电价折款补偿，年收入约 10 万元，作为租地款全部分给农户，随后续办其他电站。2016 年，全村种植水稻（两造）530 亩，总产 95.4 万斤；村民以农林业收益和务工挣钱为主要收入，年人均可支配收入 12570 元。

20 世纪 60 年代初，洽水公社利用坐落在社背村的文塔河大坝引水渠建成小型发电站 1 座，利用电力加工木材，社背群众开始有电灯照明，1983 年村民用电转由私人承包，架设线路进村入户，1984 年并入县供电网。1984 年、1993 年先后建成钢筋水泥结构的社背大桥（社背一桥）、白竹坪大桥（社背二桥），1989 年开通社背村至洽水圩的泥石路，2008 年改造为硬底化公路。1992 年，村民自己出资安装自来水管网，接引山泉水到农家饮用。2002 年村委会和部分农户安装程控电话，2008 年开通移动电话。2005 年在革命老区学校建设中，将 1954 年创办的社背村小学另址建新校园校舍。2006 年，改建社背小学旧校舍为村委会办公楼，办农家书屋 1 间，设文体广场 1 个。至 2016 年，99.5% 农户住上钢筋水泥楼，19 户到城镇建房居住或开商店，60 户到县城等处购住商品房；村道和 3 个自然村巷道全部实现硬底化，并架设路灯照明。生活垃圾定点集中清运；村内有医疗卫生站 2 个，全体村民参加医疗保险；全村有个体小卖部 10 间；孤儿、五保户、残疾人、复退军人、60 岁以上老人都享受到国家补贴待遇；国家实行九年义务教育，适龄儿童 100% 完成初中学业。80% 以上农户购用摩托车，有个体货运汽车 15 辆，私家小轿车 90 多辆。

二、八洞村

位于洽水镇西部。村委会驻地坑尾寨距镇政府驻地 12 公里。全村有山地 30326 亩，以松、杉、杂木林为主，有灵芝、笋干、冬菇、木耳等特色产品。水田 751 亩，种植水稻为主，放养在山坑河溪的"八洞鸭"较闻名。2016 年，全村总人口 297 户 1848 人；五保户 7 人，低保户 11 户 48 人。

中华人民共和国成立后，八洞村人民开始新建设和新生活。1959 年成立八洞生产大队，下设生产队 3 个，修水利和改造低产田近 200 亩，山垌开荒造田 180 多亩，扩大水稻种植面积。三年经济困难时期，八洞村农民靠吃粥、吃糠和挖野菜度日。1962 年起，逐步恢复和发展生产与改善群众生活。1964 年创办大队林场，在集体荒山、残林山种植松、杉树苗。1966 年，开发山上林木资源，发展山下农作物，集体经济收入比 1962 年增加 60% 左右。此后受"文化大革命"运动冲击，生产发展缓慢，一个劳动日工值 0.3 ~ 0.5 元，每一劳力年收入 100 ~ 200 元，至 1976 年群众温饱问题还没解决。1982 年实行家庭联产承包责任制后，农民生产积极，在责任田上种植水稻，在山坡旱地上种植番薯、木薯、花生等，在责任山上种松、种杉，其中办个体果园 5 个共 50 亩，年产值约 30 万元。全村有耕牛 20 头，生猪存栏 80 头。率先富起来的农户 2 户建造钢筋水泥楼。1985 年，村组织群众修成八洞村连接县道通往洽水圩的简易沙石村道，并有 4 户村民购进手扶拖拉机和汽车搞运输业。1990 年全村有农户办农林产业基地 10 个，年总产值 20 万元。富余劳力外出务工，各家庭经济收入明显增加，1999 年村民人均纯收入 3200 多元。2016 年，全村种植水稻 616 亩，总产量（两造）98 万多斤；农林产业基地 25 个共 250 亩，年产值 2500 万元；年人均可支配收入 7000 多元。

1985 年有村民自建微型水电站，发电加工农产品和家庭照明，20 世纪 90 年代接通县电网使用稳定、安全的供电，微型小水电站弃用；各自然村安装管道接引山泉水为自来水饮用。1996 年，获各级扶贫单位扶持，实现村道硬底化并安装路灯。2005 年铺设通往洽水圩的硬底化公路，建成村小学钢筋水泥教学楼 1 座，实行九年义务教育，适龄儿童入学率达 100%。孤儿、残疾人、五保户、复退军人、60 岁以上老人每月均享受到国家生活补助金；利用国家扶持资金为村里残疾人、五保户、贫困户拆除危房建成钢筋水泥楼房 20 间。70 年代大队配备赤脚医生 1 人服务大众，1992 年办村卫生站 2 间。2016 年，全村 98% 以上村民住上钢筋水泥楼，有 35 户到城镇建房或购买商品房居住；参加新型农村合作医疗保险 1650 人；有个体小卖部 12 间。2003 年建成村委会办公楼，设农家书屋和文体广场，安装程控电话，2008 年开通移动电话，90% 以上农户收看有线电视。2014 年由扶贫单位出资易址建成村委会新办公楼。2016 年，98% 以上农户拥有多种家用电器，70% 以上家庭买进机动摩托车，15 户、150 户分别购置货运汽车 15 辆、小轿车 150 辆。

三、丽洞村

位于洽水镇中部，白水河中下游。村委会办公处距洽水镇政府驻地 4 公里。全村山地 22129 亩，有松、杉、杂木等山林资源，水田 922 亩，以种植水稻为主。县政府引资开发的白水河梯级新湾水电站坐落该村，铁矿资源丰富，民国时期办有东坑铁矿场。2016 年，全村总人口 450 户 2253 人；五保户 16 人，低保户 7 户 27 人；革命烈属 1 户 2 人。

中华人民共和国成立后，丽洞村人民开始当家作主进行新建设。1958 年 9 月成立人民公社后，该大队修水利筑水渠 202 条，平整各自然村门前水田 200 亩。历三年经济困难，1962 年起逐步恢复发展生产，社员莫炳游带队办丽洞大队林场发展集体经济，1964 年社员人均纯收入 60 元左右。1966—1976 年强调"以粮为纲"，扩大粮票、布票、肉票、油票等票证按人口计发的分配范围，社员一天劳动 10 个工分工值 0.3～0.5 元，每一劳力年终计收 200～300 元，群众温饱问题仍未解决。

1982 年实行家庭联产承包责任制后，村民自主种植水稻、花生、豆类、松杉树木、药材和家庭养猪、养牛、养鸡、养鸭、养鸽等，加快经济发展。至 1990 年全村有个体户买进手扶拖拉机 5 台、货运汽车 7 台、摩托车 20 多台；大岽自然村、尧拔石自然村分别有先富农户建造钢筋水泥楼房。至 2016 年全村 99.5% 以上的农户住上钢筋水泥楼，98 户到城镇建房或购买商品房居住；家庭使用多种大件电器；拥有摩托车 200 户、货运汽车 22 户、小轿车 132 户。

2000 年修通各自然村通往洽水圩的公路，2007 年全部实现村道硬底化、路灯化；各自然村架设管道接引山泉水为自来水；拆除破旧弃用屋棚危房和平整闲置空地，铺设硬底化文体广场，建成篮球场 1 个，安装配置健身器械一批；村民服务中心设立农家书屋 1 间、卫生站 3 个；有个体户商店 13 间。2003 年扩建村小学教学楼，九年义务教育适龄儿童入学率 100%。2002 年村委会和部分农户使用程控电话，2008 年开通移动电话。2012 年起，孤儿、五保户、残疾人、复退军人、60 岁以上老人享受国家生活补贴；全村 99.5% 以上村民参加农村合作医疗保险。2016 年，全村种植水稻 526 亩，年总产量（两造）84 万多斤；农林产业基地 2 个共 300 亩，年产值 58 万元；年人均可支配收入 14798 元。

四、七坑村

位于洽水镇西北部，白水河中游。村委会驻地白浆村距洽水镇政府驻地 11 公里。全村耕地 1273 亩，单造种植水稻为主；山地 12 万亩，有松、杉、杂木等山林资源。海拔 1200 米的平头寨高塘山坐落村境，野生药材和林木资源丰富，铁矿资源蕴藏量大；县政府引资开发的白水河梯级水电站鱼跳电站坐落该村。2016 年，全村总人口 549 户 3028 人；五保户 9 人，低保户 10 户 46 人；革命烈属 2 户 9 人。

中华人民共和国成立后，七坑村人民开始新社会建设和新生活。1958 年 9 月成立人民公社后，群众修筑农田水利灌渠 5 条，开垦平整旱涝保收水田 60 多亩，随后历三年经济困难，群众挖山薯、"黄狗头"等充饥。1962 年起逐步恢复发展生产，1964 年，民兵队长梁福健带领 35 名基干民兵在集体的残林山、荒山上种松、杉树苗，这些山林经多年抚育后成为集体经济支柱。1965 年开始使用化肥、农药，增加粮食产量，豆类经济作物成倍增产；七坑片管区设立卫生医疗站、供销合作社分站等。县森工部门修通林业专用公路，各自然村生产上调国家木材，村民吃上林业粮、返销粮，有村民育种冬菇增加收入。1966 年"文化大革命"开始后受运动冲击，生产放慢发展。20 世纪 70 年代初，90% 以上的村户建造泥砖瓦房，告别杉皮木屋，但温饱问题还没解决。1982 年实行家庭联产承包责任制后，有 10 多户村民办林业产业基地，种植松杉林木 3000 亩、茶秆竹 100 亩、速生丰产林（桉树）500 多亩。1983 年开始推广播种杂优水稻，年均亩产 400 多公斤，又扩大木薯、番薯、玉米、花生等种植，1990 年实现粮食自给，告别返销粮。1998 年，协作兴建白水河新湾水电站，蓝盛自然村整体搬迁到洽水圩新村落户。2000 年以来，全村办养猪场 2 个，年生猪存栏 150 多头；办农林产业基地 4 个，年总产值 20 万元。
2002 年村委会和部分农户安装程控电话，2008 年开通移动电话。
2005 年利用老区建设扶持资金，修通连接各自然村的水泥硬底化
道路，引接山泉水入户为自来水；拆除村小学破危教室，建成有
12 个教室的钢筋水泥教学楼 1 座。2011 年后，为残疾人、五保
户、特困户建起高一至二层的钢筋水泥楼房 5 座，各自然村越来
越多农户建造钢筋水泥楼房，至 2016 年全村 98.8% 以上农户住
上高二至三层的钢筋水泥楼房，家庭使用多种电器；各自然村建
成文体广场，村道硬底化及架设路灯照明，垃圾定点集中清理。
九年义务教育适龄儿童入学率 100%；孤儿、五保老人、残疾人、
复退军人、60 岁以上老人享受国家发给的生活补贴；99.5% 以上
村民参加新型农村合作医疗保险；村内有个体小卖店 17 间；全村
有摩托车 280 辆、货运汽车 8 辆、小轿车 60 辆；110 户村民到圩
镇建房或到城市购买商品房居住。2014 年由扶贫单位出资建成村
委会办公楼，楼内设立农家书屋和村卫生站。2016 年，全村种植
水稻面积 800 亩，年亩产（两造）1600 斤，年总产量 128 万斤；
有农林产业基地 5 个共 1000 亩，年产值 300 万元；村民人均可支
配收入 1.32 万元。

五、黄沙村

位于洽水镇西北部，白水河中游，坐落洽水东、西两坑山地
交界区域。村委会驻地黄沙村距镇政府所在地 17 公里。全村山地
3.2 万亩，有松、杉、杂木等山林资源和冬菇、木耳、笋干等特
产与大储量的铁矿、云石矿资源；水田 531 亩，种植水稻（单
造）为主。中华人民共和国成立前，世居村民均为山庄住家，租
耕山田，居住杉皮木棚屋，生活贫困。2016 年，全村总人口 205
户 1350 人；五保户 2 人，低保户 1 户 2 人；革命烈属 1 户 2 人。

　　中华人民共和国成立后，黄沙村人民开始新社会建设和新生活。1958 年 9 月成立人民公社后，黄沙大队修水渠 16 条，村寨前几十亩水田成为旱涝保收良田。经历三年经济困难后，1964 年大队办林场，抽调基干民兵 30 多人垦山造林绿化。20 世纪 60 年代，开始使用农药、化肥，提高粮食产量。黄沙村山多田少，又是高寒山区，单造种植水稻，仍需要国家补给林业粮、返销粮；农民参加生产队集体劳动与分配，每个劳动日工值为 0.2~0.5 元，年收入 200~300 元左右。70 年代，通过互助互帮方式，95% 农户建设土砖瓦屋，逐渐淘汰杉皮木棚屋，部分家庭买进自行车、缝纫机、收音机、手表等。又修通林区公路，办采育场，成立专业砍伐队，生产木材支援国家建设，但农民温饱问题仍未解决。

　　1982 年农业生产实行家庭联产承包责任制后，加快发展种养业。是年，全村农户养鸡 800 只，养猪大户 2 户共饲养生猪 350 头；150 人上山种松杉 3000 亩；1996 年全村 40 人种植速生桉树林 1000 亩。1983 年靠发展种养业率先致富的 2 家农户各建钢筋水泥楼房 1 座。1985—1989 年，村民利用溪涧水力建起微型发电站 21 个，发电照明或加工农林产品。20 世纪 90 年代办农林种养产业基地，富余劳力外出务工。1991—1995 年，农村初级电气化建设中淘汰撤销微型发电站，开始使用县电网供电；村民架通管道引接山泉水为自来水。1995 年开通沙石村道，2009 年实现硬底化；2013 年利用国家扶贫资金，建设各自然村硬底化村道。2003 年村委会安装固定电话，2009 年开通移动电话。2013 年帮扶五保户、孤儿、残疾人等特困户拆除危房，建起高一层以上钢筋水泥楼房 14 座；拆除破旧危房校舍，建设新教学楼 1 座，实行九年义务教育，全村适龄儿童 100% 入学读书；建起村委会村民公共服务楼 1 座，内设农家书屋，并建硬底化文体广场。村内开设卫生医疗站 1 个，100% 村民参加农村医保。村内有个体小卖店 5 间。2016 年，孤儿、五保老人、残疾人、复退军人、60 岁以上老人享受国家津贴；95% 以上农户住上钢筋水泥楼房，53 户进城购买商品房；家庭生活电器化，出行交通摩托化，全村有个体货车 5 辆，家庭小轿车 40 辆。2016 年，种植水稻（单造）293 亩，年总产量 23 万斤；村民人均可支配收入 1.9 万元。

六、白水村

位于洽水镇北部，白水河上游。距离镇政府驻地 30 公里。白水河梯级水电站高塘水库建于村域之内。全村耕地 555 亩，单造种植水稻；山地 4.2 万亩，有松、杉、杂木等山林资源。境内观音山海拔 500 米，有土茯苓、山苍子、淮山、金银花、女贞子和山猪、黄猄、石山羊、狐狸、石蛤、穿山甲等动植物资源。有冬菇、木耳、竹笋、茶叶、油茶、水晶梨等地方特产。2016 年，全村总人口 175 户 1055 人；五保户 2 人，低保户 3 户 7 人；革命烈属 2 户 13 人。

中华人民共和国成立后，白水村人民从土地改革，成立互助组、初级社再而转为高级社至 1958 年 9 月成立人民公社，进行集体生产。群众修水利筑水渠 6 条，各自然村平整水田共 70 多亩。历三年经济困难后，1962 年逐步恢复生产。1964 年成立大队林场，抽调 35 名基干民兵在全大队的荒山、残林山种松、杉树苗，经过 10 多年抚育成为林木资源，期间每年给国家生产、上调木材 20 万立方米。1959 年开通洽水圩镇至白水村的沙石公路，1971 年延伸白水村至大洞田村的沙石公路，1978 年筑成大洞田村至石莹村的沙石公路，同时加快林木资源开发。20 世纪 70 年代，白水村群众种植冬菇、木耳，增加集体收入提高社员分配。自行车、缝纫机开始进入农家，90% 以上农户告别杉皮木棚屋，住上泥砖瓦房,但群众还靠吃林业粮、返销粮度日。1982年实行家庭联产承包责任制,农民积极生产。县农技部门在高寒低产的头房生产队试验早熟包选12号,用温室育秧栽培种植,48亩水稻平均亩产500多公斤,随后全面种植杂优水稻,1990年后白水村实现粮食自给。20世纪90年代,有175户村民办林业产业基地,全村发展茶秆竹2.3万亩、松杉2.5万亩、速生桉树林0.3万亩。率先富起来的3家农户共建钢筋水泥楼房5座,2013年利用国家扶贫资金为残疾人、五保户、特困户建起钢筋水泥楼房3座共240平方米。2016年,全村98%以上农户住上钢筋水泥楼房,有30户到圩镇建房或进城市购置商品房居住。1965年公社卫生院在白水片设立医疗站1个,配备医务人员5人,2016年全村有卫生站3个,99%以上村民参加农村合作医疗保险。2003年起获各级扶贫单位和老区建设补助资金帮扶,6个自然村实现村道硬底化并路灯照明;引接山泉水入户为自来水;村内有个体小卖部16间;2008年开通移动电话;电视机、电冰箱、洗衣机等进入家庭;村小学扩建教学楼1座,实行九年义务教育,全村适龄儿童100%入学读书;10户、1户、22户分别买进手扶拖拉机、货运汽车、小轿车,70%以上家庭买进摩托车;村委会办公楼设农家书屋,建成村文体广场,生活垃圾定点堆放清运;孤儿、五保户、残疾人、复退军人、60岁以上老人享受国家生活补贴。2016年,全村种植水稻315.5亩,年总产量(单造)25.2万斤;有农林产业基地3个共120亩,年产值90万元;年人均可支配收入2.1万元。

七、大洞田村

位于洽水镇西北部,白水河上游。村委会驻地距镇政府所在地36公里。全村山地4.5万亩,以松、杉、杂木林为主,自然资源和野生动植物资源丰富;耕地535亩,以种植水稻(单造)为主。中华人民共和国成立前，全村总人口 200 人；2016 年，全村总人口 173 户 1050 人。

中华人民共和国成立后，大洞田村人民开始新建设和新生活，1958 年集体修灌溉水渠 4 条、平整水田 50 多亩。1962 年每一劳力出勤一天得工分 10 分，工值 0.3～0.5 元，年收入 200～300 元。1964 年，民兵队长李汝初带领 28 名基干民兵在荒山、残林山上种松、杉树苗，经多年抚育管护长成茫茫林海。同时期，县森工部门组织砍伐队修通泥沙林道，生产优质木材上调国家，村民吃上林业粮、返销粮。生产队又培植冬菇、木耳，增加集体收入，提高社员生活水平，开始有农户购买自行车和缝纫机，90%以上农户告别杉皮木棚屋住进新建的泥砖瓦房。1982 年实行家庭联产承包责任制后，该村办农林产业基地 1 个 30 亩，年产值 10 万元。1990 年取消林业粮、返销粮。村民邓忠枚、李处平等人率先建成钢筋水泥楼房 5 座。2003 年以来，利用国家扶贫资金为残疾人、特困户、五保户建起高一层的钢筋水泥房 3 座，2016 年全村 98%以上农户住上钢筋水泥楼房，有 14 户到城镇建房或购买商品房居住。同时，利用老区建设扶持资金，修通连接 4 个自然村的硬底化道路和路灯照明，管道引接山涌溪水到各家。电视机、电饭煲、电冰箱、洗衣机进入农家。有 135 户、15 户、21 人分别买进摩托车、货运汽车、小轿车；在老区建设促进中建成村小学教学楼 1 座，适龄儿童享受国家九年义务教育，入学率达 100%。1965 年办大队医疗站 1 个，2016 年有村卫生站 2 个，98%以上村民参加农村合作医疗保险；村内有个体户小卖店 8 间；孤儿、五保老人、残疾人、复退军人、60 岁以上老人享受国家生活补贴。2003 年安装程控电话，2008 年开通移动电话。村委会建成村民服务中心大楼，设立农家书屋，建成村文体广场，生活垃圾集中堆放清运。2016 年，全村种植水稻 350 亩，年总产量（单造）38.5

万斤；村民人均可支配收入 16080 元。

八、石莹村

位于洽水镇西北部。中华人民共和国成立前归属十三坑村，1983 年分设石莹行政村。村委会驻地石莹村距镇政府驻地 40 公里。山高林密，地域偏僻，寒冬时有冰雪，海拔千米以上的高峰 5 座，其中最高的望军山海拔 1611 米。全村山地 9.3 万亩，有松、杉、杂木等山林资源，有红黎、铁甲、椰沙、水松、红豆杉等珍稀优质树种，其中属于国家一级重点保护野生植物的水松 14 棵、500 年以上树龄的红豆杉 20 多棵。有野生飞禽和石蛤、金钱龟、穿山甲等珍稀动物。耕地 1120 亩，以种植水稻（单造）为主。2016 年，全村总人口 235 户 1600 人；五保户 5 人，低保户 31 人。

中华人民共和国成立后，石莹村人民开始新社会建设和新生活。1958 年 9 月成立人民公社后，群众修通引水渠 2 条、平整村寨前的小梯田和开垦山垌田 50 多亩。三年经济困难时期，村民上山采野菜和挖"黄狗头"、山薯、山芋等充饥。1962 年逐步恢复生产，1964 年抽调 20 多名基干民兵办石莹大队林场，在荒山、残林山上种松、杉树苗，经过 10 多年抚育后长成林海，成为生产队集体经济支柱。1965 年县森工部门在村域内办白水伐木场，开通森工专用公路后，大量生产优质木材上调国家支援国家建设，山村群众享受林业粮和返销粮供应，生活水平逐步提高，村民互帮互助盖新房，至 20 世纪 70 年代初全村 95% 以上的农户告别杉皮木棚屋，住上泥砖瓦房。此时社员在生产队劳动每个工日工分 10 分，工值 0.2 ~ 0.3 元，年终结算每一劳动力收入 250 ~ 300 元。1982 年实行家庭联产承包责任制，村民以家庭为单位自主发展农林种养业，1990 年解决温饱问题，告别吃国家林业粮、返销粮的历史。20 世纪 90 年代初开始规模经营农林业，全村有 252 户承包林地种植松、杉3000多亩；10户种茶200多亩；200户种苇竹5000亩；1户养牛25头；办养猪场2个生猪存栏量400头。1995年开发水力资源，引进连南县客商建水电站16个，年产值2100万元。1992年修通石莹至连南县界公路，1994年利用老区建设扶持资金予以水泥硬底化。20世纪80年代末，先富农户建成钢筋水泥楼房后，至2016年全村99%的农户建成并住进钢筋水泥楼房，55户到城镇购买商品房。15户、110户分别买进货运汽车、小轿车。村里接引山泉水为自来水；建成村文体广场，巷道硬底化并路灯照明，一般农户都使用多种电器。2003—2008年获革命老区建设扶持资金建成村小学教学楼1座，九年义务教育适龄儿童入学率达100%；建起村委会办公楼，并内设农家书屋和村卫生站各1个，全村有个体小卖店6间。98%以上村民参加农村合作医疗保险，孤儿、残疾人、五保老人、复退军人、60岁以上老人享受国家政策补贴。2016年，全村有农林产业种养基地50个1500亩，年总产值1200万元；种植水稻（单造）668亩，年总产量66.8万斤；村民人均可支配收入1.3万元。

九、茶岩村

位于洽水镇东北部山区，居茶岩河源头。村委会驻地石磴（角）村距镇政府所在地38公里。海拔1626米的肇庆市最高峰大稠顶坐落村域之内。属山多田少的高寒山村，共有耕地1056亩，种植水稻为主；山地2.5万亩，有松、杉、杂木等山林，林中有白寒（白鹇）、野鸡（山鸡）、野猪、猴子等野生动物，有冬菇、木耳、灵芝、茶叶等野生特产和矿产资源。2016年，全村总人口219户1339人；五保户3人，低保户5户23人。

中华人民共和国成立后，茶岩村人民开始新社会建设和生活。1958年9月成立人民公社后开荒增加水田110亩进行扩种。历三年经济困难后，1962 年起集体经济开始复苏，1964 年成立茶岩大队林场，抽调 30 多名基干民兵在荒山、残林山上种松、杉树苗，经抚育管理至 1976 年成为生产大队的经济支柱。1982 年实行家庭联产承包责任制后，集体山林发放给农户承包，家庭养殖业迅速发展，至 1983 年全村有耕牛 80 头，生猪存栏 220 头，农民的温饱问题基本解决。20 世纪 90 年代，富余劳动力外出务工，1995 年村民人均纯收入 2100 多元，靠发展农林种养业富起来的 2 户村民率先盖起钢筋水泥楼 3 座，此后全村开始拆除旧泥砖房建"洋楼"。2003 年，国家帮扶残疾人、五保老人、特困户建起一至二层钢筋水泥楼房 12 座。2016 年，全村 98% 以上农户住上钢筋水泥楼房，有 50 户村民到城市购买商品房居住，全村农户安装自来水和家庭生活使用多种电器。1966 年开通洽水圩至茶岩的乡道公路，1990 年修通进村公路，2005 年实现村道硬底化。2003 年建成茶岩二、三级水电站，并开始使用程控电话，2007 年开通移动电话，90% 以上农户可以收看有线电视。2005 年，上级扶贫单位扶持建成村委会办公楼和文体广场，建立农家书屋，村居巷道安装路灯照明；村内有个体小卖店 4 间；建成村小学教学楼 1 座，适龄儿童享受九年义务教育，入学率达 100%；设立村医疗卫生站，生活垃圾定点堆放专业清运。2016 年，全村种植水稻 803 亩，年总产量（单造）72.27 万斤；有农林产业基地 5 个，养猪场 2 个生猪存栏 200 头，养牛场 1 个牛 80 头，年产值共 305 万元；村民人均可支配收入 1.34 万元。

十、豁村村

位于洽水镇东北部，茶岩河中游。村委会驻地豁村寨距镇政府所在地 18 公里。有山地 1.5 万亩，有松、杉、杂木等山林；水田 599 亩，种植水稻为主。村居四面环山，村中溪流之花岗岩体边缘有温泉涌出，水温达 53℃。中华人民共和国成立前全村人口不足 300 人，以租耕户为主，80% 以上的农户居住杉皮木棚屋。2016 年，全村总人口 248 户 1498 人；五保户 4 人，低保户 10 户 17 人。

中华人民共和国成立后，谿村人民开始新社会建设和新生活。初级社、高级社时，每年人均纯收入 50 元左右。1958 年成立人民公社后，开垦山埇草塱水田 80 多亩、修通排灌水渠 3 条。历三年经济困难后，1962 年逐步恢复生产，1964 年成立谿村林场，抽调 27 名基干民兵在荒山、残林山上的种造松、杉树林。20 世纪 60 年代末开始，县森工部门修筑洽水贯通东、西两坑的森工林业专用道路，生产木材上调国家。村民互帮互助建造泥砖瓦屋，至 70 年代后期 95% 的农户告别杉皮木板房住进新居，一些农户开始买进自行车、缝纫机、手表 "三大件"。期间受 "文化大革命" 运动冲击，生产发展减慢，1976 年谿村农民人均纯收入 60 多元。

1982 年实行家庭联产承包责任制后，村民在责任田、责任山上种植水稻、莲藕、蔬菜、花生、番薯、木薯、松、杉、竹子、药材等，办农林产业种养基地，饲养禽畜，至 20 世纪 90 年代初全村有农林产业种养基地 8 亩，养牛 300 多头，生猪存栏 200 多头，年产值 50 多万元，富余劳力外出务工。1999 年谿村农民人均纯收入 3200 多元，两户先富村民各建钢筋水泥楼房 1 座，分别有 10 人、10 人、2 户买进摩托车、手扶拖拉机和货运汽车。2000 年后，老区建设促进中修通各自然村沙石公路，2005 年硬底化，2016 年实现所有村道硬底化并安装太阳能路灯照明；各家俱饮用自来水。利用国家扶贫资金为残疾人、五保户、特困户建成钢筋水泥楼 4 座，98.5% 以上农户住上钢筋水泥楼房，32 户在城镇购买商品房居住。90% 以上农户拥有电视机、洗衣机、电饭煲、电炒锅、电冰箱、音响、太阳能热水器等。2003 年村委会和部分农户使用程控电话，2008 年开通移动电话；老区学校建设中建成村小学教学楼 1 座、运动场 1 个，适龄儿童享受国家九年义务教育，入学率达 100%。2005 年以来，先后建成村委会办公楼、农家书屋和硬底化文体广场；并建立村卫生站 1 间，95% 以上村民参加农村合作医疗保险。村内有个体小卖店 14 间。整治脏、乱、差，生活垃圾定点收集、专业清运。2016 年，全村种植水稻 325 亩，年总产量（两造）48.75 万斤；有农林产业种养基地 8 个，年产值 80 多万元；村民人均可支配收入 2.3 万元。

十一、桂岭村

位于洽水镇东北部。村委会驻地沙坪村距镇政府所在地 16 公里。桂岭河溪穿流村寨南北至白黎坪汇合茶岩河，水力资源丰富。全村山地 2.5 万亩，有松、杉、杂木等林木资源；村域内海拔 1433 米的雷公球山，有山猪、石羊、猴子等动物和铅、锌、锡、银等矿产资源；水田 879 亩，种植水稻为主。2016 年，全村总人口 346 户 1556 人；五保户 6 人，低保户 7 户 30 人；革命烈属 1 户 1 人。

中华人民共和国成立后，桂岭村人民翻身作主，开始新社会建设。历三年经济困难后，1962 年开始恢复发展，1964 年粮油供给保持稳定，农民生活逐步改善。是年，办桂岭大队林场，抽调 15 名基干民兵在荒山、残林山上种松、杉苗木，经过多年抚育后林木茂盛，成为村集体经济支柱。1966 年"文化大革命"开始后受运动冲击，集体经济放慢发展，农民每一劳动日工值为 0.3 ~ 0.6 元，年终结算人均收入 250 ~ 400 元，至 1978 年山区群众温饱问题尚未解决。

1978 年开始改革开放，全村养牛 58 头、生猪 224 头。1982 年实行家庭联产承包责任制后，村民提高积极性，自主在责任田种植水稻、莲藕、花生、瓜菜等，在责任山上种松、杉、竹、果蕉、柚子等，加大家庭禽畜养殖，集体山场转由个人承包经营，全村以种养业为主发展经济。1990年先富的2户村民率先盖起钢筋水泥楼。村发动群众自筹资金修通连接县道的沙石村道，由此村民共买进手扶拖拉机7台、货运汽车5台，开展个体运输业。1985—1990年，村民利用村前溪流建起微型发电站，发电加工木材和农产品以及家庭照明，1992年开通县供电网后微型发电站撤销。随着村集体经济的发展，桂岭村适龄儿童入读村小学均由村集体支付学杂费。1987年6月，桂岭村获县表彰为造林种果先进单位。1989年11月，桂岭村党支部书记钱永善被补选为第七届全国人大代表。20世纪90年代，县、镇科技人员定期到村文化室办班宣讲农林科技，推动该村兴办商品化、规模化农林产业基地。2004年，市、县老促会投入31万元，与桂岭村联办苗木基地400亩。

1992年，村民用管道驳接山泉入户用上自来水。2003年村委会和部分农户安装程控电话，2009年开通移动电话。2007年实现村道硬底化，并安装太阳能路灯。2013年以来利用国家扶持资金，为残疾人、五保老人、特困户共7户分别建成一至二层钢筋水泥楼房。老区学校建设兼得社会热心人士支持，建成村小学教学楼1座。建成村委会公共服务中心楼房1座，内设科技讲座室、图书室等，建成硬底化文体广场1个；设立村医疗卫生站1个；有个体小卖店10个。2016年，全村村民参加农村合作医疗保险，98%以上的农户住上钢筋水泥楼房，家庭使用多种电器，23户进城购买商品房，50户买进私人汽车。2016年，全村种植水稻面积（两造）500多亩，年总产量80多万斤；村民人均可支配收入1.1万元。

十二、新田村

位于洽水镇东北部。村委会驻地新田村距镇政府所在地 15 公里。村居四面环山,茶岩河从村中流过,新田、黄屋两自然村隔河相望。全村山地 1.89 万亩,有松、杉、杂木等山林;坐落村境的茶潦洞山海拔 1500 米为村最高峰。有水田 824 亩,种植水稻为主。2016 年,全村总人口 258 户 1664 人;五保户 5 人,低保户 8 户 28 人;革命烈属 2 户 10 人。

中华人民共和国成立后,新田村人民开始新社会建设和新生活,土改后成立互助组、初级社转高级社集体生产,人均年收入 49.70 元。1958 年 9 月成立人民公社后,实行更大规模的集体生产,接着历三年经济困难后,1962 年开始逐步恢复生产发展。1964 年成立新田大队林场,从各生产队抽调基干民兵 47 人在大队的荒山、残林山上种松、杉树苗,经过 10 多年的抚育管护,至 20 世纪 80 年代成为村集体经济支柱。60 年代中期至 70 年代,砍伐木材卖给国家,集体分配中人均年纯收入徘徊在 60 ~ 70 元之间,群众温饱问题仍未解决。1982 年实行家庭联产承包责任制后,村民自主生产经营,至 1985 年全村办有农林产业基地 120 亩,年产值 30 万元;饲养耕牛 300 多头、生猪存栏 400 多头。90 年代初,富余劳力外出务工,增加家庭经济收入,1999 年村民人均纯收入 3000 多元。2016 年,全村办起农林产业种养基地 3 个,总面积 160 亩,年总产值 41 万元;种植水稻(两造)744 亩,年亩产 1200 斤,年总产量 89.28 万斤;村民收入主要为发展种养业收益和外出务工收入,人均可支配收入 1.35 万元。

1987 年开通新田村连接洽水至茶岩的县道,有村民购买摩托车、拖拉机、汽车搞运输业;2003 年铺设水泥硬底化村道。1987 年建起微型电站 3 座,解决农林产品加工和农户照明用电问题,

1991 年连接县供电网用电。2002 年开通程控电话，2007 年开通移动通信电话，95% 以上农户收看有线电视。2005 年建成村小学教学楼 1 座，适龄儿童享受九年义务教育，入学率达 100%；建成村委会办公楼 1 座、农家书屋 1 间、文体广场 1 个。20 世纪 60 年代洽水公社卫生院在新田片开办医疗卫生所，90 年代改为村卫生站，2016 年该村有卫生站 2 个，98% 以上村民参加农村合作医疗保险；各自然村用上卫生洁净的自来水。生活垃圾定点收集、专业清运，村头巷尾安装路灯。1990 年开始有村民建造钢筋水泥楼房；2005 年获国家扶贫资金扶助，为残疾人、五保户、贫困户建起钢筋水泥楼房 7 座；2016 年全村 95% 以上村民住上钢筋水泥楼房，12 户进城购买商品房。

十三、小江村

位于洽水镇东北部，茶岩河中游。村委会驻地小池村距镇政府所在地 16 公里。全村总面积 1.58 万亩，其中水田 793 亩，种植水稻为主；山地 1.5 万亩，有松、杉、杂木等山林，铁矿资源丰富。2016 年，全村总人口 324 户 1676 人；五保户 4 人，低保户 18 户 80 多人；革命烈属 1 户 21 人。

中华人民共和国成立后，小江人民开始新建设和生活。20 世纪 50 年代成立互助组、初级社转高级社、人民公社集体化生产；60 年初历三年经济困难时期。1964 年，小江大队组织基干民兵开荒造林办林场，推广农科技术，1965 年生产队集体经济收入增加。1966—1976 年受"文化大革命"影响，农林业生产发展速度减慢，年终分红一个劳动日工值为 0.3～0.5 元，每一劳力年收入 100～200 元，群众温饱问题仍未解决。70 年代，各自然村自发兴建简易、小型水力发电站发电，用于本村照明、碾米、木材加工等。1982 年实行家庭联产承包责任制后，有村民种植水稻、发展家庭养殖业和承包山地种松、杉、药材等，其中村民罗绍芬承包山地造林 1 万多亩，是最大面积户，成为该村致富带头人。1984年随着该村铁矿资源开发，承包商集资建成横跨茶岩河的钢筋混凝土结构大桥一座，1984—1985 年村民自行投工献地筑成西院至长江两自然村的简易沙石公路，修通往李仔坑自然村的简易林道。1986 年，西院村村民自筹资金建成西院水电站，各自然村开始用电。1993 年，村民集资接引山泉水到家饮用。1997 年，农村电网改造并入县电网，家用电器开始进入农户，村道巷道安装路灯照明。2001 年，村委会和部分农户安装程控固定电话，2008 年开通移动电话。2005—2008 年，获县交通部门和上级扶贫单位支持，实现乡村公路硬底化，但因村民自筹部分资金的困难，尚欠李仔坑自然村村道至 2016 年仍未硬底化。

20 世纪 60 年代，小江村设有西院、小池、长江 3 个教学点，2004 年获老促会和教育部门帮扶，建成村小学教学楼 1 座和运动场、篮球场、乒乓球室等。村委会公共服务中心大楼设置有农家书屋、医疗服务所；全体村民参加农村合作医疗保险；实行九年义务教育，适龄儿童入学率达 100%。98.5% 的农户住上一至三层或以上钢筋水泥楼，有 30 户到县城等处购住商品房。80% 以上的家庭购进摩托车，有村民个体货运汽车 12 辆、私人小轿车 60 多辆。2016 年，全村种植水稻 693 亩，总产量（两造）115.38 万斤；村民人均可支配收入 10265 元。

十四、坡下村

位于洽水镇东北部，茶岩河中下游。村委会驻地坡下村距镇政府所在地约 12 公里。全村山地 2 万亩，有松、杉、杂木等山林；水田 545 亩，种植水稻为主。2016 年，全村总人口 248 户 1480 人。

中华人民共和国成立后，坡下村人民经历土地改革分土地、互助组、农业合作社和人民公社集体化建设，1962 年兴修水利，改造山垌田 100 多亩，建立林场 1 个，进行荒山、残林山的植树造林，至 1965 年全大队 40% 的山地都种上松、杉苗木，继续发展生产和改善群众生活，但至 1978 年群众人均收入不足 200 元，温饱问题仍未解决。1982 年实行家庭联产承包责任制后，村民在耕好责任田之余，又在责任山上种松、杉，发展种养业。1982 年 5 月 12 日清晨，突发山洪袭击蔡洞坑自然村致其房屋倒塌，死亡 26 人，伤 9 人，死伤人数占村民总数的 80%，省、市、县各级政府立即组织帮助其救灾复产，重建家园，同时开通坡下村往洽水圩镇的泥石公路。1984 年，坡下村每个农户养有耕牛、生猪各 1～2 头，全村共计有耕牛 150 头、生猪存栏 210 头。村民使用县电网供电，家用电器逐步进入家庭。1985 年，村民摆脱靠吃国家返销粮度日的历史，并卖余粮给国家，农户麦悦明、陈自成、罗汝汉三户率先建成钢筋水泥楼。20 世纪 90 年代办村文化室，定期举办种养技术培训班，累计参加学习达 230 人次；扶贫单位扶持村民办起养猪场 3 个，果园 3 个共 20 亩，年总产值 80 万元。2002 年村委会和部分农户安装程控电话，2008 年开通移动电话。2012 年后各农户俱用自来水，各自然村实现道路硬底化，拆泥砖屋建钢筋水泥楼 15 座，帮扶残疾人和五保户改造危房 13 间，建立村卫生站 1 个，有个体小卖店 12 个，建成村小学教学楼 1 座，适龄儿童入学率达 100%。2016 年，全体村民参加农村合作医疗保险，80% 以上农户购买了摩托车，有个体货运汽车 10 辆、家庭小轿车 80 辆；种植水稻 510 亩，总产量（两造）51 万斤；村民靠种养业收益和外出务工所得为主要收入，村民人均可支配收入 1.2 万元。

十五、军洞自然村

位于洽水镇东面，属丰叙行政村所辖，距村委会驻地2公里，与镇政府驻地隔河相望。山地6000亩，有松、杉、杂木等山林，耕地698亩，种植水稻为主。茶岩河从村前自北向南经丰坪村流至攸鼻村、珠岗村，与白水河交汇后流往凤岗河，水力资源丰富。2016年，全村总人口262人；五保户10人，低保户3户10人；革命烈属2户22人。

中华人民共和国成立后，军洞村人民土地改革分田地后，经互助组而逐步集体生产经营，高级社人均年纯收入50多元。1958年9月成立人民公社后不久，历三年经济困难，1962年起逐步恢复生产，1964—1966年夏，利用工余时间社员在山边、地头开垦零星荒地种植木薯、番薯、芋头等补充粮食不足，家中饲养鸡、鸭自用。1966年"文化大革命"开始后受运动冲击，生产发展减慢，社员出勤一天10个工分，年终结算每个劳动力年收入100～200元。20世纪70年代初开始，采用互帮互助方式建设泥砖房，至1975年全村90%的家庭告别杉皮木棚屋，但温饱问题还没有解决。1982年实行家庭联产承包责任制，加快建设。90年代初获上级帮扶支持加村民集资，建成军洞村通往洽水圩镇的钢筋水泥结构大桥1座，改善该村交通问题，开始有村民购买手扶拖拉机、汽车搞运输业，9户村民进入圩市开办饮食店，3户开办杂货小商店。多家先富农户建成钢筋水泥楼房10多座，至2016年全村99%以上农户住上钢筋水泥楼，12户到圩镇购地建房兼开商铺，8户进城购买商品房居住。2003年以来获革命老区村建设扶持，铺成水泥硬底化村道，村头巷尾装上太阳能路灯，多种家用电器进入农户，各家用上卫生洁净的自来水。村内有个体小商店2间，为残疾人、五保户、特困户建起高一至二层钢筋水泥楼21座。建成村小学教学楼 1 座、运动场 1 个，九年义务教育使适龄儿童入学率达 100%。开展文明卫生村建设，巷道水沟加盖封闭、生活垃圾定点收集、专业清运；建成硬底化文体广场 1 个。2016 年，全村种植水稻 596 亩，年亩产（两造）1800 斤，总产量 107.28 万斤；有农林产业种养基地 7 个，年总产值 200 万元；村民靠发展种养业收益和外出务工、到圩镇经商为收入，人均可支配收入 1.35 万元。

凤岗镇老区村

一、欧上村

位于凤岗镇东部。2005 年上磜村和坳头村合并称为欧上村。辖朗坑、上寨、豆腐磨塘、鸡胗坪、坳头、田螺村、庙咀村、大崀、新年崀、旧村、塘坒、大坪坑村共 12 个自然村 12 个村民小组。村委会坐落在上磜桥右侧，距镇政府驻地 13 公里。境内有海拔 1331 米的最高山峰冷瓮顶，面积 10 平方公里，产"冷瓮茶"。全村总面积 14.35 平方公里，山林面积 52062 亩，以松、杉、杂木林为主；耕地面积 654 亩，其中水田面积 502 亩，种植水稻兼种经济作物。2016 年，全村总人口 380 户 2050 人；五保户 8 人，低保户 8 户 33 人；革命烈属 4 户 23 人。

20 世纪 50 年代初，欧上村群众开始新社会建设，1955 年 2 月 28 日第六生产组（庙咀村）社员在庙背山烧山炼地引发火灾，受灾面积 6000 多亩，烧毁林木 15 万多株，12 名扑火人员罹难。之后由高级社转人民公社，生产资料归集体所有，社员按劳分配、老人小孩按等级分配。1962 年落实中央农村政策，各生产队开垦荒山埔岭岗地种植经济作物。上磜村继续种植适宜高寒岗岭山地的传统"更禾稻"，亩产 300 斤左右。庙咀、田螺、大坪坑等村大幅增加种植水稻、芋头、番薯的面积。1964 年，欧上村村民人均分配粮食 230 多斤，基本解决"一日三餐不挨饿"问题。1970

年开始，国家每年下拨给欧上村的林业粮、返销粮约2万斤，山区群众生活不断改善。1982年实行家庭联产承包责任制，1985年开始使用脚踏打禾机及柴油动力打禾机。1987年起，全村普及种植杂优水稻和双季稻，粮食产量大幅增加，1989年甩掉靠吃林业粮、返销粮的帽子。2016年，全村种植水稻250亩，年亩产（两造）超1000斤，总产量25万多斤。

欧上村森林资源丰富。20世纪60年代有外地工人进山砍伐木材上调国家，70年代初随着山区公路和林业专用道路的开通，增加木材生产量。同年，凤岗公社在欧上村办深坑林场，在坳头村西方崀办知青场。1974年，广东省外贸局土产进出口公司在欧上村办广东省科学院微生物研究所实验基地的徒木坑冬菇场，每年研发香菇菌种5万多瓶供应韶关、梅州等地，任科研组长的上磴六队青年周华戴1978年出席全国科学技术大会。随后继续发展，80年代中期，田螺寨成为闻名的"冬菇村"。1975年后欧上村加快林业发展，村集体年收入、人均年收入分别为130多万元、1000多元，每年获林业部门的木材奖售粮4~5万斤。1983年以后封山育林、创办林业产业基地。90年代中期，欧上村有集中连片混交林1.1万多亩，后来列为生态公益林。2016年，欧上村有松、杉、杂木林5万多亩，全村农户靠农林种养业收益和外出务工挣钱为收入，村民人均可支配收入1.1万元。

中华人民共和国成立前，欧上村群众翻山越岭走羊肠小道出行。至20世纪60年代末，村之间建有宽1米左右的泥土路。1973年县森工部门修筑龙门至坳头、深坑的沙土林业专用道。1981年，上磴村群众耗时近10年终于开通坳头至上磴村公路，被外地人戏言"只见飞机，不见汽车"的上磴村终于看到汽车环绕山顶公路到村。2005年在革命老区建设促进中，欧上村实现乡村公路硬底化，2016年实现村寨巷道硬底化并安装路灯照明。

中华人民共和国成立前有私塾 1 间，中华人民共和国成立后办上磴学校、田螺村小学和庙咀村小学，2015 年上述三校合并为欧上小学。1970 年开办生产大队医疗站，配备经县培训的赤脚医生，1981 年改名为村卫生室。2003 年开始建立医保制度，2016 年全村 100% 人口参加新型农村合作医疗保险。1970 年，上磴、庙咀、田螺村村民集资分别建成装机容量为 10 千瓦、8 千瓦、12 千瓦的水力发电站，农户开始电灯照明；1981 年 3 座水电站均停产，村民建微型小水电站解决家庭照明。1985 年上磴村建成二级水电站 1 座，接着坳头大队集资修复庙咀水电站机组，使村民用上安全、稳定电源，电饭煲、收音机、电风扇进入家庭日常生活。2012—2013 年欧上村的坳头、上磴村使用县电网供电。1964 年以前欧上村大多数群众居住杉皮木棚屋，1965—1978 年逐步建造泥砖瓦房，1985 年开始有农户建造钢筋水泥楼，2016 年全村建成一至三层或以上钢筋水泥楼房 356 座，90% 以上农户住上小"洋楼"，150 多户到城镇租房经商，73 户到县以上城市购买商品房居住，外出人口 1600 多人。村里农户使用电器化、饮水自来化；自然村个体开办小卖店共 15 间。买有摩托车、拖拉机、货运汽车、小轿车的各有 383 人、5 人、7 人、180 人。适龄儿童大多随父母到其务工所在地城镇读书，留守儿童享受国家九年义务教育政策，入学率达 100%。2005 年上磴村和坳头村合并为欧上村后，2006 年建成村委会办公楼，内设村民办事服务大厅、村委会和村党支部办公室、党群活动室、图书阅览室等，同时建成文体广场。2016 年实行垃圾集中堆放，专业清运。

二、四村村

位于凤岗镇北部。村委会驻地黄洞坪距镇政府所在地 4 公里。全村有山地面积12259 亩，以松、杉、杂木林为主；耕地面积928

亩（水田 612 亩、旱地 316 亩），以种植水稻及经济作物为主。村前河滩沙质土地种植的萝卜苗生长 60 日后，收获腌制为"六十日"黄菜，远销县内外。2016 年，全村总人口 606 户 4162 人；五保户 21 人，低保户 16 户 43 人；革命烈属 2 户 20 人。

中华人民共和国成立后，四村人民开始新社会经济建设和新生活。1963 年开始办大队林场，每年山地更新造林 70 亩，1966 年开山围洲造田，建成高车滩水利水电站解决农田灌溉用水。70 年代年种植水稻（两造）600 亩，年总产 45 万斤，一个劳动日工值 1.5 元。1982 年实行家庭联产承包责任制，各户水田种植优质高产水稻、旱地种植优质蔬菜，山上种植高脂松树采集松脂，随后转让山地给林业公司承包。1987 年起全村 70% 以上青壮年外出务工，1990 年甩掉靠吃返销粮、林业粮的帽子。2016 年村里多是留守儿童和老人，全村水稻种植 400 亩，年亩产（两造）1600 斤，总产 64 万斤；转让外来承包商种植速生丰产林 6000 亩，年产值 42 万元；种植"六十日"黄菜 60 亩、沙糖橘 30 亩，办养猪场 2 个存栏量 200 头、放养牛羊 560 头，年总产值 140 万元。村民靠种养业收益和外出务工所得为收入，2016 年人均可支配收入 10522 元。1963 年途经四村的怀城至洽水公路开通，寨坪自然村渡口与公路相接，1994 年自筹资金架设寨坪渡口跨河铁索桥，告别撑船摆渡过河历史。2003 年寨坪自然村跨凤岗河的文昌大桥通车，2004 年开通新乡至四村公路，并实现村村通硬底化公路，2014 年在寨坪建成钢筋水泥结构的漫水大桥 1 座，铁索桥停止使用。1958 年生产大队办公处安装手摇转接电话机 1 台，2005 年另址建成村委会办公楼 1 座，内设服务大厅、农家书屋、会议室、公共卫生服务室等，安装程控电话、电脑等设备，并建有文体广场。1970 年开办大队医疗站，配备赤脚医生，1981 年医疗站变为村医坐诊的卫生室；2003 年起建立新型农村合作医疗保险制度，

2016 年全村参加合作医疗保险人数 100%。1954 年创办四村小学，不久后在自然村共办小学 5 所；1960 年各生产队合力新建四村小学校舍，1970 年附设初中班，撤并寨坪、鸡脚崀、段顶 3 所自然村小学，2014 年新建教学楼 2 座。国家实行九年义务教育，适龄儿童入学率 100%。1954 年以前，大部分村民住泥砖杉皮屋，20 世纪 60 年代建筑泥砖瓦房，其中 1969 年黄泥塘村建成第一座青砖瓦房；1988 年寨坪自然村建成第一座钢筋水泥楼，2016 年全村共建成钢筋水泥楼 485 座，80% 以上家庭住上楼房，并有 132 户到圩镇建房或购买商品房居住。2016 年，村巷道装电灯，家庭使用多种电器，个体户小卖部共 9 间；610 人、25 人、158 人分别购买了摩托车、货运汽车、小轿车。

三、上南坑村

位于凤岗镇北部。村委会驻地对崀寨距镇政府所在地 10 多公里。全村总面积 1727 公顷，最高山峰有高寨顶山，海拔 620 米。有山地面积 24709 亩，以种植松、杉、杂木林为主；耕地面积 847 亩，其中水田面积 480 亩，以种植水稻及经济作物为主。2016 年，全村总人口 365 户 2038 人；五保户 17 人，低保户 7 户 16 人。

1954—1956 年成立农业生产合作社，集中劳动力兴修长约 300 米的格江水圳，引水灌溉格江垌 50 多亩农田，播插优良稻谷品种，在山边旱地种植木薯、番薯等，增加粮食产量，社员摆脱饥饿日子。1958 年人民公社化，1959—1961 年遭遇三年经济困难，群众吃粗糠和野菜等充饥。1962 年之后逐步恢复发展农业生产，1965 年全村集中劳力兴修格江垌农田水利排灌渠，筑砌防涝堤坝，改造沙滩为耕地，1975 年农作物种植面积 1600 多亩。1982 年实行家庭联产承包责任制，1983 年开始种植杂优水稻，年亩产 800 斤以上，并种植良种木薯、番薯等。1987 年农户普遍使用脚踏打禾机、轻便型柴油动力耕田机。1988 年后，青壮年到珠三角地区务工，增加家庭经济收入，农民温饱问题得到彻底解决，1990 年甩掉靠吃返销粮的帽子。2016 年全村粮食总产量 23 万多斤，其中稻谷总产量 13 万多斤；村集体收入近 11 万元。

上南坑村林木资源丰富，1958 年开始大量砍伐松、杉木材上调国家。1963 年成立大队林场进行造林、护林，1978 年出现乱砍滥伐。1982 年实行家庭联产承包责任制，村民经营责任山。1985 年由农户承包经营松脂基地 5000 多亩，2007 年引进营林公司承包种植速生丰产林 1300 亩，2011 年肇庆市公安局扶持贫困户种植南药山栀子 40 亩。2016 年，全村有农林种养基地 2 个，总面积 80 亩，年总产值 3 万元；村民人均可支配收入 1.03 万元。

1980 年凤岗至上坑公路全线开通，1985 年首辆货运汽车进入上南坑村，2006 年凤岗至上坑公路实现硬底化，2011 年扶贫工作队扶持实现王塘坪 3.5 公里村道硬底化。2016 年，全村 60% 以上农户买进摩托车，4 人、50 人买用货运汽车、小轿车。1982 年对崀自然村村民祝广源率先用塑料管接引山溪水到家，2011 年村民自筹和上级部门帮扶建设，全体村民饮用卫生自来水。1972 年建成石岈水电站，全大队开始用电，继后建成水电站多座，带动碾米、粉碎、木材加工。1982 年洪灾致全村一度中断用电，农户自办微型水电站发电解决困难；1989 年村集体筹资架设高压输电线路到村；1999 年全县电网改造，农户安全正常用电；2016 年众多农户使用家电，村道路灯照明。1959 年大队部安装手摇接转电话机 1 台，1996 年村委会和部分农户安装程控电话共 150 台，2000 年开通无线移动电话，2016 年全村有移动电话 1200 多台。

1954 年创办上南坑村小学，1973 年群众献工集资扩建校舍；1998 年建成一层钢筋水泥结构校舍，2005 年加建为二层 8 室教学楼；2010 年扶贫工作队帮扶改造校园校舍；2016 年适龄儿童享受九年义务教育，入学率100%。

中华人民共和国成立初期，村民基本上住泥砖屋，1978年开始有村民建造青砖瓦房，1993年起建造钢筋水泥楼房的农户逐年增多，2008年全村60%农户（207户）住上钢筋水泥楼。2009—2010年，贫困户36户获扶持完成危房改造。2016年，全村96%以上农户住上钢筋水泥楼，68户到城镇建房或购住商品房。2008年建成村委会公共服务中心楼，设有服务厅、科技讲座室、农家书屋。2011年建成硬底化村文体广场。2016年，村内有个体小卖部10多个，村卫生医疗站3个，97%以上村民参加新型农村合作医疗保险。

四、利民村

位于凤岗镇东部。村委会驻地利更村距镇政府驻地20公里。村境内的鸡爪崩冈山海拔1050米，村前溪流经民义、高纠至庙咀汇入桃花水。林木资源丰富，盛产冬菇、木耳等地方特产。总面积17145亩，山地面积16737亩，以松、杉、杂木林为主；耕地面积212亩，水田面积196亩，种植水稻和经济作物。2016年，全村总人口152户963人；低保户11户46人。

中华人民共和国成立后，利民村人民开始新的建设。1964年途经利民村的省道怀（集）阳（山）线公路开通，村民开始木材生产，1966年县森工部门支持开通利更至闸坳长3公里的林道，外来专业队承包砍伐、生产长15～20米、胸径20厘米以上的杉木长大材（也叫"桅杆材"）和其他规格材上调国家，增加集体收入，生产队组织重视更新造林、抚育中幼林，每个劳动日工值2元，年终各生产队分红人均超800元。1970年开始有林业粮补助，每年全大队获林业粮补助指标8000斤。1976年"桅杆材"资源减少，增加生产规格材，社员每个劳动日工值2元左右。

1982 年实行家庭联产承包责任制后，村民利用杂木育种冬菇、木耳，每年用木材 800~1000 立方米，生产冬菇、木耳 8000~10000 斤，年产值 20 万元。2016 年，利民村将分布于深坑一带的 5117 亩杂木林全部划为生态保护林；富余劳力 400 多人外出务工，村民人均纯收入超 1 万元。

中华人民共和国成立之初至 20 世纪 60 年代初，利民村群众农林并举，1964 年后种植水稻（单造）为主，兼种木薯、番薯、玉米、花生等，又到山上采集天然植物杂菌、竹笋、野葛、山薯等林副产品增加收入，补充日常生活，生产队年人均分配稻谷约 250 斤、杂粮 100 多斤。1970 年有林业粮和返销粮起，一日三餐基本不缺粮食。80 年代初开始使用脚踏打禾机、小型电力打禾机。1987 年推广种植杂优水稻良种增加产量，摘掉靠吃林业粮、返销粮的帽子。2016 年，全村水稻种植面积 150 亩，亩产（单造）533.3 斤，总产量 8 万多斤；村民年人均可支配收入 1.35 万元。

中华人民共和国成立前，利民村村民走山间小道爬山、涉水出行，1964—1970 年先后开通多条公路，方便出行。2006—2012 年全部村道硬底化。1968 年，有人购进第一辆自行车，20 世纪 70 年代群众普遍使用；80 年代起先后有人购进手扶拖拉机、摩托车、货运汽车和小轿车，2016 年全村共有摩托车 50 台、货运汽车 3 台、小轿车 110 台。

民国时期，利更自然村有私塾 1 间，1950 年改建为利民小学，1956 年办为利民完全小学，1972 年曾附设初中班，1995 年建成高二层 6 室的钢筋水泥教学楼 1 座，2016 年该校设一至三年级教学点，教师 2 人、学生 16 人，四至六年级到龙门完全小学就读；实行九年义务教育，适龄儿童入学率 100%。1970 年大队配备赤脚医生，1972 年成立合作医疗站，20 世纪 80 年代解散；

1990年设立农村医疗卫生站，2003年起村民参加农村合作医疗保险，2016年参保人数为总人口的98%以上。

1967年大队建成闸坳水电站，利更、民义自然村农家开始用电；之后续建以至建微型发电站，1994年架通县电网，保障电力供应，家用电器开始进入农家。2005年建成村委会办公楼，2016年设立村民办事服务大厅、党群活动室、卫生保健室、电子阅览室、农家书屋和建成文体广场，村内开办个体日用品商店10多间。随着电站建设分红、矿泉水公司拨给协管补助和县城商铺出租收入，2016年村集体年收入5万多元。

中华人民共和国成立前，村民居住杉皮木板房、简陋泥砖屋，20世纪60年代中期起建造泥砖瓦房，90年代初开始建造钢筋水泥楼房，2016年全村共有钢筋水泥楼130多座，80%以上家庭居住楼房，巷道硬底化、饮水自来化、电话通信移动化，48户到城镇购买商品房居住。

五、鱼螆自然村

位于凤岗镇北部，是下南坑行政村所辖的一个自然村。距下南坑村委会3公里、镇政府驻地9公里。境内最高山峰屋背岭，海拔337米。全村有山林面积2560亩，种植松、杉、杂木林为主；耕地面积125亩，其中水田50亩，种植水稻及经济作物。2016年，全村总人口80户630人；五保户2人，低保户2户10人。

中华人民共和国成立后，鱼螆村人民翻身作主，增加生产，改善生活。1965年全村年产稻谷3万斤，番薯、木薯、玉米等杂粮4万斤，人均分配主粮120斤、杂粮160多斤。1966年在中心洲围洲造田，新增耕地15亩。1967年修筑头碴引水渠，改善农田灌溉。1976年生产队组织群众垦山种木薯，集体烧山后分地给各家自种自收，加工木薯干片交供销社收购。1983年是种植最多年，共300多亩，总产110万斤，各家均增加收入。实行家庭联产承包责任制后，又推广杂优水稻良种，1990年全村水稻年总产量6万多斤，从此甩掉靠吃林业粮、返销粮的帽子。2016年，全村种植水稻40亩，年总产量5万多斤。

鱼嶂村林木资源丰富，1966年林业专用道路开通后，生产队加大木材生产，增加集体收入。1970年生产队利用积累资金投资建成鱼嶂水电站，社员开始电灯照明、电力碾米、粉碎和木材加工。1983年分山地给农户承包后，全村造杉林1500亩，发展松脂林1000多亩。在外出务工办起个体铝门窗卷闸厂的村民陈活兴、陈会带动下，全村100多人从事该制作，该村成为铁铝工艺装修专业村。2016年，村民人均可支配收入1.2万多元。

1950年，改村私塾为鱼嶂小学，1989年生产队集资新建钢筋水泥教学楼1座，2012年并入下南坑小学，适龄儿童享受国家九年义务教育，入学率100%。2013年村民集资2万元又获革命老区建设扶持资金3万元，建成村文化楼，设阅览图书、武术和舞狮等场所。2009年全村用上县电网供电。1993年开始有村民建造钢筋水泥楼房，2016年全村80%以上家庭住上钢筋水泥楼房，9户到城镇建房或购买商品房居住；121人、7人和46人分别购用摩托车、货运汽车与小轿车。2006年途经该村的南（坑）四（村）公路实现硬底化，2016年村道巷道硬底化并路灯照明，生活垃圾定点堆放、专业清运；村内有个体小卖店2家。2000年行政村设立卫生医疗站，2003年开始建立农村合作医疗保险制度，2016年参保率100%。

六、南白自然村

位于凤岗镇东部，是白坭行政村下辖的一个自然村，距镇政府所在地 25 公里。境内最高山峰白带头顶，海拔 1134 米；桃花河支流白坭坑溪水从村前流过。有山地面积 32780 亩，耕地面积 395 亩，其中水田面积 220 亩。2016 年，全村总人口 240 户 1000 人；五保户 3 人，低保户 5 户 28 人；革命烈属 5 户 24 人。

中华人民共和国成立后，南白村逐步建设发展。1964 年起种植水稻（单造）为主，兼种木薯、番薯、玉米、花生等作物，年人均分配稻谷 200 斤、杂粮 100 多斤。村民采摘山上天然植物杂菌、竹笋、野蒿等补充粮食不足。1970 年开始有林业粮和返销粮，基本解决群众缺粮问题。1982 年实行家庭联产承包责任制，1987 年推广种植杂优水稻，粮食产量大幅增长，村民甩掉靠吃林业粮、返销粮的帽子。2016 年，全村种植水稻 180 亩，年产量 18 万斤。

1979 年热水口至白坭坑的林业专用公路开通后开发林木资源，至 1983 年年砍伐林木 4000 亩，年产值 30 多万元，人均分配 500 多元，并有奖励林业粮指标近 4 万斤。1985 年起村民利用杂木育种冬菇菌，年耗育种木材约 800 立方米，年产值 15 万多元；松脂年产值超 10 万多元。2016 年，全村划为生态公益林 2.31 万亩，尚有杉木、松木经济林 9000 多亩，富余劳力 500 多人外出务工，村民人均可支配收入 1.2 万元。

南白村地处边远山区，中华人民共和国成立前靠翻山越岭走崎岖山道。1979 年热水口至南白村森工专用公路开通后，村民开始购用自行车、拖拉机出行和运输货物；2014 年村民集资 20 多万元和上级政府部门扶持，铺设进村公路水泥硬底化，2016 年全村实现道路、巷道硬底化，全村农户拥有摩托车 130 台、农用运输汽车 8 台、小轿车 120 台。

中华人民共和国成立前，村民居住多为杉皮木棚屋，1960 年建造泥砖瓦房，20 世纪 80 年代开始兴建钢筋水泥楼，2016 年全村建起钢筋水泥楼 163 座，88 户到城镇建房或购买商品房。1974

年生产队投资建成下寮豆地岗水电站发电，社员开始电灯照明。1984年电站火灾断电后，农户建起微型发电站解决照明问题。1994年村民集资架设连接镇电网的供电线路，2000年并入县电网，全村用电得到保障，农家购用电器，开始饮用水自来化。1950年设立白坭坑小学，1998年迁址新建校园，2006年设为教学点，适龄儿童享受国家九年义务教育，入学率100%。1970年开办大队医疗站，1980年后设立村合作医疗站，2003年开始建立新型农村合作医疗保险制度，2008年100%的村民参加医疗保险。残疾人、五保户、孤儿、退伍军人、60岁以上老人享受国家政策生活补贴。

七、冲头自然村

位于凤岗镇东北部，是上良行政村所辖的一个自然村，距上良村委会1公里、镇政府驻地17公里。全村山地面积2339亩，耕地面积205亩，其中水田面积60亩。2016年，全村总人口72户460人；五保户1人，低保户4户12人；革命烈属4户17人。

中华人民共和国成立后，冲头村群众开始新社会建设。1963年开始历近两年，群众修筑村前河岸防护堤，开垦堤内耕地近100亩。1965年粮食产量大幅增加，人均分配稻谷230斤、杂粮300斤。1967—1968年，上良片各生产队抽调劳动力筑造冲头村前河拦河大坝，蓄水灌溉上良下游200多亩耕地，冲头村60多亩耕地受益，并改造近40亩旱地为水田，增加粮食生产。1970年开始每年获林业粮和返销粮下拨，约大米4.5万斤，人均约180斤。又推广优良品种提高粮食产量，1978年全村粮食总产量超8万斤，人均分配230斤以上。20世纪80年代初，实行家庭联产承包责任制，推广种植杂优水稻良种，1990年稻谷年均亩产1100多斤，总产量8万多斤，杂粮总产量1.5万斤，至此摆脱靠吃林业粮、返销粮的日子。2016 年，全村种植水稻、杂粮各为 50 亩、40 亩；13 户种植沙糖橘 350 多亩，年产量 1.05 万斤，增加农民收入；50% 的农户有富余劳力外出务工，村民人均可支配收入 1.1 万多元。

1976 年凤岗公社开办采育场，开展林业大会战，冲头村 1500 多亩山地山林列入大会战范围，1979 年采育场解散后村内山地长有成片的中幼林。20 世纪 80 年代划定"三山"后，村民自家经营山地山林。2016 年，村集体 450 亩山场由外来投资公司承包营造速生丰产林，其余山地仍种植松、杉、杂木林。

1970 年秋，上良大队利用冲头拦河大坝引水渠建设的水力发电站竣工发电，上良村和冲头村农户开始使用电力。1982 年电站洪灾停产，村民建设微型水电站，至 1984 年全村有微型水电站 30 多座，临时解决家庭照明用电，2003 年实现县镇村联网供电后，村民用电有了保证，并购用家电设备。1975 年叉口至上良村公路开通，冲头村群众开始用公路出行。2005 年从村旁经过的公路硬底化，2007 年在扶持老区建设中建成冲头村跨河大桥。2009 年群众集资铺筑成村硬底化道路以及巷道硬底化，架设路灯照明。1987 年开始用塑料水管接引山泉水为家庭自来水。1989 年村民开始拆除泥砖房建设钢筋水泥楼，2016 年全村共建有钢筋水泥楼房 55 座，80% 的农户住上楼房，7 户到城镇建房或购买商品房居住，83 人、3 人和 16 人分别购用摩托车、货运汽车与小轿车。冲头自然村学童到上良小学读书，1968 年入学率为 60%、1978 年为 70%，1986 年普及九年义务教育，1988 年之后入学率为 100%。1968 年上良村成立合作医疗站，开始有赤脚医生巡诊，1978 年赤脚医生变身乡村医生，自办卫生室，2003 年开始建立新型农村合作医疗保险制度，2016 年村民参保率 100%。孤儿、残疾人、五保老人、退伍军人、60 岁以上老人享受国家政策生活补贴。

第三节 甘洒镇老区村

一、永富村

位于甘洒镇西南部，革命先烈邓拔奇故乡，村委会驻地永富村二队距镇政府驻地约 5 公里。地处丘陵半丘陵地带，有小溪遥坑大圳河自上屈村流经永富村注入凤岗河。总面积 3.24 平方公里，其中山地 4003 亩，耕地 857 亩（水田 380 亩）。2016 年，全村总人口 245 户 1495 人，革命烈属 2 户 21 人。

中华人民共和国成立后，永富人民开始新社会建设和新生活。中华人民共和国成立之初至 20 世纪 60 年代抓紧粮食生产，1964 年起冬种蚕豆、红花豆、紫云英等，两造插植水稻，年亩产 800 多斤，同时更新迹地造林，间种木薯、番薯、芋头等杂粮，弥补主粮不足。1982 年实行家庭联产承包责任制后，富余劳力转做其他生产，引种杂优水稻，每亩年产稻谷约 1800 斤，2016 年全村总产粮食 53 万斤，其中水稻 45 万斤。1968 年开办大队林场推进造林育林，1970 年后增办林场多个，加快造林育林，1978 年林场解散。1982 年划分"三山"后，村民经营山庄造林。20 世纪 80 年代村中出现个体日杂店铺，方便村民购物，至 2016 年办有 6 家，同年村集体经济收入 12 万元，村民人均纯收入 7000 元。

20 世纪 60 年代后期修通永富大队机耕道路，1996 年铺设环村硬底化村道，2015 年获中山市扶贫单位帮扶全部村道硬底化。

1968 年架设甘洒公社水电站低压输电线路，群众开始电灯照明和电力碾米等，1999 年全县电网改造后，永富村使用 24 小时安全稳定电力。20 世纪 80 年代有农户架设塑料管道接引山泉水到家饮用，不久有农户用手摇泵抽取地下水饮用，2014 年甘洒镇在小竹村蓄水饮水工程建成获供水后，永富村民始用自来水。1957 年开始通邮后保持至 2016 年。1958 年开通手摇电话，1978 年开始使用自动电话，1993 年开通无线寻呼电话，2009 年开始使用移动电话，2016 年全村有固话用户 205 户，移动电话用户 800 多户。1995 年 11 月开始对外开放邓拔奇故居。2013—2015 年中山市驻村扶贫队扶持资金建成村文体广场和改建原村办公楼、文化楼，增加村民文娱场所。

中华人民共和国成立前，永富村办有私塾，1968 年开办永富小学 1 所，设一至四年级，其后办为完全小学，1984 年普及小学义务教育，适龄儿童入学率 100%，巩固率 98%。2003 年革命老区学校建设中建成钢筋混凝土教学楼 1 座，2016 年永富小学调整为教学点，适龄儿童入学率 100%。20 世纪 90 年代开办村医疗卫生站 2 个。2016 年起生活垃圾定点收集、清运。

中华人民共和国成立前，贫苦农民靠帮人打工维持生计，一年工值获稻谷一二百斤，一家人一般一餐稀粥、两餐木薯杂粮为主食。中华人民共和国成立初期至 20 世纪 60 年代末，群众仍以吃粥为主加食杂粮，70 年代开始有国家统销粮和造林粮补助，群众餐食有所改善。80 年代实行家庭联产承包责任制，种植杂优水稻增产，渐变每天一粥一饭或全天两餐米饭，2016 年村民以大米为主，两餐白米饭，九成以上农户日肉食一餐。

中华人民共和国成立初期到 20 世纪 70 年代，不少农民建泥砖瓦房，1990 年有人建成全村第一幢钢筋混凝土楼房，其后兴建渐多，2016 年全村 60 户建有一层、150 户建有三层或三层以上钢筋混凝土楼房，人均居住面积 30 平方米。1980 年村里有人买用自行车，此后买者渐多；1988 年、1990 年、1998 年先后有人买进永富村第一辆嘉陵牌摩托车、第一辆手扶拖拉机、第一辆私家小汽车。2016 年全村拥有摩托车的农户 220 户、私家小汽车 60户。2013 年永富村被定为贫困村，中山市派队驻村扶持至 2015年 12 月，全村贫困户 36 户贫困人口 145 人获赠送猪苗、鸡苗和养殖技术、饲料等饲养扶持，给予种子、化肥、农药、补贴等生产帮助，帮扶 9 户完成危房改造，36 户贫困户全部脱贫。

二、南洞村

位于甘洒镇东部。村委会驻地洽坑口距镇政府所在地 15 公里。黎屋坑、邵屋坑两溪在洽坑口汇合为南洞坑河溪，流经小竹村至凤岗马头村入桃花水再而注入凤岗河。全村总面积 18.6 平方公里，其中山地 2.63 万亩，有松、杉、杂木等山林，盛产松脂、山苍子、砂仁、三华李、柿子、沙梨、巴戟、山楂、山枝、茶叶等，并有国家一级保护植物桫椤遗存。耕地 522 亩，其中水田410 亩种植水稻，山坡岗地种植旱稻、木薯、番薯、芋头、大薯、玉米、高粱、花生等作物。2016 年，全村总人口 480 户 2680 人，革命烈属 6 户 32 人。

中华人民共和国成立后，南洞村人民开始新建设和新生活。1966—1976 年受"文化大革命"运动影响，经济发展缓慢，水稻年亩产（两造）500～600 斤，有黄麻、红麻、油茶、蚕豆、红花豆等经济作物，以及零星种植的笋竹、冬菇、木耳、玉桂、柑橘、三华李等，靠国家每年下拨统销粮、木材奖售粮、造林补助粮共10 万多斤解决粮食不足问题。1968 年在邵屋坑办大队林场，1970年办联队林场 3 个，到广西平南县购进茯苓种苗并请其派员指导种植。1982 年实行家庭联产承包责任制，1983 年全村推广种植杂优水稻，提高产量。划分"三山"后兴办小山庄，村民种杉、果、砂仁、八角以及养鸡、鸭、猪等增加经济收入。1984 年取消造林奖售粮，1988 年 4 月取消农产品奖售粮，1990 年甩掉吃统销粮的帽子。2000 年，全村划定生态公益林 8149.5 亩，每年领取国家补偿金。2016 年，全村生产粮食 82 万斤，其中稻谷 67.8 万斤，经济收入 2090.4 万元，村民人均可支配收入 1.12 万元。

　　1975 年甘洒圩镇至南洞洽坑口的林区公路建成通车，结束南洞村木材靠水运和村民出行翻山越岭走羊肠小道的历史，自行车、摩托车逐步进入农家；1998 年怀城至南洞的客运汽车开通。2008 年修筑自怀集甘洒圩镇经该村而至广宁赤坑镇的公路，2012 年部分路段硬底化，至 2016 年未全线贯通（2017 年建成）。2012 年，扶贫单位扶持铺设洽坑口至新寨和至邵屋自然村村道硬底化道路，方便村民出行。2016 年全村共有摩托车 375 辆、货运汽车 34 辆、小轿车 64 辆。1969 年，新寨（第四、第五生产队）社员自筹资金在中山头建成南洞大队第一座水力发电站，该两队开始用电，随后多个生产队筹资建造水电站发电用电，因机械故障频发，1985 年改用搭接广宁县供电线路供电，自建水电站停用，1985—1986 年因设备不堪再用，先后集体自费架接使用广宁县电力，1999 年底怀集输电线路到村后改用南方电网供电，2001 年历 40 多年一直家庭单干的坑口山厄塘村寨农户用上南方电网电力，开用电之始。1957 年南洞开始通邮，1958 年生产大队办公室安装手摇电话机，1978 年、1993 年、2009 年先后使用拨号自动电话、无线寻呼机、移动电话，2016 年全村固定电话、移动电话分别有用户 380 户、800 多户。

　　1954 年在坑口村寨办南洞初级小学 1 所，复式教学，高小到外村或凤岗圩镇就读，1969 年小学改为五年制，大队组织投料投工建设校舍，自此起南洞大队学童可在本地读小学至毕业。2000

年借力老区建设促进资金扶持，建成教学楼 1 座，2005 年、2012 年先后建成教学楼 2 座和运动场；实行九年义务教育，适龄儿童入学率 100%；2016 年南洞小学校园占地面积 2065 平方米、建筑面积 1182 平方米，设置一至五年级（六年级到镇中心校就读）。20 世纪 70 年代，甘洒卫生院开设南洞大队卫生站，80 年代设立村卫生室，2003 年起建立农村合作医疗保险制度，2016 年全村 99% 的村民参加新型农村合作医疗。20 世纪 60—70 年代，逐渐告别杉皮木板屋、残旧泥砖屋，新建青砖墙脚泥砖瓦房，1994 年村民邓爱铭建起村内第一座钢筋水泥楼房，至 2016 年全村有 43 户建成一层、382 户建成二层以上的钢筋水泥楼房，人均居住面积 15～20 平方米。20 世纪 80 年代村民用塑料水管接山泉水到家饮用，2013 年邵屋村获部门资助，筑水陂、建水塔引自来水入户。1956 年开设甘洒供销社南洞分销店，1961 年改为合作商店。1980 年村民韩学严开办第一家个体杂货店，至 2016 年全村有个体小卖店 12 家。因屋背山地质灾害，2006 年定址李仔崀地块，开始将邵屋村（寨）整体搬迁，规划占地 28.6 亩，建造房屋 124 栋。是年，包含村民自筹 1300 多万元共筹资金 1680 多万元动工兴建，至 2016 年建成屋宇面积 1.8 万多平方米，入住 86 户，占搬迁户的 79.6%。建成高三层、建筑面积 550 平方米的文化楼 1 座，400 多平方米的文体广场 1 个。

三、小竹村

位于甘洒镇东北部。村委会驻地狮子嘴距镇政府驻地 9 公里。总面积 13.61 平方公里，其中山地 1.96 万亩，耕地 717 亩（水田 280 亩）。南洞坑水穿行小竹全境向西北流入凤岗区域。森林资源丰富，盛产木材、松脂、山苍子、砂仁、竹笋、茶叶、油茶。2016 年，全村总人口 313 户 1544 人，革命烈属 2 户 15 人。

中华人民共和国成立后，小竹村群众开始新建设和新生活。历经20世纪50年代的土改分田地、农业合作和人民公社集体化、三年经济困难后，1962年起恢复农业生产，一年两造水稻，年亩产800斤左右。1966年"文化大革命"开始后受运动影响，生产发展减慢，群众靠国家统销粮、木材奖售粮、造林补助粮弥补主粮不足。1982年实行家庭联产承包责任制后，推广种植杂优水稻。小竹村村民从事林业生产，习惯迹地更新造林兼种木薯、番薯、芋头或旱稻、大薯等作物。1968年办大队林场，1970年办联队林场，场员120人育苗种杉、竹、茶、玉桂和零星的三华李、大蕉、柑橘等。随后推广菌种育种冬菇、木耳。1982年划分"三山"后，群众办小山庄，养猪、养牛、种茶、种砂仁，富余劳力开始外出务工，2016年全村在外经商务工600人；经营生态公益林3400亩；生产粮食45万斤，其中稻谷44万斤；全村经济收入1380万元，人均可支配收入9000元。

1975年，开通甘洒圩镇经小竹至南洞洽坑口的森工公路，小竹大队开始有公路出行。2009年建成村委会驻地到韩屋、陈屋、三带、黄六坑等自然村的机耕路，2014年均实现硬底化。1975年开始有村民购买自行车代步，20世纪80年代初村民陈志雄第一个买进农用汽车，1988年开通到村客运班车。90年代有村民购置摩托车，2016年全村有小汽车32辆，每天往返小竹的农村客运班车4趟。1971年，群众自筹资金建成小型水电站1座，发电供陈屋、韩屋和三带自然村照明和碾米、粉碎等加工；1995年架通县电网线路，用上稳定电源。

中华人民共和国成立前，小竹自然村办有学堂一间，1954年开办小竹初级小学，五、六年级到凤岗雷陈江中心校就读，1958年转到罗密完全小学就读，1969年办为小竹完全小学，1978年迁校园到狮子嘴旁至今。1984年普及小学义务教育。2002年建成钢筋混凝土结构教学楼 1 座，2016 年设为教学点，设置一至四年级（五、六年级到镇中心校就读），适龄儿童入学率 100%，升学率 100%。1983—2016 年设有村卫生站；2016 年实行生活垃圾集中收集，统一清运。20 世纪 80 年代后期，村民独自或合伙集资架设管道引山埇水入户使用，2014 年开始使用甘洒镇自来水厂的自来水供应。1982 年，村内办第一家私营杂货店，至 2016 年全村共有 3 家店铺。1993 年小竹通电，办小型的个体碾米加工厂 4 间、简易锯板厂 1 间。1997 年引进客商办小竹水电站，2012 年引进茶业客商改造小竹松岗头原茶场，建成 500 亩茶园的小竹松岗头茶场。

中华人民共和国成立后，小竹人民逐步改善生活，餐食从吃稀粥、木薯、番薯、杂粮充饥到大米饭加常有肉食，出行从走山路到走大道、硬底化水泥路，到自行车、摩托车再而有家庭小汽车。居住从狭窄昏暗的泥砖杉皮屋到砖瓦房、钢筋水泥楼房，2016 年全村有 6 户、314 户分别建成一层、多层的钢筋混凝土楼房。2009 年被划定为省级贫困村，同年 9 月肇庆市人民政府经济研究室派遣工作组进村至 2012 年扶持脱贫。全村贫困户 25 户贫困人口 68 人按时全部脱贫，并帮扶 4 户危房户建起楼房。

四、罗密村

位于甘洒镇东部。村委会驻地木城寨距镇政府所在地 6 公里。总面积 23.12 平方公里，其中山地 3.13 万亩，有松、杉、杂木等山林，盛产松脂、茶叶、砂仁、山枝、麻竹笋等林副产品。朱崀咀山地有低含量的磷、黄金矿藏。松峙山顶上有古兵营遗址 1 处，属县级文物保护单位，村境山岗建有纪念黄凡元等烈士的革命烈士纪念碑 1 座，是县重点文物保护单位和革命传统教育基地。全村耕地 2711 亩，其中水田 1056 亩，种植水稻及其他经济作物。

2016 年，全村总人口 985 户 4333 人；特困户 24 人，低保户 32 户 87 人；革命烈属 8 户 55 人。

中华人民共和国成立后，罗密村人民开始新社会建设和新生活。1966—1976 年受"文化大革命"运动冲击，农林业生产发展减慢，水稻年亩产（两造）300～500 斤。1982 年实行家庭联产承包责任制后，群众自主生产，引种杂优水稻良种，年亩产（两造）1600 斤，1988 年甩掉吃"返销粮"帽子。2009 年起佛山南海区九江镇扶贫工作队进村，投资 10 万元入股甘洒镇平头滩水电站，投资 50 万元办养猪场 1 个，每年增加村集体经济收入 3.5 万元。2016 年全村水稻种植面积 1056 亩，总产量（两造）221.76 万斤；村民靠农林业收益和外出务工收入，人均可支配收入 1.13 万元。

1968 年在罗鸦山、峡坑村、双坎峙各处办林场 1 个，辟茶园基地 450 亩；20 世纪 70 年代分别在鱼坑、南村、峡坑办起林场 1 个，造林种茶为主，聘请广西平南县技术人员指导种植茯苓。1982 年解散林场，林地承包到户。1983 年兴办小山庄，村党支部书记黄招元带头辟建茶叶基地 30 多亩，村民邓兆柏、邓新增等分别种植砂仁 10 多亩。1975 年开通石梅至罗密六公祠林区公路，村民告别靠步行山道出行和靠蓄积山坑水放运木材的历史，村民黄敬良、黄学强、彭始相、彭照明等率先购置手扶拖拉机从事运输。20 世纪 60 年代后自行车、80 年代摩托车逐步进入农家。1999 年民营企业家开通罗密至甘洒、怀城客运专线，2004 年开通罗密至甘洒圩镇至怀城客运站的农村客运中巴，村民出行方便。2016 年，全村拥有个体运输货车 17 辆、摩托车 800 多辆、小轿车 200 多辆。2010 年起，上级扶贫单位投入资金进行村道硬底化改造，2016 年所有村道巷道实现硬底化并装照明灯。1962 年村民投工建成马嘴岭（下埇）拦河水坝水电站后，村民开始使用电力照明和进行农产品加工。1971年南村、峡坑村自筹资金分别建成水电站1座，解决南村和峡坑村部分农户用电问题。1978年县架通石梅至罗密村高压输变电线路，2012年全村用上南方电网供电，电饭煲、电冰箱、电风扇、电视机等家用电器进入农家。2013年，罗密村各农户开始饮用甘洒镇小竹鱼峡坑自来水。1957年开通甘洒至罗密邮路，1958年生产大队办公室安装手摇固定电话，1978年安装自动电话，2009年开始使用移动电话，2016年全村有程控电话用户300户、移动电话用户600多人。

中华人民共和国成立初期，村民居住祖辈传下的杉皮木棚屋，20世纪60—70年代，群众建造泥砖瓦房或青砖瓦房，1990年起有人建造钢筋水泥楼。2009年佛山南海九江镇扶贫工作队进村后帮扶贫困户60户发展种养业，并为30户危房户改造危房。同年起，整体搬迁地质灾害严重的松岗崀自然村，政府给予每户补助3万元建房资金，2010年搬迁户全部建成钢筋水泥楼房，2012年县政府又拨专款砌成山边防灾挡土墙。2016年全村有900多户建成一至二层或以上钢筋水泥楼，人均居住面积15平方米。中华人民共和国成立前，罗密村在文昌宫、宥孙祠、六公祠等处办私塾，1958年办罗密完全小学，1969年迁址寨坳墩新建校园校舍，2003年老区学校建设中扩建校舍，2016年全村适龄儿童入学率100%。70年代甘洒公社卫生院设立罗密村卫生医疗站，2003年起实行农村合作医疗保险制度，2016年村民参保率达98%以上。村委会办公楼内设公共服务大厅、科技讲座室、娱乐室、农家书屋，建有文体广场；实行生活垃圾定点收集，专业清运。

五、钱村村

位于甘洒镇东部。村委会驻地寨下坑口距镇政府驻地7公里。全村土地面积8.96平方公里，其中山地1.13万亩，耕地2169亩

（水田685亩）。2016年，全村总人口590户3061人，革命烈属3户14人；粮食总产30万斤；村集体经济收入5500元，村民人均可支配收入11230元。

中华人民共和国成立后，钱村群众开始新社会建设和新生活。1956年9月，全村人口100%加入农业合作社，后为人民公社下辖生产大队的生产队集体生产，种植水稻为主，年亩产400~600斤。1970年"农业学大寨"运动中开荒造田500多亩，后因缺水丢荒。1982实行家庭联产承包到户，解放生产力，并推广插植杂优水稻，年亩产1800~1900斤。该村向来经营林业，习惯于迹地更新造林兼种木薯、番薯、芋头、大薯或旱稻。1970年办大队林场，1976年在大坑、三坑、古镇、东塘洞等处办联队林场，推进造林，1978年解散林场。1982年划分"三山"后，群众兴办小山庄，发展种植、养殖业，富余劳力外出务工。2003年田宇公司进村先租赁山场营造桉树林，后租赁大坑、丁头坑种植清远甜竹笋和四会柑。中华人民共和国成立前夕至2007年，该村有建筑、烧砖瓦、竹木器制作、织麻布、裁缝、理发等手工业。2008年用上县电网电力后，全村开办碾米厂9间、锯板厂3间。20世纪50年代前期，设立供销合作社钱村分销店，方便群众日杂购物，1988年转由个体户承包经营后，陆续有人在村开办杂货店，2016年全村杂货店铺8家。

1973年前，钱村群众翻山越岭走羊肠小道出行。1974年开通钱村至樟油塘自然村机耕道路并通雨凌大队，开始改变出行条件。1980年开通石梅至钱村寨下村道，1999年伸延建设石梅至钱村道路并水泥硬底化。1987—2005年，建成村委会到金双自然村、村委会到谭坑、钱左、钱右自然村道路并水泥硬底化。1973年，金双自然村单个农户或联户建成微型水电站多座，发电使用于家庭照明。1974年续建水电站，钱村寨下、乌石头、钱左、钱右等自然村开始用电，1979 年架通石梅至钱村供电线路后，全村使用高压电网供电。1986 年有农户独自或联户架设管道引山泉水到家饮用，2016 年全体农户用上自来水。1952 年钱村安装首部电话，1958 年通邮，1999 年全村安装固定电话 10 多部，2000 年开始使用移动电话，2010 年开通有线电视，2016 年全村固定电话、移动电话用户各有 100 户、80 户，有线电视用户 580 户。明清时期，村内建有崇圣会馆为学堂，也称钱村学堂。民国 4 年（1915 年），钱村学堂改为钱村初等小学，1952 年改办为钱村完全小学，1968 年附设两年制初中班，1979 年撤销初中班。1983 年，金双、谭坑自然村办教学点各一。1997 年因山体滑坡致校舍为危房，易址建设钱村完全小学校园校舍，1998 年建成使用，1999 年冬获全国政协副主席叶选平题写"钱村完全小学"校名。2016 年，适龄儿童入学率达 100%，升学率 100%。1969 年，成立钱村大队合作医疗站，赤脚医生提供医疗服务，20 世纪 70 年代办大队药店。80 年代解散合作医疗站，2004 年开始实施新型农村合作医疗，2016 年全村参保率 100%。

20 世纪 60 年代末，村民餐食以粥、木薯、番薯、玉米粥为主。70 年代，随着粮食增产，并有国家统销粮、木材奖售粮、造林补助粮，而改善餐食。80 年代实行家庭联产承包责任制，村民积极生产加上优良品种插植，粮食增产，自给有余，逐步至每天一饭一粥或两餐大米饭，2016 年村民基本能每日两餐大米饭，九成农户每天或隔天有肉食蛋品佐餐。

20 世纪 50 年代初至 60 年代中后期，农民建泥砖瓦房居住，1992 年开始有人建造钢筋水泥楼房，至 2016 年全村有 300 户建一层、400 户建多层的钢筋水泥楼房，人均居住面积 15 平方米左右。1980 年，人们开始购买自行车代步出行，有人购置手扶拖拉机搞运输。1996 年村民钱用群自筹资金购买客车一台经营钱村至怀城客运，之后有人买进摩托车、小轿车。2016 年全村有摩托车、电动车用户 350 户，农用车 8 辆、小轿车 100 辆。2009 年该村被划为省级贫困村，肇庆市信息化局派出扶贫工作组于 2009 年 5 月至 2012 年 12 月进村扶持脱贫，先后给贫困户 11 户送猪苗 22 只、9 户送鸡苗 380 只以及生产等方面的扶助，扶持资金给 11 户进行危房改造，贫困户全部实现脱贫。

六、石梅村

位于甘洒镇东部。村委会驻地杨梅寨坳距镇政府驻地 3 公里。总面积 9.29 平方公里，其中山地 7755 亩，耕地 2540 亩（水田 1118 亩）。2016 年，全村总人口 875 户 4435 人，革命烈属 2 户 15 人。

中华人民共和国成立后，石梅村人民开始新建设和新生活。1956 年成立高级社 12 个，1958 年人民公社化后办公共食堂 7 个。历三年经济困难后，1962 年以生产队为单位恢复发展生产，种植水稻，一年两造，年亩产 400～600 斤。1970 年秋"农业学大寨"运动中开荒造田 300 多亩种粮。1982 年实行家庭联产承包责任制后，群众积极生产，种植杂优水稻，年亩增产 600～800 斤。又有人上山办小山庄或进行家庭饲养禽畜，富余劳力外出务工。该村习惯在迹地上造林兼种杂粮。1968 年办大队林场扩大造林，1971 年起办联队林场，种大竹、茶叶和育杉苗，经营一般为 30～40 亩茶园、60～100 亩笋竹地，1974 年秋办林业采育场，1978 年采育场解散。1982 年划分"三山"后，群众办小山庄种杉、果、茶叶、养鸡、鸭和利用坑垌筑鱼塘养鱼等，增加收入。2005 年、2009 年先后出租山场，引进客商种桉树。直至 20 世纪 70 年代中期，石梅大队有个别农户办理发、裁缝服务业。1979 年通电后寨坳、柯树坑、园麻等自然村各开办碾米加工厂 1 间、寨坳锯板厂

1 间。1975 年设立甘洒供销社石梅分销店，1998 年转制为私人经营。2016 年，全村有小商店 20 家，从业 40 人；总产粮食 99 万斤（水稻总产 88 万斤），人均产粮 2232 斤；全村经济收入 4932 万元，人均可支配收入 11120 元。

1975 年开通甘洒圩镇途经该村至南洞坑口的林区（森工）公路，石梅大队开始有公路，1997 年实现硬底化。2007 年完成铺设梗坳至旺春洞村道硬底化后继续推进建设，2016 年村委会驻地至各自然村道路全部实现硬底化。1969 年，石梅大队自筹资金建成黄梅坑水力发电站，生产队开始用电。1973 年续建石塘下水电站，1979 年公社供电线路架至石梅，石梅村村民开始使用直供电力。20 世纪 80 年代群众各家独户或联户架设塑料管接引山坑、山埇水到家饮用，2011 年甘洒镇自来水工程建成供水，石梅村村民改用镇供自来水。1957 年石梅开始通邮，1979 年开通手摇电话，1981 年开始使用自动电话，1990 年开始使用移动电话，2005 年移动电话信号覆盖全村，2016 年全村自动电话、移动电话用户各有 500 户、650 户。

中华人民共和国成立前，石梅各自然村均办学堂，1955 年政府在杨梅庙太公祠办小学一间，设一至二年级，1958 年改为完全小学，1983 年分别办柯树、园麻教学点。1997 年迁址建成石梅完全小学校园校舍，2000 年得香港热心人士捐助和各级教育部门支持建新教学楼，2010 年调整石梅完全小学为教学点，五年级以上学生到镇中心小学就读，2016 年全村适龄儿童入学率 100%，升学率 100%。1969 年成立石梅大队合作医疗站，赤脚医生为社员医疗服务，随后办石梅大队中草药店，20 世纪 80 年代解散合作医疗站建卫生站，甘洒公社卫生院派驻医生方便村民看病，2016 年石梅村有卫生所（站）5 间。

中华人民共和国成立前，石梅村穷苦人家餐食粥兼木薯、番薯等，穿破烂衣住破旧屋，20世纪50年代初至70年代中期生活渐有改善，餐食仍以粥为主，80年代加快提高生活水平，2016年群众餐食基本上以大米为主粮，九成半农户能每日吃两餐大米饭，八成多农户每天或隔天吃上肉或蛋类。1963—1978年比较多农民新建泥砖瓦房，人均居住面积约10平方米，20世纪90年代开始有农户建钢筋水泥结构楼房，2016年全村356户建有一层、614户建有两层或三层钢筋结构楼房，人均居住面积15~20平方米。1998年大部分农户都购买有自行车或摩托车，2006年钱村、罗密、南洞村开通途经石梅村客运中巴，石梅村群众出行方便。2009年石梅村被划为省级贫困村后，2010—2012年肇庆市城乡规划局派队驻村扶持脱贫，全村贫困户44户贫困人口140人经扶持帮助，全部实现脱贫。

七、金龙村

位于甘洒镇中心。村委会驻地设在甘洒圩镇街道，与甘洒镇政府大院相邻。地势高低起伏，山岭岗地相接；凤岗河和来自石梅村溪流在该村域汇合。全村总面积9.12平方公里，其中山地1.02万亩，有松、杉、杂木、竹子、三华李、柿子、板栗、茶叶等林木；耕地1756亩（其中水田780亩），种植水稻，兼种木薯、番薯、芋头、大薯、玉米等作物，是甘洒"六十日"黄菜主要产地。2016年，全村总人口788户3439人，革命烈属1户4人。

中华人民共和国成立后开始新社会建设，1956年群众加入高级社劳动生产，按劳分配，每个劳动日工值0.2~0.3元。1958年成立人民公社，不久经历三年经济困难，1962年起逐步恢复生产。1966年至70年代后期，冬田种植蚕豆、红花豆、紫云英，用其藤、梗、叶为春耕田底肥，水稻年亩产（两造）500~600斤。1982年实行家庭联产承包责任制，1985年全面推广种植杂优水稻良种，2016 年全村种植水稻 780 亩，年总产量（两造）124.8 万斤。1968 年办大队林场 2 个，种植茶叶 50 多亩、板栗 3~5 亩，1978 年林场解散。1982 年划分"三山"后，群众积极耕山，兴办小山庄，学堂坪自然村农户邓逸英在 70 亩小山庄上种果、种蕉、养鸡、养鸭、种茶叶等，年产值 1.5 万元，带头致富。群众又利用地处圩镇优势办个体碾米厂、木材加工厂等企业 72 家，其中村民邓乃玲自筹资金开办钢材厂 1 家，1993 年产值 100 多万元。2011 年部分村民与广东温氏集团公司合作，在山埇坡地辟养猪场饲养肉猪，每批 300 多头，年出栏两批产值 30 多万元。1990 年起，村民陆续到甘洒圩市开办早餐店、饮食店、理发店、杂货店营业。2016 年，全村在圩镇和外出经商人员 1200 人，村民靠农林业收益和外出经商、务工挣钱为收入，人均可支配收入 1.15 万元。

1972 年前金龙大队群众走羊肠小道和摆渡过河出行，1973 年建成横跨凤岗河的甘洒大桥，使圩镇与怀城至凤岗公路连接；此后随甘洒圩镇交通改进，该村出行相应方便。20 世纪 80 年代开通各自然村机耕道路，2005 年老区建设促进建成迴龙村过木埠口的钢筋水泥桥，至 2016 年各自然村村道基本实现硬底化。1973 年随着甘洒大桥架通，自行车开始进入农家，20 世纪 80 年代机动摩托车逐年增加，1988 年迴龙村开始有人购买手扶拖拉机营运、购买中巴汽车客运；1993 年村民邓玲购进金龙村首辆私家小汽车，至 2016 年全村共有小汽车用户 60 户。1972 年，金龙大队群众获平头滩水电站供给开始用电。20 世纪 90 年代农村电网改造后，村民用上南方电网安全、充足、稳定的电力，电饭煲、电冰箱、电风扇、电视机、空调机等家用电器逐步进入农民家庭。1955 年县邮政局投递邮路开通到村，20 世纪 70 年代开通手摇固定电话，1993 年安装程控电话和无线电话寻呼机，2013 年移动电话信号全覆盖，至 2016 年全村有移动电话用户 2100 户、程控电话用户 85 户。

中华人民共和国成立前，村民居住杉皮木棚屋、茅草泥砖房，20 世纪 50 年代中后期至 70 年代村民建设土木结构房屋，1984 年有人建造钢筋水泥楼，90 年代村民陆续建造成二至三层或以上钢筋混凝土结构楼房，至 2016 年全村建成一层、二至三层或以上的农户分别有 165 户、618 户，人均居住面积 15～20 平方米。1984 年金鼓村抽深井水以高水池蓄水向农户供水，2013 年开始饮用小竹鱼坑自来水。

中华人民共和国成立初期，迴龙寨（今平头巷）设小学 1 所，20 世纪 60 年代迁址建为金龙小学，1983 年建成钢筋水泥结构教学楼 1 座，并更名为甘洒中心小学。2003 年再次另址建造甘洒中心小学校舍，开设一至六年级 10 个班次，学生 350 人；同时利用原小学校舍开办甘洒中心幼儿园。实行九年义务教育，适龄儿童入学率 100%。20 世纪 70 年代从小布上坪村旧址搬迁甘洒卫生院到金龙大队金鼓村旁开业；2013 年起建立农村合作医疗保险制度，2016 年村民参保率 98% 以上。

八、小布村

位于甘洒镇西南部。村委会驻地小布下坪自然村距镇政府约 2.5 公里。土地总面积 4.81 平方公里，其中山地 7000 亩，耕地 1020 亩（水田 520 亩）。四面环山，高寨顶海拔 100 多米，为域内最高山；凤岗河沿村边顺流绕村长约 4 公里；面积 100 多亩的平坦田垌一片；有松、杉、竹子等山林。2016 年，全村总人口 384 户 1698 人，革命烈属 3 户 20 人。

中华人民共和国成立后，小布村村民开始新建设和新生活。20 世纪 50 年代历土改分田地、农业合作化、人民公社化，再而三年经济困难时期，1962 年开始以生产队为单位，种植以水稻为主，番薯、木薯次之，稻谷亩单产 400～500 斤，基本上旱涝保收；利用 50 多处山塘养鱼、放鸭，恢复经济，改善生活。1970 年在"农业学大寨"运动中开荒造田 300 多亩扩大种植面积，后因缺水逐年丢荒。1982 年实行家庭联产承包到户后，解放生产力，促进各项事业发展。推广种植杂优水稻，亩单产 800～900 斤，农户开始粮食自给有余。2016 年，全村总产粮食 150 万斤（稻谷 100 万斤）；村集体收入 3.2 万元；村民总收入 1922 万元，人均可支配收入 11120 元。

中华人民共和国成立初期，小布村村民行走泥土路外出，1988 年村民集资修通到甘洒圩镇公路而开始公路出行，随后硬底化。2014 年建成龙头大桥告别龙头渡口摆渡历史，2016 年铺设小布村至雨凌村的硬底化道路，与坳仔镇阶洞公路相通。村中大小巷道实现硬底化，路灯照明。1963 年获甘洒公社龙头水电站供输，小布大队开始用电，2000 年后使用县电网供电。中华人民共和国成立之初开始通邮，20 世纪 50 年代中期通电话，2016 年电信方便，村民家庭饮用甘洒镇自来水公司供输的自来水。2013 年建成二层的钢筋水泥结构村委会办公楼。2015 年获上级政府及有关单位扶持和村民集资投入，建成村文化楼，内设图书室、阅读室、多功能学习辅导室等。2017 年组建村广场舞团队。中华人民共和国成立前办有小布学堂，1958 年改为小布小学，办一、二年级，三年级以上到甘洒中心校就读。1966 年新建小布小学校舍，1988 年老区学校建设中建成钢筋水泥结构的教学大楼，设一至六年级，学生 180 多人。1970 年办小布合作医疗站，配备赤脚医生 2 人。1996 年全村共开设卫生医疗站 2 个，方便群众求医问药；2016 年新型农村合作医疗保险参保率达 100%。

中华人民共和国成立前，小布村贫穷村民日两餐吃粥为主，番薯、木薯充饥。1950 年初至 1963 年，粮食产量不高，不少家庭仍以粥兼杂粮为餐。1983 年逐步增加粮食，2016 年各家庭基本上每日两餐大米饭，八九成农户每天或隔天有肉食或蛋类佐餐。2000 年前村民住房以土木结构的泥砖屋为主，2000 年后逐步实现钢筋水泥结构楼房，2016 年全村 100% 农户住上钢筋水泥结构楼房，人均居住面积 20 平方米。1975 年开始有农户购买自行车，1985 年全村 90% 农户置有自行车出行，并有摩托车进入农户，2015 年 95% 的农户置有摩托车、开始有小轿车进入农家，2016 年全村约 15% 农户拥有小汽车。

九、雨凌村

位于甘洒镇西南部。村委会驻地大石蹦距镇政府驻地 4 公里。凤岗河越村南流往坳仔镇注入绥江。总面积 4.79 平方公里，其中山地 6165 亩，耕地 584 亩（水田 536 亩）。产松、杉、松脂、茶秆竹和砂仁、巴戟、山楂、山枝、茶叶等。种植双季水稻，兼种木薯、芋头、大薯、玉米、高粱等。2016 年，全村总人口 173 户956 人，革命烈属 1 户 24 人；村民人均可支配收入 12560 元。

中华人民共和国成立后，雨凌人民开始新建设和新生活。20 世纪 50 年代种田除人畜粪肥，又烧草木灰、割嫩草树叶肥田。60 年代中期起，冬种蚕豆、红花豆、紫云英，用梗叶作绿肥加良种良法，水稻夏秋每造亩产 400 斤左右。70 年代增加施用化肥，1978 年推广温室育秧，1986 年全面种植杂优水稻，每造亩产 800 ~1000 斤。2000 年后小型拖拉机耕地逐步取代役牛耕地，2016 年机耕比例达 80%。20 世纪 50 年代以来，林业生产习惯迹地更新造林，间种木薯、番薯、芋头或旱稻，砍伐销售松、杉木材，零星生产竹笋、冬菇、木耳、玉桂、三华李等；1968 年办大队林场。1982 年划分"三山"后，有农户利用山地、坑埇办小山庄搞种养，其中山地改种茶秆竹并发展成为林产要项，富余劳力外出务工。2016 年全村有茶秆竹林 1000 多亩，外出经商务工 500 多人。1982 年，有人在村中开办首家小商店，至 2016 年全村有小杂货铺 4 间。

1973 年，开通雨凌至小布村的森工公路，雨凌始有公路出行，人们开始购买自行车代步；2002 年开通雨凌坪至上屈龙中滩水电站公路，开通雨凌至坳仔镇坑口村林道；2005 年实现雨凌坪至龙中滩水电站公路硬底化，村民开始购买摩托车代步。2008 年，第四经济社有人第一个买进汽车搞货运，2009 年第一经济社有人第一个购置私家小汽车。2014 年实现雨凌至小布村道路硬底化，2015 年建成雨凌大桥，雨凌村出行难问题彻底解决。2016 年全村有农用汽车 3 辆，私家小汽车 63 辆。1967 年龙中滩水电站供电，雨凌村开始用电照明和电力碾米、饲料粉碎、木材加工；1974 年用上县电网的 24 小时供电至今。20 世纪 80 年代，有村民独户或几户集资架设塑料水管引山泉水入户饮用。

中华人民共和国成立前村内办有私塾，成立之初学童到下屈或上屈就读小学，1979 年开办雨凌小学，2003 年获老区破危学校改造扶持资金，搬迁学校至雨凌坪，建成钢筋水泥教学楼和教师宿舍，改造原校舍为村委会办公用房并设文化室、农家书屋等。20 世纪 70 年代建立大队合作医疗站，略为方便群众就医。中华人民共和国成立前，贫穷村民靠打长工、短工维持生计，一年得稻谷一二百斤，一家几口喝稀粥加木薯、番薯、玉米等充饥，难得吃上一顿米饭。20 世纪 50 年代初至 60 年代，村民日餐吃粥为主，过年过节吃上一顿米饭。20 世纪 70 年代获政府拨统销粮并有木材奖售粮、造林补助粮，逐渐改善生活。20 世纪 80 年代家庭联产承包到户加种植杂交稻，粮食增产，餐食向好，至 2016 年村民以大米为主粮，基本上每天有肉食佐餐。

中华人民共和国成立后，农户逐步改变杉皮泥砖木料搭建的简陋住房，建造青砖墙脚泥砖瓦面屋。其中1955年5月洪灾致崩塌倒毁房屋，1982年4月再遭百年一遇洪涝倒塌房屋，时任中共广东省委书记任仲夷一行到雨凌村视察指导救灾。两次重建家园均推进该村建造青砖墙脚泥砖瓦面屋。1985年第四经济社有人建成该村首座钢筋水泥楼房，续后至2016年全村共有7户、150户分别建成一层、多层的钢筋混凝土楼房，人均居住面积15～20平方米。农户普及使用电视机、电饭锅、电风扇，不少农户使用洗衣机、煤气灶、冰箱、空调机。2016年雨凌村被定为贫困村，核定贫困户19户57人，怀集县自来水公司派工作组驻村扶持。

第
四
节
坳仔镇老区村

一、鱼北村

坐落坳仔镇东北端。村委会驻地洽坑距镇政府驻地约 15 公里。域内最高山峰覃桑岭，海拔 482.6 米，山地面积 540 亩。有小河流一条，自农兴坑尾发源，从东向西流至洽坑与鱼南村小河交汇后流经坑口、阶洞、七甲汇入凤岗河。土地总面积 19.059 平方公里，山地面积 25558.5 亩，耕地面积 960 亩，其中旱地 200亩、水田 760 亩。2016 年，全村户籍人口 804 户 3728 人，革命烈属 1 户 6 人。

中华人民共和国成立前，大部分村民贫穷过苦日子。中华人民共和国成立后开始新社会建设和新生活，1964 年水稻种植面积700 亩，年产量 350 万斤，群众生活水平提高。同年发展副业，70% 的农户都养殖木薯蚕，因效益不高，1968 年全部停养改种茶叶、油茶、笋竹共 300 多亩。1970 年、1975 年全大队每年种植水稻 700 亩，年产量分别为 370 万斤、490 万斤。1970—1978 年强调"以粮为纲"，全大队种植木薯 1000 多亩产量 150 万斤，番薯500 亩产量 250 万斤，芋头 100 亩产量 1 万斤。20 世纪 80 年代初实行家庭联产承包责任制，1986 年试种杂优水稻，亩单产从原来500 多斤增为 1000 多斤，1990 年扩大面积种植，群众温饱问题得到解决。2016 年，全村粮食总产 160 万斤，其中水稻总产量 152

万斤，村民人均年收入 1.2 万元。

鱼北村是木材生产大村，1958—1980 年每年向国家交售木材 1000 多立方米。1964 年起办林场 4 个，专业造林、育林，1974 年开办大队林业采育场 1 个，经营面积 1000 多亩，主要造林、育林、砍伐等，1978 年停办。20 世纪 80 年代初划分林业"三山"，以家庭为经营单位促进林业生产的发展。1985 年开始发展茶秆竹种植，2016 年全村茶秆竹林面积 2 万亩，年产茶秆竹 60 万担（1 担＝50 公斤），收入 360 万元。2004 年，全村划定生态公益林面积 15135 亩。20 世纪 80 年代后期起，富余劳力外出务工并有人在佛山市大沥镇开厂加工经营木板、木方、木框等，2016 年鱼北村人在该镇开此类厂 10 家，其中在其凤池村有鱼坑木材加工一条街。

中华人民共和国成立前，鱼北村群众以泥土路出行，1977 年坳仔公社组织修筑开通七甲村三基塘至鱼坑公路，1978 年鱼北、鱼南两大队合力开通鱼北进入鱼南的泥土路后，鱼北、鱼南、坑口、阶洞、七甲、上洞的村间公路连通。2007 年硬底化三基塘至鱼北村道路，2008 年实现各村小组硬底化道路连通。20 世纪 50 年代初有步邮员邮递，2016 年摩托车隔天邮递。1952 年开通坳仔圩镇到上洞、七甲、阶洞、坑口至鱼北的手摇电话，1994 年程控电话开始进入农家，2000 年移动电话信号覆盖全村，2016 年全村有固定电话用户 20 多户、移动电话用户 2500 多户。1974 年泽联电站架设输电线路至各生产队，农户开始电灯照明和生产用电，2014 年坳仔供电所改造此残旧输电线路，提高供电安全性。1984 年有人铺设水管引用山泉水为自来水饮用，随后继续推进，2016 年全村 100% 家庭农户都用上自来水。1993 年有线电视开始入户，2016 年几乎 100% 农户安装、收看有线电视。2005 年村委会盖成办公楼，开设农家书屋等功能室，丰富群众文化生活。中华人民共和国成立前有村办小学一所，中华人民共和国成立后续办，1962 年办为鱼坑完全小学，1968 年附设初级中学，2005 年撤销该中学，并获上级拨款新建教学楼一幢。1957—1962 年办集体卫生所，1972 年办大队医疗站。2004 年新型农村合作医疗保险开始推行，2016 年新型农村合作医疗参加率 98% 以上，有医疗卫生所 4 间，改造资金来源均为个人出资。各级给予村医补助合计每年每村 1 万元。鱼北洽坑圩一直保留，2016 年该圩开设有各类商业零售、维修服务店铺 15 家，从业人员 15 人，年商业零售、维修等服务收入约 15 万元。

中华人民共和国成立前，鱼北村贫苦群众吃不饱，穿不暖。20 世纪 50 年代末以来，群众除自产粮食外，每年有上级造林补助粮 6 万斤、木材奖售粮 2 万斤、统销粮 20 万斤、救济粮 3000 斤维持生活，1988 年取消此类补助。1965—1976 年生产队人均月口粮稻谷 30 斤，1985 年各家人均口粮稻谷增至 50 斤，1994 年起群众粮食自给自足。中华人民共和国成立前贫苦者住土砖瓦房甚至住杉皮木棚屋，1974—1976 年大部分社员新建土砖瓦房，人均居住面积 18 平方米。1977—1982 年约 30% 农户建钢筋水泥楼房，2016 年全村 804 户中 760 多户建有楼房，人均居住面积 20 平方米以上。随生活向好，多种家用电器进入家庭，2016 年鱼北全村拥有家用电器的农户达 800 户。1977 年农民开始购买自行车，1983 年有人买进摩托车，2000 年 95% 农户购有摩托车。1983 年有人买进解放牌运输用汽车，2016 年全村有小车 210 辆，运输汽车家庭 60 户，三轮车家庭 11 户，摩托车家庭 750 户。2014 年开通农村客运公交车后，群众出行更方便。

二、鱼南村

坐落坳仔镇东北端。村委会驻地寨尾坳距离镇政府驻地 18 公里。最高山峰石达山，海拔 416 米，面积约 555 亩。小河从甲戍坑尾流到洽坑交汇鱼北村小河后经坑口、阶洞、七甲村汇入凤岗河。全村总面积 21.5 平方公里，其中山地 26637 亩，耕地 946 亩（旱地 310 亩，水田 636 亩）。2016 年，全村总人口 850 户 3972 人，革命烈属 3 户 22 人；村集体收入 0.7 万元，村民人均年收入 12025 元。

中华人民共和国成立之初，鱼南村群众开始新社会建设和新生活。1956 年高级社集体生产，水稻亩单产 400 斤左右，此后到 1965 年水田种植水稻为主，旱地种植木薯、番薯、玉米、芋头等 310 亩，补充主粮不足。常年山地种植木薯 1700 多亩，1978 年后逐年减少为年种植木薯 1000 多亩、番薯 300 多亩。20 世纪 80 年代初实行家庭联产承包责任制，调动群众生产积极性。1986 年开始试种、渐而推广种植杂优水稻，1994 年水稻单造亩产 1000 多斤，粮食自给自足；2016 年全村粮食总产 136.5 万斤，其中水稻总产量 124 万斤。

鱼南村是木材生产大村，1978 年以前每年上级分配商品木材生产任务 1000 多立方米。20 世纪 60 年代前期开始分自然片办林场 5 个，后又办大队青年林场，1974—1978 年办林业采育场，造林、育林、砍伐和发展副业。20 世纪 50—60 年代，获县森工部门支持，先后修建伐区简易林道共 10 多公里，方便木材运输。80 年代初划分"三山"后推进林业生产，1983 年 4 月鱼南大队青年林场获团省委、省林业厅授予"广东省青少年造林先进集体"称号。1985 年开始种植发展茶秆竹，2004 年开始划定生态公益林 15406.5 亩。2016 年共有茶秆竹林 2.08 万亩，年产茶秆竹 3 万多担，收入 180 多万元。1986 年起，较多青壮年务工，2016 年全村外出务工 1000 多人，其中从事商业服务 100 多人。1975 年开始办供销社分销店和杂货店，2016 年全村共有小卖店 12 家。1977 年开通三基塘至鱼坑道路，1978年鱼南与鱼北两大队合力开通鱼北洽坑至鱼南道路并连接鱼南上石小学泥土公路，方便群众出行。2007年，群众筹资加上级拨款，硬底化铺设三基塘至鱼坑公路，2010年完成鱼南村上石至甲成路段硬底化。

中华人民共和国成立前夕有步邮员邮递，中华人民共和国成立后改骑自行车、骑摩托车投递。1952年开通手摇电话，1994年开始程控电话，2006年移动电话信号覆盖全村域，2016年全村移动电话用户2000多户。1966年鱼南大队利用利见洼水陂建成水电站，开始电力加工农产品和照明，1974年全大队100%村寨用上泽联电站的供电，2014年坳仔供电所改造鱼南沿线输电线路后使用南方电网电力。1978年有人装管引山泉水为自来水到家饮用，2016年全村100%农户使用干净、卫生的山泉自来水。

1958—1992年有广播喇叭收听新闻节目，1993年开通有线电视后广播停用，2016年各农户家庭都安装收看有线电视。2007年建成村委会新办公楼后，设立文化图书等功能室，2016年建成鱼南村文化广场。1949年以前，鱼南村上石片办有民办小学1所。20世纪50年代初改为公办小学，1993年村民集资建成钢筋水泥结构教学楼1座。1960—1970年先后办起甲成小学和"六九"小学，此后调整布局，2016年有鱼南和甲成两个教学点。1957—1962年大队选送培训村卫生员为群众服务。1963—1975年大队开设卫生站，配备赤脚医生为群众提供简易治疗服务。2016年全村有医疗卫生所4间。2004年开始实施新型农村合作医疗，2016年全村参保率为98%。

中华人民共和国成立前，鱼南村大多数农民群众以吃粥、木薯、番薯、芋头为主，青黄不接时或碰到灾荒之年还要上山挖野菜、硬饭头、"黄狗头"等充饥。20世纪50—70年代，群众餐食以饭、粥为主，辅以木薯、番薯、芋头等，并靠国家的造林、木材生产补助粮以及国家统销粮过日子。80 年代初实行家庭联产承包责任制,各家各户勤于生产,插植杂交水稻增产粮食后,1994年农民吃饭问题达到自给自足。

中华人民共和国成立前鱼南村村民多住土砖瓦房,甚贫穷者住杉皮木棚屋。中华人民共和国成立后逐步改变居住条件,1970—1976 年多数村民新建土砖瓦房,1985 年后新建钢筋水泥楼,2016 年全村钢筋水泥楼房普及率达 95%,人均居住面积 20平方米以上,并有 50 多户村民进城购房居住。1983 年,甲六队、下石队分别有人买进本村第一辆摩托车、第一辆运输车,至 2016年村民购买有摩托车 780 辆,小车 260 辆,专营汽车运输家庭 25户。2015 年开通鱼南村至县城的农村客运公交车,方便村民出行。2000 年起更多农户使用家庭电器,2016 年全村家庭购置洗衣机的 330 户,电热器 668 户,电冰箱 580 户,消毒柜 700 户,95% 以上农户兼备石油液化气做饭,少数家庭用上空调。

三、七甲村

坐落坳仔镇西北端。村委会驻地阶洞圩距镇政府驻地 12 公里。村域内最高山鹅步顶,海拔 301 米,山地面积 672 亩,林木蓄积量约 3900 立方米。凤岗河从甘洒镇流入七甲村后流至象角口汇入绥江河。鱼坑水从鱼南、鱼北、坑口、阶洞一直从东向西经七甲村的竹付、连花汇入凤岗河。全村总面积 16.034 平方公里,其中山地 17970 亩,耕地面积 2962 亩(水田 1624.08 亩)。2016年,全村总人口 1069 户 4762 人;村集体收入 0.5 万元,村民人均收入 1.2 万元。

中华人民共和国成立后,七甲村人民开始新社会建设和新生活。1962—1966 年,生产队先后采用小段或村小组包干、"三定一奖"(定工种、定工分、定产量和超额奖励)、"三包一奖"

（包工、包产、包产量和超产奖励）等方式管理生产，调动社员生产积极性。1964年插植水稻1600亩，年总产量80万斤，1970年、1975年每年种植水稻1600亩，年总产量分别为96万斤、1120万斤。1976年群众的温饱问题还没有解决。20世纪60年代，全大队年种植木薯2000亩，番薯500亩，花生100亩，并有蔬菜、玉米等作物，1971年各生产队大种花生增加群众食油，1975年共种200亩。1964年开始全大队50%以上家庭户都养殖木薯蚕，后因综合效益差逐年减养，至1968年全部停养，转而种茶、笋竹、油茶等共500多亩。20世纪80年代初实行家庭联产承包责任制，群众发挥生产积极性。1986年试种杂优水稻，1990年大面积推广，粮食亩单产从原500斤增至1000多斤，群众温饱问题得到解决。2016年粮食总产量344.8万斤，其中水稻总产量324.8万斤。20世纪80年代末，七甲村富余劳动力陆续外出务工挣钱，2016年外出务工1500人，年总收入750多万元。

七甲村是林业生产村，中华人民共和国成立后加快造林，发展林业，20世纪60年代初落实生产队集体山林权后综合发展林业生产。1961年七甲大队共办林场4个，专业造林、育林，发展副业经济。80年代初划分林业"三山"后，农民积极发展林业经济，1985年起种植茶秆竹全村共1200多亩，2016年全村80%以上的山场均种茶秆竹，年产茶秆竹420万担，收入2520万元左右。竹付队至象角队的河两岸年产篙竹10万多枝，收入40多万元。20世纪50年代后期至80年代前期，七甲村每年给国家上调木材500立方米。2004年全村划定生态公益林874亩，每年领补助金，2016年共获补助金18791元。

该村近风岗河边有阶洞圩，清朝晚期开始发展商业，1949年前一度是怀集县第二区区公所驻地，开设有邮政、电话分局。1954年设立供销社门市部经营。20世纪80年代初恢复发展个体商业经营，至2016年共有商铺15间，从事商业人员15人。

1959年七甲大队开始有广播收听，1993年随着电视发展而广播停播。1959年开始有农村电影放映队不定期来放映电影，后来七甲大队自置电影放映机放映。2004年七甲村委会于村办公楼二楼开办文化室，其后设立泽联片农村图书室、沙坪村文化室等。中华人民共和国成立初期，将村中的义塾学堂开办为七甲完全小学，1967年择址新建校园，1994年普及九年义务教育，2000年获上级拨款建成钢筋水泥教学楼2栋。2016年有小学一至六年级，学生150人，教师9人，学生入学率100%，升学率100%。中华人民共和国成立前七甲村群众缺医少药，中华人民共和国成立初有泽联坪中医医生黄光芬1人，阶洞圩中药店1家。1957—1962年有经培训的大队卫生员方便社员治病，1962—1975年有队医和赤脚医生，2016年有村医卫生站4个。2004年开始推行新型农村合作医疗，2016年全村参保率95%。

1996年之前，七甲村村民行走泥土路、田埂和涉水渡河，出行不便。1997年阶洞圩至竹付村道路硬底化，2014年阶洞圩至七甲入口处的村道、勿滩至泽联村道、七甲村至白象片道路、阶洞圩经大亨（渡头村）至渡头大桥的道路全部硬底化。其公路可直达怀城。1996年群众集资加泽联电站出资建成七甲村委会门前通往大布坪简易的跨凤岗河钢筋水泥大桥，2014年洪水冲垮后重建。1949年以前有步邮员投递，20世纪50年代初以自行车送邮，2016年为摩托车送邮。1952年开通手摇电话，1994年始用程控电话，1997年始用移动电话，2016年全村自动电话用户197户、移动电话用户2500户。1971年7月七甲大队开始使用泽联电站电力，2015年坳仔供电所改造七甲村的输电旧线路后更安全用电，2016年全村有电动碾米机10台，电动脱粒机100台。1983年，泽联坪有人接管引水源埇泉水到家饮用之始，随后相仿接续，

2016 年全村农户都用上卫生、清洁的自来山泉水。

中华人民共和国成立前七甲村贫苦农民缺衣少食，1950—1956 年土地改革，互助生产，增加粮食，人民生活有所好转。20 世纪 50 年代末起，群众自己种植水稻、木薯、番薯等粮食，也靠政府每年给予的造林补助粮 4 万斤、木材奖售粮 1 万斤、统销粮 25 万斤、救济粮 5000 斤维持生活。1965—1976 年生产队集体分配人均月口粮稻谷 20 多斤，1985 年人均月口粮稻谷 50 斤，1988 年取消造林、木材粮食补助。1994 年大种杂交水稻提高产量，群众粮食开始自给有余。中华人民共和国成立后七甲村村民逐步改变居住环境，1970—1976 年众多村民建造土砖瓦新房，人均面积 20 平方米左右；1985 年开始建造钢筋水泥楼房，2016 年普及至 99% 以上家庭，人均面积 20～30 平方米，并有 100 多户进城购房居住。2015 年开始扶持五保户建房共 4 户，扶持资金 9.2 万元。2016 年全村拥有家庭电器 3169 台，其中洗衣机 800 台、电热水器 1069 台、电冰箱 700 台、消毒柜 600 台。70% 家庭兼备使用液化石油气。1977 年开始有第一辆自行车，20 世纪 80 年代有人购进村内首辆嘉陵牌摩托车、首辆运输汽车。2016 年全村拥有小车 250 户 250 辆、运输车 11 户 11 辆。2014 年开通怀城至七甲的农村客运公交班车，村民出行更方便。

四、阶洞村

坐落坳仔镇北端。村委会驻地阶洞寨中心距镇政府驻地 12 公里。山多田少，几处田垌，是坳仔镇人口居住最集中的村。域内珠坑塘埇尾山岭，海拔约 260 米，山地面积 432 亩，有松、竹子、杂木等林木，活立木蓄积量约 2366 立方米。小河从鱼南、鱼北、坑口、阶洞至七甲村汇流凤岗河。全村总面积 6.78 平方公里，山地 7323 亩，耕地 899 亩，其中水田 650 亩。2016 年，全村总人口

527 户 2464 人。

中华人民共和国成立后，阶洞村人民开始新社会建设。1958年秋"大跃进"中，村里 100 名劳力到中洲挑运铁矿石回村大炼钢铁。1962 年落实农村政策，调动社员生产积极性。1964 年早造试用尼龙膜覆盖育秧，种植水稻 600 亩，总产量 18 万斤，平均亩单产 300 斤，1970 年、1975 年每年种植 635 亩，年总产量分别为 22 万斤、23 万斤。1976 年群众温饱问题还没解决。1978 年早造试验温室无土育秧和水稻根外施肥，种植 635 亩，总产量 25 万斤，增产 10%。1982 年实行家庭联产承包责任制，各家各户粮食生产、经济收入俱增收。1986 年试种杂优水稻，1990 年全村都种植杂交水稻，单造亩产 1000 多斤，群众温饱问题得到解决。阶洞村富余劳力尤其是青壮年开始外出务工，2016 年全村粮食总产量140 万斤，其中稻谷 130 万斤；外出务工 800 多人，其中从事商业服务 300 多人，年收入 4000 多万元；村集体收入 0.16 万元，村民人均年收入 12045 元。

1955 年以来，阶洞村平均每年可获造林补助粮、木材奖售粮各约 1 万斤。1962 年明确山林权归生产队集体后，各生产队推进林业生产。1964 年成立大队林场，1975 年办阶洞大队林业采育场，专业造林、抚育、砍伐，在山塘、石古埇、乌地塝等山地造林 2000 多亩。1978 年停办林业采育场。20 世纪 80 年代初划分"三山"，1985 年开始，阶洞村开始发展茶秆竹，2016 年全村有茶秆竹林 7000 亩，年产茶秆竹 21 万担，收入 126 万元。2004 年开始划定生态公益林建设，2016 年面积 7326 亩，获补助 15.75 万元。20 世纪 80 年代有村民开办腐竹加工厂 1 家，年产腐竹 2000斤，收入 4 万多元。随后推进相继办有 5 家，2016 年全村有加工、商业服务点 11 家。

1988 年阶洞村村民出行仍走泥土小道，1989 年上洞至甘洒上屈公路开通，因途经阶洞，该村开始有公路。1997 年上述公路硬底化，之后推进村内道路和水泥路建设，2016 年村民小组之间道路全部硬底化。1949 年以前有步邮员送邮到村，中华人民共和国成立后至 2016 年保持畅通。1952 年开通手摇电话，1994 年始使用程控电话，1997 年开始使用移动电话，2016 年全村有固定电话33 台、移动电话用户 1200 多户。1963 年观仓坪水电站建成，社员开始用电碾米、照明，但因电力不足，每晚只供应电照明 1 小时，1972 年改用泽联电站电网电力，2015 年改造升级高压输电线路后用电得到安全、保证。1968 年八队有村民架管引用山泉水到家饮用，2013 年村委会投资建成百花坑水库，提供自来水供应全村 300 多户，2016 年 100% 家庭用上洁净自来水。阶洞村群众有过年舞狮习俗。1958 年村民开始有喇叭广播收听，1959—1990 年有农村电影观看，1993 年随着广播电视事业发展停用广播，开始收看电视，2016 年所有农户都收看有线电视。2007 年群众集资加上级扶持，建成篮球场、文化室、图书室等。中华人民共和国成立前夕有民办小学 1 间，中华人民共和国成立后开办公立阶洞小学，并多次修葺建设校舍，2003 年群众集资加老区建设学校扶持，建成建筑面积 416 平方米、二层 8 间教室的钢筋水泥教学楼 1座，2016 年在校生 224 人，入学率 100%，升学率 100%。1957—1962 年办村卫生所方便群众简易就诊。1963—1975 年办大队医疗站，20 世纪 80 年代初改办为私人诊所。2004 年开始实施新型农村合作医疗，村民参保率约占 50%，以后逐年增加。2016 年全村卫生站 3 间，新型农村合作医疗参保率为 98%。

1949 年以前阶洞村群众吃不饱、穿不暖，1950—1956 年开始新社会生活，群众的饥饿问题得到解决；1965—1976 年，群众口粮依赖生产队分配，人均月口粮主粮 20 斤左右，外加杂粮，餐食以饭、粥为主，辅以木薯、番薯、芋头等。随着发展，1985 年群众粮食每人月约 70 斤，1990 年种植杂交水稻增产，村民粮食逐步实现自给自足，2016 年村民实现粮食自给有余。1950—1976 年村民改造低矮狭窄土砖房，新建泥砖瓦房，1977 年开始有人建钢筋水泥楼房，2016 年全村 527 户中 500 多户建有钢筋水泥楼房，人均居住面积 20 平方米以上。1977 年开始有人购买自行车，1983 年先后有人买进阶洞村第一辆摩托车和运输汽车，2000 年基本上每户都有自行车，2005 年 95% 的农户有摩托车，2016 年全村有运输汽车 10 辆，小车 140 辆。2010 年后村村通公路、村村通公交车，并增加使用家电和改柴火为厨用石油液化气，2016 年使用石油液化气户为总户数的 60%，每一户都拥有家用电器，其中洗衣机 130 台，电热水器 500 台，电冰箱 300 台，消毒柜 410 台。

第五节 诗洞镇老区村

一、安南村

位于诗洞镇东部。村委会驻地双吉自然村距镇政府驻地 5 公里。该村的柱埋山海拔 120 米,是村域内最高峰,方圆 400 米。有商平河、白土河、南利河三河流聚琴报村前再流往仁和村。土地总面积 27.11 平方公里,其中山地 34116 亩,有林地 24429 亩,水田 1176 亩,旱地面积 3240 亩。2016 年,全村总人口 1192 户 4461 人,革命烈属 4 户 46 人。

中华人民共和国成立初期至 1978 年,安南村农业生产以种植水稻为主,兼种玉米、番薯、木薯、芋头和花生等,每亩单产 500 斤,同时进行山塘养鱼。1979—2000 年实行家庭联产承包责任制,群众发挥积极性,水稻推广杂优播种,单造亩产量提高到 700 斤。2001—2016 年,继续以农为主种植水稻兼种玉米、番薯、木薯、芋头、花生等作物和山塘养鱼,其中改进耕作技术和全面种植杂交水稻,每亩单季产量提高至 750 斤。20 世纪 80 年代初,开始出现家庭小作坊生产腐竹、切粉、酿酒和家具制作等,村内有个体小卖部。2001 年起有制衣的家庭小作坊,经营最早的村民植秀驱带动至 2016 年全村共有家庭小作坊 4 家、工人 20 人,人均年收入 3 万元。是年,全村生产稻谷 160 万斤、玉米 20 万斤、木薯 20 万斤、番薯 20 万斤、花生 5 万斤,村民人均收入 1.2

万元。

中华人民共和国成立前，安南村到诗洞圩镇的道路是崎岖小路，途经琴报村琴星坑，再过诗洞村南汶才抵达圩镇，各自然村往来走山脚下弯曲小路。1975年开通该村到诗洞圩镇的泥土大道，2012年政府投资改建为水泥路，并建成自然村水泥路互通。1955年开始通邮，1988年各自然村基本实现通邮。1998年开通有线电话，2008年使用移动电话，2016年基本上各户都用固定电话或移动电话。1973年后建成南平、南利和安福等水电站，琴报等10个自然村开始电力加工农产品和照明，1997年获得诗洞南双水电站供电，2000年起使用大电网供电。1998年起50%村民开始饮用自来水，后经村民集资建设，2016年安南村的所有农户饮用自来山泉水。

中华人民共和国成立前，安南村村民有唱山歌（唱南歌）、舞狮等习俗。中华人民共和国成立后，逐步有乡村电影、唱时代歌曲等文娱活动，1988年电视机进入村民家庭，1992年开始收看有线电视，至2016年有广场舞、舞狮、歌唱比赛等活动。1920年安南村有小学2间，中华人民共和国成立后推进发展，1958年安南村和仁和村合建仁安小学1间，2016年改造该校舍并增添设备，学生入学率100%。1970年建立安南大队医疗站，配备赤脚医生，2008年开始参加农村合作医疗保险，2016年参保率为99%。

中华人民共和国成立前，农民吃不饱、穿不暖，生活困苦。中华人民共和国成立后逐步改善，1952—1978年基本上是每日三顿两粥一饭或三顿粥食加杂粮，温饱问题未解决。20世纪80年代初实行家庭联产承包责任制，增产粮食，1985年村民每日粥、番薯、玉米、白饭等混合就餐，温饱问题基本得到解决。至2016年，村民靠外出务工（占劳力总数的70%）和在家务农（占劳力总数的30%）挣收入，人均年收入1.2万元。2009年该村贫困户人均年收入1000元，2016贫困户17户，完成危房改造16户，贫困户人均年收入1.1万元。1988年村民开始修筑改建个人住房，2000年90%以上村民住上土砖瓦房，2005年开始有人建造钢筋水泥楼房，2016年98%以上的农户住上钢筋水泥楼房，人均住房面积40平方米。1970年前村民外出仍然步行，1975年起有村民购买自行车代步，1985年有村民购用摩托车，1990年有村民购买拖拉机搞运输，2006年有人购进汽车，2016年全村有大小汽车80多辆，出行大为方便。

二、仁和村

位于诗洞镇东北部。村委会驻地富雅自然村距镇政府驻地6公里左右。域内最高山岭南岭山海拔150米，方圆450米。有自安南村流经仁和村再流向永固朝进村小河一条。全村土地总面积18.33平方公里，其中山地20146.2亩、耕地2115.5亩（水田2000.5亩）。山地有松树、杉树、桉树、杂木等资源。2016年，全村总人口790户5637人，革命烈属4户56人。

中华人民共和国成立初至1978年仍种植水稻兼种玉米、番薯、木薯、芋头等。1956年水稻年亩产500多斤，之后改进技术采用良种，1966年亩产700多斤。此后至1978年，推广良种和科学种田，年亩产800多斤。同时各个生产队利用山塘养鱼，饲养耕牛8~10头，派出8~10个年轻力壮劳力搞砍伐木材等副业，所得收入50%上交生产队。社员劳动分配，一个劳动日工值0.3~0.5元分红，一个劳动力年收入100~200元。20世纪80年代初实行家庭联产承包责任制，全面种植丰产杂优水稻，1990年亩产1000斤以上。同时一般家庭都饲养几只到十几只鸡或鸭和一到两头猪或牛，有家庭蒸酒小作坊2家，出现个体小卖部。农闲时，劳力做木材砍伐、水泥建筑，富余劳力外出务工。2000 年后基本保持种养业，部分山塘出租，租金归经济社所有，水稻早稻亩产提高至 800 斤。2016 年，留家务农劳力减少，全村停耕农田 100多亩；种植水稻 1735.58 亩，年产量 138 万斤；村民人均年收入1.1 万元。20 世纪 50 年代推进林业生产，1965 年办大队林场，进行集体造林护林，1978 年解散。80 年代初划定"三山"后一直至 2016 年俱各家经营。

2000 年扩建到圩镇的泥土路为大道，并建成村内多个自然村的水泥路，2016 年六麦、水边、双众、高运 4 个自然村未实现村道硬底化。1955 年开始通邮，2016 年所有自然村均通邮。1990年开始通固定电话，1996 年使用自动电话，2016 年基本上每户都用固定电话或移动电话。1964 年建成仁和大队首座水电站，全大队农户开始用电照明，生产队用电加工农产品。1987 年有村民安装村内第一家简易微型电站后有人陆续相仿，最多时全村有 40 多家，使用县电网供电后弃用。1999 年开始有村民架设管道引山泉水到户饮用，2016 年全村 100% 农户饮用管道引来山泉水。1975年安装广播喇叭，1979 年办文化夜校，1980 年设立图书室，1990年开始有电视收看，之后转为收看有线电视，2016 年利用村办公楼房设立文化室、农家书屋等。1948 年仁和村利用庙宇办有六钱学校、大桐庙学校，1958 年在六麦村设立水边小学，1993 年上级政府 100% 出资，拓宽校园，建成钢筋水泥教学楼，2016 年该小学开办一至六年级，有学生 80 人、教师 8 人；学生入学率 80%，初中升学率 100%，高中升学率 30%。20 世纪 50 年代开始有医生在乡村巡医，1972 年大队开办合作医疗站，配备赤脚医生服务，1980 年后转制停办。1990 年成立仁和村第一个卫生站，2005 年村民开始参加农村合作医疗保险，2016 年参保率达 80%。

中华人民共和国成立前，该村贫苦村民一日三餐以木薯、番薯、玉米等粗杂粮为主，食不果腹。中华人民共和国成立后逐步改善，1978 年解除饥饿但温饱未能解决。实行改革开放后加快改善生活水平，1983 年每日以木薯、番薯、玉米、白饭等混合就餐，1995 年后以大米为主粮；2016 年村民以外出务工（占劳力总数的60%）或在家务农（占劳力总数的40%）作收入，每天以米饭、鱼、肉等食物混合就餐。1950—1952 年开始改变简陋木棚或破烂土砖房，较多村民建起土砖瓦房，1970 年 90% 以上农户住上新建泥砖瓦房，1995 年开始有人建造钢筋水泥楼房，2016 年90% 以上农户均住钢筋混凝土楼房，人均居住面积 20 平方米。是年，该村贫困户 38 户，完成贫困危房改造 16 户，获得发送猪、牛等禽畜幼苗或加入村保洁队劳动获得收入的扶持，贫困户人均年收入从 2013 年的 1000 元提高到 3000 元。

三、云田村

位于诗洞镇东南部。村委会驻地云田村距镇政府驻地 22 公里。村东的分界顶山峰海拔 800 米，村北的六堂山寨岭海拔 600 米，发源于沉花界山的沉花洼河溪经云田村流往健丰村。全村总面积23.12 平方公里，其中山地面积 21350 亩，耕地面积 465 亩（水田面积 340 亩）。2016 年，全村人口 167 户1129 人。

中华人民共和国成立后，云田村人民翻身做主人，1958 年成立人民公社后兴修水利，至 1971 年解决了稻田干旱问题，到2016 年全村建成山塘水库 20 个，灌溉水田面积 50 多亩。1949 年早稻亩产 190 斤，晚稻亩产 170 斤；1956 年早稻亩产 235 斤，晚稻亩产 217 斤；1966 年早稻亩产 382 斤，晚稻亩产 306 斤。1982—2016 年家庭联产承包责任制中，种杂优品种，改进栽培和管理技术，粮食产量提高，1978 年早稻亩产 400 斤，1980 年亩产500 斤，2016 年亩产 1200 多斤，年总产量 21 万多斤，兼种玉米、番薯、木薯、芋头、花生等，农民温饱问题获得解决。有 2 户 3 人率先开办家庭小作坊加工制作腐竹、米酒等，人均年收入 1.5 万元。2016 年全村有 5 户 10 人从事腐竹、米酒加工小作坊，人均年收入 3 万元。各自然村家庭承包山地种松、种杉，每年生产松脂 10 多万斤，2016 年全村有生态公益林 4965 亩，年收入公益款 10 多万元。发展家庭养殖业，家家户户饲养鸡、鸭、猪、牛等，有人开办饮食服务业、商品小卖部等，富余劳动力进城务工。2016 年，村民靠发展农林种养业收益和外出务工收入，人均年收入 1.02 万元。

中华人民共和国成立前，云田村村民翻山越岭走羊肠小道与邻村往来。1978 年建成通往诗洞圩镇的泥土公路，2009 年村民集资投工和政府拨款投资，铺设通往圩镇公路的村道硬底化，2016 年除大坪自然村尚有 2.25 公里泥土路外，各自然村均实现村道硬底化。1998 年村委会和一些农家开始使用程控电话，2007 年开通移动电话。1975 年村民投工建成小型水力发电站供群众家庭照明，1980 年扩建加大水电站装机容量，解决群众农产品加工用电，2007 年引进外地开发商沿线供电，2016 年通过农村电网改造，全村实现 24 小时通电用电。1989 年开始，部分村民在家中安装手动水泵抽取地下水饮用，1995 年架设塑料水管引山泉水到户饮用，至 2016 年 100% 农户饮用清洁山泉水。1959 年设立云田村小学，2002 年在老区建设推进中获扶持，迁址村西面公路边新建校园，并获中共广东省委原书记林若亲笔题写校名。实行九年义务教育，适龄儿童入学率 100%。2009 年建成村委会公共服务中心大楼，内设文化娱乐室、农家书屋、农科讲座室等。20 世纪 80 年代有农村流动电影队到村放映，1995 年开始家庭收看电视，2015 年 80% 的农户收看有线电视。20 世纪 70 年代生产大队有赤脚医生为群众巡医，1996 年建立村卫生站 1 个，配备 1 名村医；

2005 年村民开始参加农村合作医疗，2016 年参保率达 95%。1970 年开始，村民互助印制泥土砖和采伐木材，拆除简陋木棚屋，建造泥砖瓦房，1998 年先富农户建成钢筋水泥楼房，从此带动全村泥砖房改造，随后肇庆市国土局和肇庆高新区规划局等扶贫单位帮扶 35 户贫困户完成危房改造，2016 年 80% 村民住上钢筋水泥楼，人均居住面积 25 平方米。全村 60% 农户购买摩托车、18% 家庭购买小轿车。

四、六苏村

位于诗洞镇西北部。村委会驻地寨门自然村距镇政府所在地 6 公里。村东双炭山海拔 120 米，是域内高峰。六苏河从村委会前流往万诗村汇入诗洞河。全村总面积 16.36 平方公里，山地面积 20931 亩，种植松、杉、桉树和杂木林为主，耕地面积 961 亩，种植水稻，兼种玉米、木薯、番薯、花生等作物。2016 年，全村总人口 560 户 3068 人，革命烈属 1 户 4 人。

六苏村 1949 年种植水稻年亩产（双造）345 斤，1956 年亩产500 斤，1966 年亩产 670 斤。20 世纪 80 年代初实行家庭联产承包责任制后至 2000 年，改良水稻品种，改进栽培技术，水稻年亩产800 多斤。2001 年推广种植杂优水稻，产量连年提高，2016 年年亩产 1600 斤，兼种的玉米、番薯、木薯、芋头、花生也获好收成。1983 年制作腐竹、豆腐和手工制衣等小作坊开始出现，并恢复祖传的"六苏土纸"工艺，个体小卖部应运而生，至 2016 年全村有小作坊 5 家，从业 10 多人，人均年收入 3 万元。1979 年以前，生产大队办有林场 2 个，1980 年各经济社分山地山林给村民家庭承包经营。2016 年，全村生产稻谷 90 万斤、玉米 0.7 万斤、木薯 2.3 万斤、番薯 1.3 万斤、花生 0.6 万斤；村民靠农林产业收益和外出务工收入，人均可支配收入 1.02 万元。

中华人民共和国成立之初，六苏村群众出行靠走崎岖山道，1998 年建成通往诗洞圩镇的泥土村道，2005 年村民集资 35%，政府投资 65% 的资金，铺设泥土村道为硬底化公路。2013 年在政府推进革命老区建设中获扶贫单位帮扶加快道路建设，2016 年实现自然村村道硬底化。1980 年起，村民陆续购买自行车代步和载运使用，1989 年 40% 的村民购买摩托车，1993 年手扶拖拉机进入农户，用于耕种和运输；2006 年起先富村民购买使用货运汽车和小轿车。2014 年村委会和部分村民安装程控电话，2016 年全村青壮年基本都使用移动电话。1950—1952 年，村民开始拆除杉皮木棚屋建设泥砖房，至 20 世纪 70 年代人均居住面积 15 平方米。2000 年起有村民建设钢筋水泥楼，之后进行危房改造，帮扶 14 户贫困户建成一至二层水泥楼房，至 2016 年全村 90% 以上农户住上钢筋水泥楼，人均居住面积 30 平方米。1999 年六苏村获诗洞镇水电站供电，村民开始电灯照明；2000 年完成农村电网改造，该村实现 24 小时通电，碾米机、粉碎机、电风扇等进入农家。是年，村民开始安装塑料水管引山泉水到家饮用。20 世纪 80 年代有农村流动电影队进村放映，2003 年农户开始收看有线电视，村委会建成村民公共服务中心，内设农家书屋、科技讲座室等，并建成村文体广场。20 世纪 50 年代创办六苏小学，2016 年改建砖瓦房教室为钢筋水泥教学楼，图书阅览室、乒乓球室、篮球场、运动场、电脑等设施设备配套齐全。实施九年义务教育，适龄儿童入学率 100%。1988 年在凤对自然村建立第一个卫生站，2001 年开始推行农村合作医疗保险，2016 年全村有卫生医疗站 2 个，80% 的村民参加农村合作医疗保险。村内生活垃圾集中堆放、清运。肇庆高新区进村帮扶贫困户共 14 户，脱贫 1 户，余未脱贫户人均年收入 3000 ~ 7000 元。孤儿、残疾人、五保老人、复退军人、60 岁以上老人均享受国家政策生活补贴。

五、实源村

位于诗洞镇西北部。村委会驻地由胜自然村距镇政府所在地6公里。村东隅的双实山海拔120米。三合水河自西向东经由胜自然村汇流诗洞河。全村总面积14.275平方公里，山地1.2万亩，种植松、杉、桉树和杂木林为主，山林中有竹笋、木耳、药材等野生植物，穿山甲、箭猪、山猪、黄猄、果子狸、石蛤等野生动物偶见行踪。耕地1250亩，其中水田1025亩，种植水稻，兼种玉米、木薯、番薯、花生等。2016年，全村总人口298户2125人，革命烈属3户47人。

中华人民共和国成立后，实源村人民开始新社会建设和新生活。农村集体开通灌溉水渠，平整深耕水田600多亩。1969—1970年筑起大小山塘水库60多个，灌溉农田又养鱼。20世纪70年代"农业学大寨"运动中开垦梯田80多亩进行种植。1978年以前水稻年亩产600斤左右。80年代初实行家庭联产承包责任制，调动群众积极性。1980年水稻年亩产1100斤，1986年开始种植杂优水稻提高产量，2016年稻谷年亩产（两造）1500斤，但随着农村青壮年外出务工，全村约有45亩水田处于荒废状态。1963年，大队抽调青年民兵开办林场，在荒山、残林山上造林。20世纪80年代，一部分山林由经济社发给农户承包，一部分仍属村委会集体所有，2016年引进外商承包山地种植桉树林，面积900亩。1980年村内开始有人办制作腐竹、豆腐小作坊2家，从业人员3人。之后陆续办起制衣、家具等加工小作坊5家，从业人员10人，并有个体小卖部9间。2016年，村民靠农林种养收益和外出务工收入，人均可支配收入1.1万元。

中华人民共和国成立初期，村民靠翻山越岭步行崎岖山道到诗洞圩镇，然后肩挑背扛将生活用品运回家中。1970年村民献工筑成泥土村道，1972 年有村民购买手扶拖拉机从事运输业，富裕家庭购买自行车代步和载运。1987 年村民集资加上级的老区建设资金扶持，铺成长 5 公里的硬底化村道，随后各自然村村民筹款加扶贫单位帮扶修成硬底化总里程 5 公里的村道，2015 年除天堂自然村 6 公里以及连接东北隅万诗村的泥泞小路外，其余 5 个自然村均完成村道硬底化。1997 年货运汽车进入村内，结束竹木产品靠河溪蓄水放运的历史。2000 年后各农户均购有摩托车，2005 年开始小轿车进入农家。1986 年管理区办公室开始安装固定电话，1996 年有村民家庭使用程控电话，2016 年 90% 的家庭使用程控电话或移动电话。1962 年诗洞公社南双水电站建成发电后，实源村 90% 农户开始电灯照明；1999 年诗洞镇完成大电网设置后，实源村实现 24 小时通电。2008 年开始，村民使用小型脱粒机、碾米机、粉碎机等加工农产品，电饭煲、电冰箱、洗衣机、空调等家电进入农家。1985 年开始有村民家中安装手动水泵抽取饮用地下水，1992 年开始有人架设塑料水管引山泉水到家饮用，2016 年所有农户均用上清洁卫生的山泉水。

中华人民共和国成立前夕村中办有私塾学校，1952 年村办文化夜校扫除文盲，并在由胜自然村开办实源小学，1993 年获革命老区建设资金，建成钢筋水泥教学楼 1 座，开设一至六年级。2006 年起实行九年义务教育，适龄儿童入学率 100%。20 世纪 70 年代生产队安装广播喇叭，村民可收听广播，1984 年有流动电影队到村放映，1987 年开始有人自家安装天线接收信号收看电视，2008 年有线电视进村入户，村民收看到 5 套以上电视节目。2014 年肇庆高新区扶贫单位帮扶建成村委会办公楼，内设科技讲座室、文化娱乐室和农家书屋等。1958 年设立村卫生站，"文化大革命"开始后不久撤销，20 世纪 70 年代恢复并配备赤脚医生，1995 年配备村医。2005 年开始实施农村合作医疗保险制度，95% 的村民购买医保。2010年上级卫生部门拨款建成村卫生站用房1间。2014年开始生活垃圾定点堆放、清运。

1953年开始，90%以上农户拆除杉皮木棚屋建造泥砖瓦房，人均居住面积12平方米。1994年开始有人建造钢筋水泥楼，2013年政府拨款补助村中25户贫困户改造危房，2016年80%的农户住上钢筋水泥楼房，人均居住面积23平方米。1976年开始有村民购买自行车出行，1983年逐步被机动摩托车替代；1972年有村民使用手扶拖拉机耕种和从事运输业。2016年全村有摩托车、货运汽车和小轿车共265辆。上级扶贫单位帮扶，贫困户人均年收入3000元，烈属、孤儿、残疾人、五保老人、复退军人、60岁以上老人享受国家补贴。

六、金沙村

位于诗洞镇西部。村委会驻地金沙村，距镇政府13公里。村南面4公里处的石根山是诗洞镇的较高山，海拔1200多米。两条小溪经该村流过。全村总面积13.52平方公里，其中山地9061亩，耕地1457亩（水田727亩）。2016年，全村总人口364户2358人，革命烈属3户37人。

中华人民共和国成立前，贫苦村民多以租种地主田地和山场打工为生。中华人民共和国成立后开始新生产和新生活。种植水稻，兼种玉米、番薯、木薯、芋头等，有村民进行山塘养鱼。20世纪50年代后期逐步改变水稻种子低劣和耕作粗放问题，年亩产360斤，此后尤其是80年代优化种子改进耕作，水稻年亩产1000斤左右，2010年之后年总产水稻约30万公斤、番薯1.2万公斤、木薯1万公斤、玉米0.8万公斤、花生约0.5万公斤，花芋头约1万公斤。

中华人民共和国成立前，金沙村到圩镇途经山路，邻村往来是泥土小道。1967 年建成金沙大队到圩镇的泥土大道，2008 年改建成硬底化水泥路，2016 年除田心、沙劣两自然村外，其余各村均建成硬底化水泥村道。1955 年开始通邮，1996 年开通电话，2001 年开始使用程控电话，2016 年基本上各农户都使用固定电话或移动电话。1972 年，金沙大队建成首座电站即金沙学校电站，供电给马盼塘自然村。1976 年后相继建成南坑水电站、平岗水电站、李屋林屋水电站、石脚水电站、罗坪水电站，扩大范围供电。20 世纪 80 年代后期村民自建微型水电站共 68 座解决家庭照明，90 年代全部弃用。2000 年诗洞镇架成县电网，金沙村 80% 村民家庭通电，2001 年供电实现全村覆盖。2006 年开发商在南坑村投资建成金沙水力发电站，正常运营。

金沙村村民有舞狮娱乐习俗，20 世纪 50 年代有乡村民歌文娱活动，1958 年开办文化夜校。1968 年电影队到村放映，1988 年个别农家购买电视机收看电视，2013 年开通有线电视，2014 年建成农家书屋，至 2016 年逢年过节舞狮和举行篮球比赛等。1948 年有村办金沙小学，中华人民共和国成立后续办，1980 年起开办小学一至六年级，2001 年建成钢筋水泥结构教学楼 1 座，2016 年设有电脑室、图书室，学生入学率 100%。20 世纪 60 年代开始有乡村医生出诊，2006 年建立金沙村首个卫生站，医务人员 1 人。2003 年村民开始参加新型农村合作医疗，2016 年参保覆盖面为90%。1983 年部分村民开始家中打井抽取地下水饮用，1992 年有村民集资架设管道引山泉水到家饮用，2016 年 100% 村民饮用上清洁山泉水。

中华人民共和国成立前，金沙村农民每天三顿分别是番薯、木薯、粥，食不果腹。中华人民共和国成立后逐步改善，至 1978 年仍是主粮不足杂粮相补，日以吃粥及吃木薯、番薯、玉米等为餐，1983 年起每日番薯、玉米、米饭等混合就餐，20 世纪 90 年代起粮食自足，2010年后每天基本米饭、蔬菜、肉食用餐。1968年村民开始建造土砖瓦房，1978年50%以上的农户住上土砖瓦房，人均居住面积10平方米。1995年开始有农户建造钢筋水泥楼房，2016年90%的农户住上钢筋水泥楼房，人均居住面积约20平方米。1980年开始有村民购买自行车代步兼以载运，1990年有人购用摩托车，1991年有人购买拖拉机运输或顺便载人，2006年有人购买汽车使用。1966—1978年生产队年终每一劳动力分红100~200元，20世纪80年代村民开始发展家庭副业、服务业和富余劳动力外出务工增加家庭收入。2016年，65%村民外出务工，35%在家务农，人均年收入1.05万元。全村贫困户19户，完成危房改造3户，上级扶贫单位扶持12户，贫困户人均年收入从扶持前的1000元提高到3000元。

七、龙凤村

由原新凤管理区、双凤管理区组成。位于诗洞镇西南部。村委会驻地力竹自然村距镇政府驻地4.5公里。村南有秋峰金鸡山、七星岩两高山，俱海拔650米以上，方圆1700米。有自金沙村、丰安村经该村流往诗洞河的小河两条。村域总面积23.38平方公里，其中山地26562亩，耕地2463亩（水田1598亩）。有杉木、松树、竹、杂木等资源，产稻谷、玉米、木薯、红薯、花生、香芋等。2016年，全村总人口1162户6973人，革命烈属2户3人。

龙凤村种植水稻，兼种玉米、番薯、木薯、芋头等，20世纪50年代前期水稻年亩产400斤，后来优化种子，改进耕作，水稻年亩产800斤左右。80年代初实行家庭联产承包责任制后，农户勤耕，并改良品种、改进栽培和管理技术，1986年年亩产1100多斤。2016年，全村总产稻谷90万斤、玉米2.1万斤、木薯3.1万斤、番薯3.5万斤、花生5000斤。1966年，龙凤村分别有龙华、凤华、凤苑、双砧自然村用水碓加工粮食，2016年全部电力碾米。1963年开办大队林场，集体造林和护林。改革开放后不久，各经济社将部分山地给农户承包。1980年后，有人开始个体家庭加工、发展服务业，2016年全村有制衣、腐竹、豆腐、家具生产等小作坊17家，从业26人，杂货店铺27家，五金维修7家。

1968年龙凤村仍然步行山路到诗洞圩镇，走小路往来邻村。1969年筑成龙凤大队到诗洞圩镇的平坦土路，2006年群众集资和上级资金支持，铺设为硬底化水泥路。1955年开始通邮到村，1986年开通电话，1996年开始使用程控电话，2016年基本上各农户都用上固定电话或移动电话。1973年各生产队集资建成龙凤大队首座水电站，全大队60%农户用上电灯照明，1999年诗洞镇完成电网改造，龙凤村村民开始24小时均可用电。该村有对唱民歌和舞狮习俗，1958年开办文化夜校，1984年有乡村电影放映，1987年有人购买电视机收看电视，2008年开通有线电视。1952年开办龙凤小学，1993年获上级出资建成龙凤村双新、双砧、龙华小学的钢筋水泥教学楼，2016年3所小学俱设一至六年级，适龄儿童入学率100%。20世纪60年代后期开始有乡村医生（赤脚医生）方便社员求医治病，1995年建成龙凤村第一个村卫生站，医疗人员1人。2005年村民开始购买新型农村合作医疗，2016年参保覆盖面95%。1985年开始有村民在家中打井抽取饮用地下水，1992年开始有村民架设管道引山泉水到家饮用，2016年100%农户饮用清洁山泉水。

中华人民共和国成立前，龙凤村农民靠吃粥和吃木薯、番薯、玉米等粗杂粮为餐，食不果腹。20世纪50年代初至70年代末，集体分配口粮，主粮不足，兼用杂粮，发展到1983年为木薯、番薯、玉米、白饭等混合就餐，1994年左右解决温饱问题。2000年后每天以米饭、菜蔬、肉食等为食。1953 年村民开始改造简陋木棚或破烂土砖房，新建土砖瓦房，人均居住面积 12 平方米。1994年个别农户开始建钢筋水泥楼，2016 年 80% 农户都住上钢筋水泥楼，人均居住面积 21 平方米。1976 年起不断有人购用自行车代步出行和运载，1983 年开始有人购用摩托车，2006 年起有家庭买进汽车。2016 年，全村五保户 25 户，低保户人口 17 人，政府予以扶持帮助。是年，完成贫困户危房改造 64 户，贫困户 65 户获上级扶贫单位扶持，人均年收入从扶持前的 1000 元提高至 3000元，广大村民人均年收入 1.02 万元。

八、健丰村

位于诗洞镇西南部。村委会驻地范屋自然村距镇政府驻地 12公里。村域总面积 34.05 平方公里，其中山地 26954 亩，耕地1154 亩（水田 875 亩）。有杉木、松树、竹、杂木和黄蜡石、矿泉水等资源，产稻谷、玉米、木薯，盛产香芋、番薯、花生等。2016 年，全村总人口 376 户 2938 人。

中华人民共和国成立后开始新社会建设和新生活。20 世纪 50年代末水稻亩产 380 斤左右，1978 年为 800 斤。实行家庭联产承包责任制后，农户精心耕作，1986 年推广种植杂优水稻，90 年代水稻年亩产 900 多斤。2016 年全村生产稻谷 50 万斤、玉米 0.8 万斤、木薯 6 万斤、番薯 1.5 万斤、花生 0.95 万斤；人均年收入1.05 万元。

1967 年修筑村寨道路，随即建成到诗洞圩镇的泥土大道，2008 年铺成硬底化水泥路，2016 年村内除付洲、黄坭介、何屋三自然村，其余村的村民集资建成可互通的水泥路。1955 年开始通邮到村，1996 年开通电话，2001 年开通自动电话，2016 年基本上各户都用上固定电话或移动电话。1972 年建成该大队第一座电站——健丰水电站，向大塘、范屋、付洲、水足口等自然村供电。接着继续建造，到1976年分别建成佛仔村水电站、黄学塘水电站、大江水电站、范屋水电站、健丰一级电站。20世纪80年代后期全村建有农家微型水电站16座发电自用。2000年诗洞镇获县电网供电后，全村80%村民使用县电网供电，2001年覆盖全村通电。

健丰村有舞狮习俗，1968年开始有乡村电影放映，1988年有农户购买电视机收看电视，2013年开通有线电视，2016年有舞狮、篮球比赛等活动。中华人民共和国成立前夕有健丰小学，中华人民共和国成立后续办，1970年扩建校园，2002年建成钢筋水泥结构楼房2栋；2016年开设一至六年级，适龄儿童入学率100%。20世纪60年代后期办大队医疗站，1978年解散；2007年建立村卫生站，村民可请医上门看病。2003年开始推行新型农村合作医疗，2016年参保覆盖面90%。1983年有人开始改饮用河溪水或家中打井抽取地下水饮用；1992年部分村民开始架设管道引山泉水到家饮用，2016年100%村民饮用上清洁山泉水。

中华人民共和国成立前，健丰村贫苦农民食不果腹，住低矮破烂杉皮屋。中华人民共和国成立后逐步改善生活水平，至1978年生产队集体分配口粮，主粮不足，杂粮相补，每天三顿番薯、木薯和粥饭相参，至1983年每日粥、番薯、玉米、米饭等混合就餐，间隔20天左右一顿肉食，1994年左右粮食丰产增收，村民粮食自给自足。2000年后每天米饭、蔬菜、肉食相用。1968年村民开始修造新居，1978年50%以上的村民住上新建土砖瓦房，人均居住面积10平方米。1995年开始有人建造钢筋水泥楼，2016年全村90%村民都住上钢筋水泥楼，人均居住面积约20平方米。1975年开始有人购用自行车代步以及运载，1987年开始有人购用摩托车，2016年有运输汽车8辆、小轿车78辆。2016年全村贫困户45户，完成危房改造3户，俱获脱贫扶持，其人均年收入从此前1000元提高到4000元。

九、万诗村

位于诗洞镇西北部。村委会驻地距镇政府驻地5公里。处丘陵地带，地势西高东低。东临诗洞河，西有婆奇介山海拔138米。全村总面积14.49平方公里，其中山地14880亩，种植松、杉、桉树和杂木林为主；耕地2981亩（水田2300亩），种植水稻，兼种玉米、花生、木薯、番薯等。2016年，全村总人口976户7163人，革命烈属2户32人。

中华人民共和国成立后，万诗村人民开始新社会建设。水稻年亩产（两造）1949年为550斤，1956年为750斤，1966年为950斤，1980年为1100多斤。20世纪80年代初实行家庭联产承包责任制，1986年起推广种植杂优水稻，至2016年亩产1600斤。2016年，全村生产稻谷140万斤、玉米14万斤、木薯28万斤、番薯7万斤、花生5万斤；村民办有腐竹、豆腐等小作坊12家，从业38人，人均年收入3万多元；部分村民从事建筑业、运输业、编织箩筐、承包山林、承包山塘养鱼等；家庭饲养猪、牛、鸡、鸭自用或出售；村民靠发展农林种养业收益和外出进城务工收入，年人均可支配收入1.1万元。

中华人民共和国成立初期，村民出行趁圩走羊肠小道，1968年生产大队组织劳力筑成泥土路，1987年扩建成泥土沙石村道，2006年村民集资加上级交通部门拨款，铺成水泥硬底化道路。2014年村民集资、扶贫单位帮扶，开始修建自然村硬底化村道，2016年14个自然村建成水泥硬底化村道，双黎、平沙、双彩3个自然村1.5公里泥土路待修。1972年生产队开始使用手扶拖拉机，1976年开始有村民购买使用自行车，1983年起陆续有村民购买摩托车，2006 年开始出现家庭私人汽车。20 世纪 60 年代群众开始改造简陋杉皮木棚屋或破旧泥砖屋，新建泥砖瓦房，至 70 年代 90% 以上农户住上泥砖瓦房，人均居住面积 12 平方米；1994 年开始有村民建造钢筋水泥楼，至 2016 年 80% 家庭住上钢筋水泥楼房，人均居住面积 23 平方米。1962 年诗洞公社建成南双水电站供电，村民开始电灯照明；1968 年建成双黎水电站后供电各自然村；1999 年开始使用大电网供电，村民实现 24 小时用电，碾米机、粉碎机、脱粒机、抽水机等正常使用。1992 年村民安装塑料水管接引山泉水到家饮用。1955 年开始通邮到村，1995 年开通固定电话，1998 年使用程控电话，2008 年开始使用移动电话，至 2016 年，不少农户使用电冰箱、电风扇、洗衣机、电饭煲等电器。

1965 年、1967 年、2010 年逐次办农村文化室、办文化夜校、农家书屋。1984 年起农村流动电影队进村放映，1988 年开始有黑白电视机以天线接收信号收看电视，1996 年开通有线电视，彩电陆续进入农户。2016 年，肇庆市高新区扶贫单位帮扶建成村委会办公楼，内设科技讲座室、图书室、娱乐室等。20 世纪 50 年代创办万诗寨心村福禄小学，后更名为万诗完全小学，2005 年 5 月获革命老区学校建设资助，择址新建校园，2016 年学校占地面积 8000 多平方米，建筑面积 920 平方米。金龙自然村办有万田教学点，方便附近乡村小学生就读。实行九年义务教育，适龄儿童入学率 100%。1961 年建立该大队首个卫生站，至 2016 年全村设有医疗卫生站 3 个；生活垃圾定点堆放、清运。2003 年起推行新型农村合作医疗，2016 年村民参保覆盖面 95% 以上。全村贫困户 50 户中完成危房改造 8 户；扶贫单位帮扶发展种养业 20 户，受助后每户人均年收入 3000 元。

十、中和村

位于诗洞镇北部,诗洞河下游。村委会驻地距镇政府驻地3公里。该村东边沉疾山是域内高山,海拔110米,面积160亩。诗洞河经该村流向永固镇。土地总面积10.56平方公里,其中山地11910亩,耕地760亩(水田698亩)。有松树、杉树、桉树、杂木等资源,种植稻谷,兼种玉米、木薯、番薯、花生等。2016年,全村总人口565户3412人,革命烈属1户26人。

中华人民共和国成立之初至1978年,农业种植水稻,兼种玉米、番薯、木薯、芋头等,生产队集体利用山塘养鱼,各家庭年饲养1~2头猪。1949年、1956年早稻亩产分别为191斤、254斤,继续改良种子和推广新技术,1966年亩产为393斤。社员参加集体劳动分红,一个劳动日工值0.3~0.5元,每一劳力年底结算收入为120~200元,1978年群众的温饱问题还没解决。1982实行家庭联产承包责任制,农户精心耕耘,改良品种,改进栽培和管理技术,1978年、1980年早稻亩产各为490斤、540斤。同时,一般家庭户都饲养几只到十几只鸡或鸭、一到两头猪或牛;出现腐竹、豆腐家庭小作坊各1家,从业3人,人均年收入2万元;富余劳力外出务工,自然村有个体小卖部方便群众购物;2000—2016年,种植杂交水稻,兼种玉米、番薯、木薯、芋头等。因劳力外出务工,2016年65亩田地弃耕,早稻亩产700斤,生产稻谷88万斤、玉米0.3万斤、木薯1.1万斤、番薯1.2万斤、花生0.2万斤。1963年,中和大队办南泼林场和双标林场进行造林和护林,1980年后山地山林部分分到各农户承包,部分由经济社集体经营,至2016年不变。

至1961年,中和村仍步行泥土路到诗洞圩镇,以泥土小路往来邻村。1962年建成到达圩镇的沙土大道,1995年获上级投资改建为水泥路。2006—2013年，各村集体和个人集资加上级补贴，铺设自然村硬底化道路。1955年开始通邮到村，持续至2016年各自然村通邮。1986年安装固定电话到村，1995年使用自动电话，至2016年基本上每户都用上固定电话或移动电话。1962年诗洞公社南双水电站建成发电，中和大队80%农户获供电照明，1999年诗洞镇完成大电网输电工程，中和村开始实现24小时通电。1985年开始有村民在家中安装手摇泵抽取地下水饮用，1993年有村民架设塑料水管引山泉水到家饮用，至2016年100%家庭饮用上洁净山泉水。该村有唱山歌、舞狮等习俗。1953年开办文化夜校扫盲，1954年出现广播筒广播，1964年开始收听喇叭广播，1983年开始有乡村电影放映，1987年有人在家中收看黑白电视，2008年开通有线电视，2010年上级扶贫单位支持建成村委会钢筋水泥办公楼，内设文化室、农家书屋等方便群众学习。20世纪50年代初因陋就简开办村小学，2002年新建教学楼1座，2011年7月慈善家捐款和政府拨款再建新教学楼，2016年学校服务半径1公里，学区人口1万多人。中华人民共和国成立前中和村群众缺医缺药，1958年开办村内医疗室，20世纪60年代中后期设立大队医疗站，有赤脚医生服务群众，1996年建立中和村卫生站。2005年村民开始参加新型农村合作医疗。2016年有个体乡医卫生站2个，医疗人员2人，村民参保覆盖面95%。

中华人民共和国成立前，中和村贫苦农民基本上早餐吃番薯、木薯等杂粮，午晚两餐吃木薯、番薯加玉米等粗杂粮，食不果腹，住矮小破烂木棚屋。中华人民共和国成立后逐步改善，但仍受温饱问题困扰。1982年实行家庭联产承包责任制，农民增加生产，开始木薯、番薯、玉米、白饭等混合就餐，每间隔10天一顿肉食，温饱问题基本解决。此后至2016年村民形成外出务工（占劳力总数的65%）或在家务农（占劳力总数的35%）为主要收入，人均年收入 1.15 万元，每天米饭、蔬菜和肉品等餐食。1950—1952 年，村民初步改造简陋木棚或破烂土砖房，20 世纪 70 年代 92% 以上村民住上土砖泥瓦房，人均居住面积 15 平方米；1994 年开始有人建造钢筋水泥楼房，至 2016 年 80% 以上村民都住上钢筋水泥楼，人均居住面积 25 平方米。1972 年中和大队购进手扶拖拉机使用，1976 年村民陆续购用自行车代步或载运货物，1983 年有村民买进使用摩托车，2006 年起有人购用汽车，至 2016 年全村有家庭用运输汽车、小轿车各 30 辆、55 辆。是年，上级扶贫单位扶持贫困户 25 户，人均年收入从扶持前的 1000 元增至 3000 元；贫困户危房改造 13 户，完成 12 户。

十一、金华村

位于诗洞镇北部。村委会驻地距镇府驻地 1.2 公里。土地面积 8.53 平方公里，其中山地 12468 亩，耕地（水田、旱地）1118 亩。成片的田垌有越功垌面积 120 亩、婆婆垌面积 138 亩、神天垌面积 115 亩、石牛垌面积 85 亩、六近垌面积 158 亩。主要有松树、杉树、桉树、杂木等资源，种植稻谷，兼种玉米、木薯、番薯、花生等农作物。2016 年，全村总人口 632 户 3940 人。

中华人民共和国成立后村民开始新社会建设和新生活，1955 年农业合作化后开始集体生产，1982 年实行家庭联产承包责任制，1983 年解决温饱问题，1986 年推广杂优水稻。进入 21 世纪，耕牛逐步减少，以小型拖拉机耕地，2016 年机耕占比 95% 以上，全村种植稻谷 500 亩，总产量（单造）28 万斤，产玉米 0.5 万斤、木薯 1.2 万斤、番薯 1.4 万斤、花生 1.5 万斤。1985 年后青壮年陆续外出务工，2016 年 60% 以上的劳力外出务工挣钱，成为村民收入主要来源。是年，村民人均年收入 1.1 万元。20 世纪 80 年代起，村内出现制衣、腐竹、豆腐等家庭小作坊，至 2016 年共有 10 家，从业人员 20 人。各自然村有个体小卖部多家，方便群众购物。

中华人民共和国成立前，金华村以泥沙路通诗洞圩镇，以小路或田埂往来各自然村。1962 年，途经金华大队的诗洞公路开通，1995 年改建为水泥路。20 世纪 50 年代开始修筑自然村道路，2015 年地形自然村每户集资 1500 元以及获扶贫单位大旺高新区扶持建成 3 公里的入村水泥路，2016 年在建其余自然村道。1971 年开始有生产队的手扶拖拉机用作耕田或运输，1975 年起陆续有村民购买自行车代步兼做运输，1983 年有人购用摩托车后逐步普及，2006 年起小汽车进入村民家庭。1978 年诗洞中学水电站建成后该大队开始用电，2000 年开始使用大电网供电。1946 年该村有地形小学、地告小学、石牛小学，中华人民共和国成立后因陋就简创办金华小学，2001 年发展校园总面积 1.5 万平方米，建成建筑面积 1500 平方米的钢筋水泥教学楼，2012 年完备设置，开设一至六年级，学生入学率 100%。2015 年政府拨款建造村卫生站；2016 年 95% 以上村民参加新型农村合作医疗。20 世纪 50—80 年代，群众逐步建造青砖墙脚的泥砖墙木桁瓦面屋，人均居住面积 12 平方米。1992 年开始出现个别的钢筋水泥楼房，至 2016 年 90% 以上的村民都住上钢筋水泥楼，人均居住面积 30 平方米，家家用上自来水，基本每户都有电视机、电饭锅、洗衣机、电风扇等电器；青壮年和部分老人使用移动电话。2012 年，扶贫单位肇庆市高新区出资 18 万元建成村委会办公楼。2009 年金华村核定贫困户 33 户，均得到扶贫单位肇庆市高新区扶助，贫困户年人均收入从 2009 年 1000 元提高到 2012 年 3000 元，经扶持当年 9 户脱贫，8 户贫困户在政府资助下建起楼房。

十二、凤艳村

位于诗洞镇南部，六龙坑河下游。村委会驻地其山自然村距镇政府驻地 4 公里。总面积 28 平方公里，其中山地 25305 亩，有松树、杉树、桉树、杂木等山林资源；耕地 2492 亩（水田 1430 亩），种植稻谷，兼种玉米、木薯、番薯、花生等。2016 年，全村总人口 533 户 3740 人，革命烈属 20 户 311 人。

中华人民共和国成立后开始新社会建设，随着改进耕作技术，使用优良种子、化肥农药，逐年提高稻谷年亩产，1949 年、1956 年、1966 年和 1978 年亩产各为 370 斤、495 斤、737 斤与 900 多斤，1980 年为 1000 多斤。此后继续提高，2016 年拖拉机耕地率为 95%，年亩产 1400 多斤，生产玉米 0.8 万斤、木薯 1 万斤、番薯 0.5 万斤和花生 0.3 万斤；村民人均年收入 1.1 万元。1972 年凤艳大队购进首台手扶拖拉机作机耕或运载货物，20 世纪 80 年代后期村民开办家庭作坊，至 2016 年有制衣、腐竹、豆腐、家具等个体加工小企业 9 家，从业 18 人，人均年收入 3 万元；各自然村有个体小商店，方便村民购买日杂用品。

中华人民共和国成立前，凤艳村到诗洞圩镇为泥土路，1962 年扩建成沙土大道，1995 年铺设成水泥路。2015 年，村民集资加国家补助修自然村小路为水泥路，占自然村道路总里程的 74%。1969 年建成凤艳水电站和石泼水电站，村民开始有电灯照明和电力碾米，1999 年架成大电网输电线路后实现 24 小时通电。1992 年有村民架设塑料水管接引山泉水到家饮用。中华人民共和国成立前夕，有大东小学、凤艳小学、上坪小学，中华人民共和国成立后续办。1993 年建造学校钢筋水泥楼房，随后调整学校布局，2016 年保留大东小学、凤艳小学，俱设置一至六年级，学生入学率 100%。20 世纪 50 年代开始促进医疗卫生事业，2010 年上级拨款建成村医务用房，2016 年有村卫生站 1 个，医疗人员 2 人。20 世纪 50 年代至 1978 年，群众参加集体生产经营，一个劳动日工值 0.5 元左右，年人均分配约 80 元，生活水平逐步提高。80 年代实行家庭联产承包责任制，各家庭积极生产多打粮食，群众温饱问题加快解决。2016 年，该村村民以外出务工（占劳力总数的60%）或在家务农以及农闲打散工（占劳力总数的 40%）为主要收入，人均年收入 1.2 万元。20 世纪 70 年代，陆续有村民购买自行车代步和用以运载。1984 年有村民购买驾用摩托车，2006 年开始有家庭小汽车，2016 年全村分别有摩托车、运输汽车和小轿车490 辆、9 辆和 65 辆。1994 年有村民新建钢筋水泥楼房，2016 年80% 以上的村民都住上钢筋水泥楼房。1995 年政府出资 5 万多元建造 100 平方米村委会办公楼。2009 年上级派来单位扶持贫困户23 户脱贫，完成贫困户危房改造 17 户。

十三、六龙村

位于诗洞镇西南部。村委会驻地距镇政府驻地 13 公里。总面积 13 平方公里，其中山地 1.3 万亩，有松树、杉树、桉树、杂木等山林，耕地 750 亩（水田 710 亩），种植稻谷，兼种玉米、木薯、番薯、花生、马铃薯等。2016 年，全村总人口 350 户2300 人。

中华人民共和国成立后，开始新社会建设和新时代生活。1965 年健体片、八斗片和渔汕片分别修筑水坝蓄水灌溉农田和水力发电，开始电灯照明。1974 年，生产队集体建成健体水电站发电，健体生产队 100% 群众用上电，1999 年接通县电网后使用安全稳定电力。2016 年，农业以水稻种植为主，5% 以下牛耕，余用轻型农机耕作。有村民承包山场种植柑橘，劳力有 60% 外出务工、近 40% 在家务农乃至闲时兼做建筑工、手工织花、帮人砍竹木等散工。

1971 年前行走窄小泥路对外往来，1972 年生产大队组织集体人力拓宽原小路为大道，2000 年"公路大会战"中改造成沙石公路，2006 年铺设为水泥路，2012 年自然村村道全部硬底化。1974 年开始有村民购买自行车代步，1972 年生产队开始使用手扶拖拉机耕作以及运输，1993 年有人买驾摩托车至 2000 年普遍使用，2006 年有人购买汽车使用，2016 年全村拥有摩托车、运输汽车和小轿车的家庭各为 330 户、10 户和 52 户。六龙村村民有干活时唱山歌、过年舞狮等习俗。20 世纪 80 年代有村民购买黑白电视机收看电视，90 年代逐步购用彩色电视机，2000 年开始收看有线电视。1986 年开通有线电话，20 世纪 90 年代末普及程控电话，21 世纪开始使用电脑、手机至普及。

中华人民共和国成立前，健体、八斗、渔汕各片都办有私塾。中华人民共和国成立后续办小学，提高入学率。1972 年选址林屋村建造瓦屋教室，五年学制开设一至五年级，学生升学率 70%。1988 年新选址建造六龙小学，2003 年建筑钢筋水泥教学楼，2016 年学生入学率 100%。1958 年，开始建立六龙大队卫生站，20 世纪 60 年代中期后各片区均配备赤脚医生，1995 年设立健体片第一个村卫生站，2005 年开始推行新型农村合作医疗，2016 年村民参保覆盖面 95%。1986 年有村民开始改挑河水、井水为在家使用手泵抽取井水饮用，1996 年开始架设塑料水管接引山泉水饮用，2016 年全部农户使用自来水。2011 年肇庆市财政局帮扶六龙村脱贫，给各贫困户发放猪苗 1 头或幼牛 1 头饲养，投资 30 多万元建成二层总面积 350 平方米的村委会办公楼，并投资入股基隆公司在仁和村的渔业经营，将股份分红作为村集体收入。肇庆市高新区出资扶助贫困户和五保户盖红砖楼房，发送猪、牛、家禽种苗，并协助就业。2016 年村民人均年收入 1.2 万元。

十四、健营村

位于诗洞镇西南部。村委会驻地距镇政府驻地 7 公里。四面环山，丘陵为主，村子坐落山间谷地，房屋多数沿山脚坪地而建。主要山岭有"双必山""猪头山"等，海拔约 350 米。六龙坑河、健德河在双进自然村与近勃自然村交界处汇聚流向凤艳村。土地总面积 19.8 平方公里，其中山地面积 20142 亩，耕地面积 9558 亩（水田面积 3170 亩）。成片田垌有底陈垌面积 300 亩、岑了垌面积 150 亩、金银垌面积 200 亩、扭蒙垌面积 250 亩。有松树、杉树、桉树、杂木等山林资源。种植稻谷，兼种玉米、木薯、番薯、花生等作物。2016 年，全村总人口 570 户 4142 人，革命烈属 9 户 82 人。

中华人民共和国成立前水稻的单位产量低，中华人民共和国成立后大修水利解决干旱问题，推广良种良法，逐步推广使用化肥农药，逐年增长粮食产量，年亩产 1956 年为 600 多斤、1966 年为 800 多斤。20 世纪 80 年代实行家庭联产承包责任制，种植杂优水稻，提高亩产量。1986 年后稻谷单造种植 1200 亩，总产量 75 万斤，玉米、木薯、番薯和花生年产量分别为 1.6 万斤、2.5 万斤、3 万斤和 0.5 万斤，2016 年早稻亩产 900 斤。1987 年起富余劳力外出务工，不外出者从事制衣、腐竹、豆腐、家具制作等。2016 年，60% 劳力外出务工、40% 劳力在家务农以及农闲时做散工为主要收入。有加工性小作坊 25 家，从业人员 50 人。各自然村均有个体小卖部经营。是年，全村人均收入 1.2 万元。

中华人民共和国成立前，健营村以山路通往诗洞圩镇、泥道小路往来村寨。1970 年建成到圩镇泥沙路，可行手扶拖拉机，1987 年拓宽路面可通汽车，2009 年村民集资和上级投资，铺设为硬底化水泥路。1962 年健营大队建成岑了水电站，部分村民开始电灯照明和集体使用电力碾米。1982 年由诗洞南双水电站供电，健营村 70% 群众可用电，1999 年开始使用县电网 24 小时供电。1985 年村民开始改挑水为用手摇泵在家中抽取地下井水，1992 年部分村民架设塑料管引山泉水到家饮用，2016 年 100% 村民用上管道山泉水。该村有唱山歌、舞狮等习俗，1955 年出现广播喇叭，随后有电影队定期到圩镇、大队放映，1987 年有家庭购买电视机收看电视，2008 年开通有线电视。2011 年，扶贫单位佛山南海大沥镇政府扶持 30 万元建成村委会办公楼，内设文化室、农家书屋等，至 2016 年村内建有文化广场 5 个，村民有篮球比赛、舞狮舞龙、歌唱比赛等文娱活动。

中华人民共和国成立前有健德、大龙、双蒜、金寮等私塾，中华人民共和国成立后国家重视教育，适龄儿童基本上人人都入学接受教育，但小学辍学率高。1952 年村办文化夜校开展扫盲，在平山岗建造平山完全小学，学生升学率约 20%。2005 年由上级 100% 出资，建成钢筋水泥教学楼，有篮球场、图书室、乒乓球桌、电脑等设备，学生入学率 100%；小升初升学率 100%，升读高中升学率 30%。20 世纪 50 年代中期开始配备村卫生员，60 年代末办大队合作医疗，配赤脚医生；1995 年设立健营村卫生站，医疗人员 1 人；2005 年开始参加新型农村合作医疗，2016 年参保覆盖面为 95%。2010 年，佛山南海大沥镇政府以发放鸡、猪等禽畜种苗养殖，帮扶健营村贫困户 30 多户脱贫，出资入股三合养殖场以入股收益（每年 3 万元）归健营村增加集体收入。2016 年全村贫困户 39 户均得到扶贫单位肇庆市高新区社会工作局送猪、牛、家禽种苗的帮扶，并有 19 户实现危房改造。

十五、丰安村

位于诗洞镇西部。村委会驻地乌石自然村距镇政府驻地 9 公里。地势南高北低，四面山丘，中间盆地。村西南面的白崖山（七星岩顶）海拔1274米，面积80平方公里。白崖河自云田村流经龙凤、安华、保安等村至诗洞圩镇汇入诗洞河。全村总面积1489万平方米，其中山地1315.20万平方米，耕地121.68万平方米。成片田垌有周屋垌面积250亩、塘下垌面积195亩、双弄垌面积130亩、李屋垌面积160亩、江华垌面积140亩、乌石垌面积295亩、杨树垌面积170亩。有松树、杉树、桉树、杂木等山林资源，种植稻谷、玉米、木薯、番薯、花生等作物，盛产白崖芋头、白崖茶。林间有竹笋、木耳、药材等野生产品。2016年，全村总人口620户4250人，革命烈属1户人口40人。

中华人民共和国成立后兴修水利，解决旱涝问题，推广良种良法，使用化肥，逐年提高粮食产量，1949年亩产270斤，1956年亩产490斤，1966年亩产780斤。1958年、1966年和1983年先后开始使用脚踏抽水机（水车）、人工打禾桶内打谷脱粒与脚踏脱粒机。1982年实行家庭联产承包责任制，1986年推广种植杂优水稻，提高粮食单位产量和总产量。2005年后使用的手扶拖拉机越来越小型化和价格降低，耕牛越来越少，2016年使用柴油手扶拖拉机耕作占播种面积95%以上，全村种植稻谷1230亩，年亩产1400斤，产玉米6万斤、木薯5.2万斤、番薯3.4万斤、花生0.8万斤。

中华人民共和国成立之初到20世纪80年代，每年都组织劳动力垦地造林，1960年办林场，80年代飞机播种造林，90年代外来公司承包山地种植桉树900亩。1956—1978年，生产队集体靠木材生产、采集松脂和利用山塘养鱼增加收入，农户养猪、鸡、鸭等补充家庭收入。20世纪80年代，富余劳力外出务工，至2016年形成70%的劳力外出务工和近30%的劳力在家务农以及农闲打散工为收入。1981年开始有制作腐竹、豆腐等个体户，后增加制衣、家具小作坊，2016 年共有小作坊 5 家、小卖部多家；村民人均年收入 1.3 万元。

中华人民共和国成立前，丰安村走弯曲泥土小道到诗洞圩镇，1950 年修建成平坦泥路，1980 年扩建为泥土大道，2006 年获政府拨款、社会热心人士捐款建成 3.5 米宽的水泥路。2015 年部分自然村村道硬底化共 8 公里，2016 年秧坑、圹下、垌足、周屋、田榜、杨树一、杨树二、杨树三、杨树四、谷仓等 10 个村民小组村道未硬底化共长 10 公里。1964 年建成丰安水电站发电，农户开始电灯照明和进行一些农产品加工。1982 年、1985 年集资先后建成垌足村水力发电站和乌石、江华、双弄等三个村民小组的水力发电站，1994 年改造丰安水电站后，电力 24 小时覆盖丰安村全村。2007 年民资兴建利华水电站。1999 年农村电网改造后丰安村 24 小时稳定安全用电。随着电力保证，2008 年开始不少村民家庭自置小型脱粒机、碾米机、粉碎机等加工农产品。1985 年开始有村民利用人工水泵抽取家中地下水饮用，1993 年有村民开始装水管引山泉水到家使用，2016 年 100% 村民用上管道自来水。2006 年新建村民委员会办公楼后，内设文化室、农家书屋等。

中华人民共和国成立前夕丰安村有平丰小学和平安小学，1952 年在西马苑建成丰安小学，设一至六年级，学生升学率 70%，1995 年普及九年义务教育。2002 年获香港企业家陈铁生捐资建成钢筋水泥教学楼，2016 年学生入学率 100%，小学毕业升学率 98%。1958 年办大队卫生室，1969 年办农村合作医疗站，2004 年挂牌成立村卫生站，2005 年村民开始参加新型农村合作医疗，2016 年政府拨款新建村卫生站，配备医疗人员 2 人，村民参保覆盖面为 95%。2013 年该村有贫困户 90 户，均得到扶贫单位肇庆市高新区国土资源局的扶助，是年其人均年收入 2000 元，2016 年提高到 4200 元。2013 年，29 户贫困户经扶助建起水泥楼。

中华人民共和国成立前贫苦农民经常挨饿受冻，中华人民共和国成立初期至1978年生活不断改善，都住上砖瓦房，餐食的大米主粮不足，以木薯、番薯、玉米等粗杂粮补充。1983年后温饱问题得到解决，餐食逐步丰富。1994年有人建造钢筋混凝土楼房，2016年80%村民都住上钢筋水泥楼，人均居住面积26平方米，家中有电视机、电饭锅、电风扇、煤气灶等生活设施。1972年开始有手扶拖拉机运输和买进自行车，1997年有人买进汽车搞运输，21世纪初基本普及摩托车，2005年起有人购用小汽车，2016年全村拥有摩托车、运输汽车和小轿车的农户各有560户、9户与73户。

十六、凤南自然村

属安华村委会下辖自然村，原中共广西省工委书记钱兴的故乡。位于诗洞镇安华村西部。距镇政府驻地5公里。土地总面积3.69平方公里，其中山地5010亩，耕地510亩（水田405亩）。有松树、杉木、红木、稀土矿、山猪、狐狸、鸟类、中草药等资源，种植稻谷，兼种玉米、木薯、番薯、花芋、花生等作物，养殖鸡、鸭等家禽为副业，特产诗洞腐竹。2016年，全村总人口403户2398人，革命烈属7户人口63人。

凤南村种植水稻，兼种玉米、番薯、木薯、芋头等，利用山塘养鱼。1949—2016年，逐步提高水稻的单位产量，1949年、1966年和1978年的亩产分别是370斤、780斤与900斤。至20世纪70年代中期，集体生产的一个劳动日工值0.3~0.5元，一个劳动力年底工值收入为100~200元，群众温饱问题还没解决。20世纪80年代初实行家庭联产承包责任制后，调动家庭积极性，种植杂优良种，应用新农技，1986年开始保持稻谷年亩产1100多斤，玉米年亩产1000多斤，1990年稻谷年亩产1200斤以上，达到粮食自足。1986年起富余劳力外出务工，至2016年形成64%的劳力以外出务工所得和36%的劳力在家务农加农闲打散工为主要收入，每户饲养几只到十几只鸡或鸭、一到两头猪增加收入；村内有制衣、腐竹、豆腐小作坊各1家和小卖部多家；村内山地和山塘属经济社所有，由村民承包；村民人均年收入1.1万元。1958年开始使用脚踏抽水机，1973年有生产队购用手扶拖拉机，1984年开始使用脚踏脱粒机，2000年后使用柴油脱粒机，2016年3%以下耕地牛耕，其余拖拉机耕作。

1968年修成凤南水电站发电，开始电力碾米和电灯照明，1999年接通县电网后安全、稳定用电。1955年开始通邮到村，一直持续至2016年。1985年有村民开始安装手摇水泵抽取家中地下水饮用，改变饮用河溪水历史；1992年开始有人架设塑料管引山泉水到家饮用，2016年100%村民饮用管道接引的山泉水。

中华人民共和国成立前村民有唱山歌、节日舞狮等文化娱乐，20世纪50年代有广播喇叭收听，70年代有下乡电影观看，1987年有人买进电视机收看电视，2008年开通有线电视，此后至2016年，增加篮球比赛、舞狮舞龙、歌唱比赛等活动。1995年县委、县政府将钱兴烈士故居定为怀集县学校爱国主义教育基地，2000年又定为怀集县中小学德育基地。1948年村内办有私塾，中华人民共和国成立后凤南村子弟到南仁小学就读，1998年10月在村内建成钱兴纪念学校，方便学童就近上学，2003年后学生小学升学率100%，初中毕业生约30%升读高中。2010年政府拨款建成凤南村卫生站（诊室）1个，配备医疗人员1人。至2016年，村民参加新型农村合作医疗覆盖面为95%以上。

中华人民共和国成立前，大部分村民租种地主、富农田地或出卖劳动力维生，主要以木薯、番薯、玉米等粗杂粮为食，食不果腹。中华人民共和国成立后生活逐步改善，生产队分配的稻谷口粮不足，兼以吃木薯、番薯、玉米等补充，实行家庭联产承包责任制后各家增加产粮，1983 年基本解决温饱问题，至 2016 年每天餐食米饭，蔬菜、肉食伴用。20 世纪 60 年代村民建造泥砖瓦房，至 90 年代 90% 以上村民住进新建泥砖瓦房，人均居住面积 13 平方米。1994 年开始有人建造钢筋水泥楼，至 2016 年 80% 的村民都住上钢筋水泥楼房，人均居住面积 18 平方米，一般家庭都有电视机、电饭锅、煤气灶等。1976 年开始有村民购买自行车代步和用以载运；1984 年摩托车进入家庭，至 2000 年几近普及，2006 年开始有村民购进家庭小汽车，2016 年全村有摩托车 370 辆、小轿车 30 辆。2016 年凤南自然村 7 户贫困户均得到扶贫单位肇庆市高新区社会工作局、国土资源局、经贸局发送猪、牛、禽种苗饲养的扶持，14 户需要危房改造的获资助建成新楼房。

十七、六良自然村

属安华村委会下辖自然村。位于诗洞镇西部，南仁坑溪流下游。距镇政府驻地 4 公里。土地总面积 3.3 平方公里，其中山地 1900 亩，耕地 350 亩（水田 298 亩）。2016 年，全村总人口 243 户 1458 人，革命烈属 16 户 96 人。

六良村种植水稻为主，兼种玉米、番薯、木薯、芋头等作物，利用山塘养鱼。2016 年早稻亩产 700 斤；村内从事腐竹、豆腐、制衣加工等专业户 3 家，有小卖部多家；村劳力 65% 外出务工、35% 在家务农加农闲做建筑工、手工织花、帮人砍竹木等散工为主要收入，养家禽或养猪等家庭副业增加收入；村民人均收入 1.1 万元。230 户、10 户分别拥有摩托车或小轿车，有电视用户 240 户，其中有线电视用户 190 户。有固定电话用户 10 户，年轻人普遍使用移动电话。1971 年生产队组织社员修造田埂山路为大道，1986 年扩建成泥土公路，2005 年村民集资加上级扶持，铺设成水泥路。1968

年建成六良水电站，开始电力碾米和电灯照明，1999 年使用县电网供电后实现 24 小时通电。1985 年有村民开始用手动水泵抽取家中地下井水饮用，1992 年有村民开始架设塑料管道接引山泉水饮用，2016 年全村 100% 家庭用上管道引来的山泉水。

中华人民共和国成立前村内办有私塾，1952 年设立六良小学，1978 年调整后学童到安华小学就读。1997 年设立六良自然村诊所，配备医务人员 1 人，2005 年开始购买新型农村合作医疗，2016 年参保覆盖面为 95%。六良自然村 6 户贫困户得到扶贫单位给送猪、牛、禽种苗的帮扶，或安排劳力加入自然村保洁队伍增加收入，其中 3 户得到政府扶助建成新楼房，五保户 4 户俱享受国家五保待遇。

永固镇老区村

一、朝进村

位于永固镇东南面。距镇政府驻地约 12 公里。总面积 2.7 万亩，山地 1.3 万亩，有松、杉、茶秆竹、杂木等山林资源；耕地 817.57 亩（水田 730 亩），种植水稻、番薯、木薯为主。2016 年，全村总人口 435 户 2630 人；五保户 8 人，低保户 21 户 76 人；革命烈属 6 户 47 人。

中华人民共和国成立后，朝进村历经 20 世纪 50 年代的土改分田地、农业互助、集体经营农业生产，推进经济社会建设，1964 年全大队抽调基干民兵 20 多人开垦荒山办林场，1965 年生产队集体经济收入比 1962 年增加 50% 左右。1966 年 "文化大革命" 开始后受冲击，生产发展缓慢，一个劳动日工值 0.3 ~ 0.5 元，一个劳力年收入 100 ~ 200 元，至 1976 年群众温饱问题还没解决。1982 年实行家庭联产承包责任制后，村民种植水稻又作多种经营，其中饲养生猪多年保持年存栏 260 多头，是家庭养猪高峰期。90 年代初，富裕劳力外出务工，2000 年起部分村民创办农林产业基地，个体种植户办沙糖橘等基地 80 多亩，亩年产值 8000 元。1969 年永固公社在位于朝进大队旁建成水电站发电，朝进群众开始电灯照明和电力打禾脱粒，1988 年 9 月开始使用县电网供电。2005 年，朝进村各经济社村道硬底化，告别泥土路。

中华人民共和国成立后发展教育事业，1998 年群众投工投劳、社会集资和上级支持，建起高三层建筑面积 400 多平方米的钢筋水泥教学楼 1 座。2016 年朝进村 90% 以上村民建有钢筋水泥楼，23 户到城镇或珠三角购房安居或开商店，5 个村民小组安装路灯，建成文化广场。村内有医疗卫生站 2 家、全体村民参加医保，九年义务教育使适龄儿童完成初中学业。至 2016 年，全村 99% 农户购有摩托车，有个体货运汽车 21 辆、私家小轿车 30 多辆；多数家庭使用多种家电；村民人均可支配收入 10003 元。

二、宿安村

位于永固圩镇中心，环永固圩镇东、南、北侧分布。村委会驻地距镇政府不足 1 公里。全村总面积约 1.2 万亩，其中耕地 816.5 亩（水田 600 亩），山地 1.1 万亩，主产稻谷兼种玉米、番薯、蔬菜等。2016 年，全村总人口 779 户 4508 人，常住人口 2885 人，外出务工人口 1623 人。

宿安人民从 1952—1961 年，先后经历土改分田地、互助合作生产、初级社转高级社，成立人民公社实行大集体生产与分配，1962—1966 年夏落实农村政策，促进农业生产发展，群众生活水平逐步提高。1966 年"文化大革命"开始后生产发展受冲击，1970 年开展"农业学大寨"运动开山造田种粮，收益低微，至 1978 年群众温饱问题还没解决。20 世纪 80 年代初实行家庭联产承包责任制，村民在责任田上种植水稻兼多种经营，在责任山上种松、杉、竹和药材等，家庭养牛、养猪、养鸡、养鸭，几年间全村年生猪存栏 200 多头。富裕劳力开始外出务工，90 年代中期起有外出务工赚到钱的村民回家乡办果场基地 100 多亩，年亩产值 5000 元，或搞林木加工厂，或用近圩镇之便个体从商，助促形成永固镇圩镇商品一条街。2000 年后，村里有人承包山地种植杉木发展经济。2016 年，该村生产粮食 65.284 万斤，村民人均可支配收入 11235 元。

1956 年，永固中心校搬迁到坐落该村的新校舍，结束庙堂为课室的历史。1984 年普及初等教育，2003 年 11 月建筑面积 1850 平方米共 5 层 18 室的永固镇中心校教学大楼落成。九年义务教育使适龄儿童 100% 完成初中学业。1959 年开通永固至怀城公路，1995 年改造为水泥公路，村民出入方便。1992 年，各自然村各家庭自主筹资安装自来水管网，接引山泉水为自来水饮用。2002 年村委会和部分农户安装程控固定电话，2008 年开通移动电话。2003 年起村民陆续建造钢筋水泥楼，村内主干道逐步推进水泥硬底化铺设。2016 年，基本上所有农户住上钢筋水泥楼，还有村民到城镇购地建房安居或开办商店，村道和 9 个自然村全部实现巷道硬底化，生活垃圾定点集中清运；有医疗卫生站 4 家，全体村民参加医保。100% 农户通电、通水、通电话，90% 以上农户购有摩托车，全村拥有个体货运汽车 160 多辆、私家小轿车 100 多辆。

三、保安村

位于永固镇西南面，永固河下游。距镇政府驻地 5 公里。全村总面积 2.4 万亩，山地 2.1 万亩，有松、杉、杂木、竹林等资源和野猪、黄猄、山鸡等野生动物；耕地 1300 多亩（水田 983.08 亩），种植水稻、番薯、木薯为主。2016 年，全村总人口 485 户 4200 多人；五保户 9 人，低保户 11 户；革命烈属 1 户 14 人。2016 年，全村生产粮食 71.84 万斤，村民人均可支配收入 10004 元。

中华人民共和国成立之初经土改分土地、互助生产，随后参加农业社集体生产、集体分配。1978 年改革开放，推进经济社会建设。20 世纪 90 年代起，富余劳力尤其是大部分青年外出打工。

至 2016 年，村民以农业和务工为主要收入。1976 年开始使用电力。1998 年通电话。2008 年开通有线电视。2009 年通自来水。2014 年主要道路实现水泥硬底化，2015 年开通互联网络。大多数家庭住上二层以上钢筋混凝土楼房。1956 年办保安小学，1998 年群众集资、社会热心人士捐款和上级扶持，建成高三层 12 室的钢筋混凝土结构教学楼 1 座；2009 年获三维同学会捐助，又建高二层 8 室的框架结构教学楼 1 座；2014 年广州市慈善会·菩爱基金会捐助，建成框架结构的其他用房 1 座。2016 年村内设有医疗卫生站 2 家，全体村民参加医保；九年义务教育使适龄儿童 100% 完成初中学业；全村 90% 以上农户购有摩托车，有个体货运汽车 90 多辆；私家小轿车 180 多辆；多数家庭使用多种家用电器。

四、联安村

位于永固圩镇西面。距镇政府驻地 0.3 公里。全村总面积 7000 多亩，其中山地 6000 多亩，耕地 720 亩（水田 642.75 亩）。山多田少，主产稻谷、木薯、番薯、花生、甘蔗等，是永固镇木薯、甘蔗主要产区。2016 年，全村总人口 413 户 2980 多人，劳力 1969 人，革命烈属 4 户 4 人。

中华人民共和国成立后，联安村群众经历了 20 世纪 50 年代土改分田地、互助生产和农业社生产，人民公社集体化和大队以及生产队生产，60—70 年代后期的"文化大革命"以及"农业学大寨"运动。80 年代初实行家庭联产承包责任制，推进经济社会建设，其中群众发展家庭养殖，全村多年年生猪存栏 200 多头，是饲养高峰期。90 年代，富余劳力尤其是青壮年外出务工，2000 年起有赚到钱者返回家乡办农场、林木加工厂或者创办农林产业基地。2016 年，全村生产粮食 64.275 万斤，村民人均可支配收入 10546 元。

1959 年开始，联安大队借便途经村境的怀城至永固公路出行，1995 年该公路水泥硬底化；2016 年村道和 7 个自然村的巷道实现硬底化，多条巷道装上路灯。2002 年村委会和部分农户安装程控固定电话，随后开通移动电话。2002 年起有村民建造钢筋水泥楼，2016 年基本上所有农户均住上钢筋水泥楼，有人在城镇建（购）房居住或开办商店；村内设有医疗卫生站 2 家、全体村民参加医保，孤儿、五保户、残疾人、复退军人、60 岁以上老人都享受到国家补贴待遇；100% 农户通电、通水、通电话；95% 以上农户购用摩托车，有个体货运汽车 50 多辆、私家小轿车 150 多辆；并加快家庭生活电器化；九年义务教育使适龄儿童 100% 完成初中学业。

五、富禄村

位于永固镇东面。距镇政府驻地 8 公里。总面积 2.3 万亩，其中山地 16755 亩、水田 480 多亩，以种植水稻、番薯为主。2016 年，全村总人口 300 多户 1700 多人，低保 8 户 36 人，革命烈属 2 户 16 人；全村生产粮食 204015 斤，村民人均可支配收入 9890 元。

中华人民共和国成立之初富禄村人民土改分土地、互助生产，随后参加农业社集体生产、集体分配。1978 年改革开放，不久实行家庭联产承包责任制，村民自主经营责任田、责任山，发展家庭养殖。1987 年开始，青壮年外出务工。20 世纪 90 年代后期开始，外出务工赚到钱的村民回乡发展，其中有个体户办起果场基地 30 多亩，每亩年产值 5000 元。2002 年起，有塑料、造纸等企业到富禄村投资建厂，因为污染，2015 年全部停业。2010 年 10 月肇庆市司法局帮扶富禄村投 30 万元入股水电站帮扶发展村集体经济，进而有村民承包山地种植杉木等。2003 年村委会和部分农户安装程控固定电话，2008 年开通移动电话。同时村民开始陆续建造钢筋水泥楼房。2010 年 10 月该村自筹资金建成开通石咀大桥，石咀村 200 多名群众出行不再困难；并开始铺设村主干道水泥硬底化；2016 年，基本上所有农户住上钢筋水泥楼，有村民在城镇建（购）房居住或开办商店，村道和 8 个自然村的巷道实现硬底化，多条巷道装上路灯，生活垃圾定点集中清运；村内设有医疗卫生站 2 个，全体村民参加医保，孤儿、五保户、残疾人、复退军人、60 岁以上老人都享受国家补贴；九年义务教育使适龄儿童 100% 完成初中学业；100% 农户通电、通水、通电话；90% 以上农户购进摩托车，有个体货运汽车 30 多辆、私家小轿车 90 多辆；多数家庭拥有多种家用电器。

六、保良村

位于永固镇北面，东邻怀城镇珠洞村，西连桥头镇，南靠宿安村，北接永良村。村委会设于保胜、地佈两村之间。距镇政府驻地 5 公里。全村山地 3.3 万亩、水田 1670 亩。怀荔公路贯穿保良村南北。2016 年，全村总人口 763 户 10018 人，共生产粮食99.9355 万斤，村民人均可支配收入 11360 元。

中华人民共和国成立之初，保良人民开始新的生产和生活。1959 年将太平、谭尾、下祝村至祝公村河道，改造到山边河流，改造播浪村、江佛至礼弄村河道。至 1976 年上述工程完整修筑，使原来弯曲河滩、沙洲改为农田。1960 年，大队在宿杓、华大办养殖场，主养鸡、鸭、鹅、鱼。1982 年实行家庭联产承包责任制，增产粮食，生活有所改善。1994 年开始全面种植杂优水稻，亩单产 800～1200 多斤，粮食增多，生活改善。1963 年，各生产队组织社员造林，大队组织 200 余人的青年造林专业队先在远山塔大、双莫大、三宝山佛仔埂、埇瓶等山场，后在附近低山造林种茶秆竹至 1979 年。1982 年开始有个体户承包经营部分山场竹木，1983—1986 年县林业局下拨湿地松种苗，在未更新的林地种植，2016 年该村形成杉、松、茶秆竹、杂木等山林资源。1964—1980 年，播浪村附近有县外贸部门办茶秆竹收购站收购生产队茶秆竹，集体增加收入。1969 年修筑永安水电站开始用电，1971 年购买柴油发动机发电扩大用电。1970 年购买中型拖拉机搞营运，1973 年保良大队办花竹厂，1975 年办大队爆竹厂。1984 年怀荔公路保良路段两旁，开始有个体户开办商店、建材厂、木器加工厂等，1985 年北古、罗玉、旧屋、红伟、保胜、双迪、祝公村有个体户开办茶秆竹加工厂，2016 年形成一条综合经营街。20 世纪 70 年代，保良大队建成能坐 2000 人的大会场，多次请广宁粤剧团、桥头镇剧团、罗定杂技团或电影队到此来演出或放映，20 世纪 80 年代有帆社村民梁水生自己出钱请电影队到来放映电影。旁边的篮球场，大队常邀学校教师或宿安、龙田篮球队到来交流比赛。1954 年在保良祝公庙、太平庙、地佈庙、沙洲铺开设学校，1964 年在地佈庙附近开办保良完全小学，1992 年移址至井红佛村平头山开办。1965—1970 年，龙井、双迪、罗玉等村开设耕读小学。1990 年普及九年义务教育，保良村设有祝公、地佈、永安、多凤、太平、谭汶等教学点。分别于 1993 年和 2012 年获革命老区建设扶持和上级政府拨款、香港督智慈善会资助与群众集资，建成保良小学教学大楼 3 座和供边远山区学生住宿的大楼 1 座。

中华人民共和国成立前保良人民生活苦难，住烂屋穿破衣，一日三餐番薯、木薯为主，中华人民共和国成立后渐渐改善，1959—1960 年闹饥荒，生产队集体每天每人分大米 1～2 两，群众一度挖野菜等充饥，1961 年下半年基本解除此状况后推进建设，20 世纪 80 年代起加快发展，1995 年群众主餐开始以大米饭为主。1994 年，开始有人拆除传统杉木结构的泥墙瓦顶屋而建造混凝土楼房，此后陆续有人建造，2010年起国家扶持贫困户建造楼房，2016年95%以上农户住上钢筋水泥楼，村道和巷道全部硬底化，安装路灯；建设各自然村的文化室、停车场等设施；生活垃圾定点集中清运，村内设有医疗卫生站8个，全体村民参加医保，孤儿、五保户、残疾人、复退军人、60岁以上老人都享受到国家补贴待遇；九年义务教育使适龄儿童100%完成初中学业。2016年，100%农户通电、通水、通电话；98%农户购进摩托车，有个体货运汽车200多辆、私家小轿车560多辆；多数家庭使用多种电器。

七、富德村

位于永固镇最东面。村委会驻地距镇政府驻地30公里。是革命老区和贫困村。总面积1.9万亩，其中耕地313.2亩，山地1.5万亩，主产茶杆竹及青竹和林木。2016年，全村总人口253户1500多人，全村生产粮食21.924万斤，村民人均可支配收入9983元。

中华人民共和国成立后，富德人民从土改分田地耕有自家田，到互助生产转而集体生产经营，不断进行经济建设和各项事业发展。20世纪80年代初实行家庭联产承包责任制，种植水稻为主，发展家庭副业，其中大力饲养生猪，全村多年年生猪存栏量25头。90年代初，大部分青壮年外出珠三角务工，至2016年形成村民以农业收入和外出务工挣钱为收入主要来源。1997年富德开通程控电话，2000年村民梁强和植成伟合资创办富德纸厂，总投资额40万元，年产值130万元，创税收6万元。并随生活改善，村民陆续建造钢筋水泥楼，开始村主干道水泥硬底化铺设。同时开展扶贫，2010年10月，扶贫单位肇庆市民政局与富德村签约入股30万元帮扶村集体经济发展的协议，加快脱贫。2016年，村道全部实现水泥硬底化，装有路灯，建有垃圾收集站；各家俱通自来水、电、电话和互联网络；村内设有医疗卫生站1家，全体村民参加医保；孤儿、五保户、残疾人、复退军人、60岁以上老人享受国家补贴待遇；九年义务教育使适龄儿童100%完成初中学业；99%农户购进摩托车，有个体货运汽车40多辆、私家小轿车60多辆；多数家庭使用多种家电器具。

八、万福自然村

位于永固圩镇东南面，龙田村辖下自然村。距镇政府驻地1公里。村后背有小山峦多座，永固河从村左转右流过。总面积2平方公里，其中山地4000多亩，有松、杉、杂木等山林资源；耕地346.2亩（水田325.91亩），种植水稻、番薯、木薯、花生、玉米等。2016年，全村总人口588户2948人，总劳动力1626人，外出务工1400人；全村生产粮食32.591万斤，村民人均可支配收入11203元。

中华人民共和国成立之初至1978年，万福村先后进行清匪反霸、土改分田地家庭生产、互助生产、农业社以及人民公社集体生产集体经营和分配，逐步发展经济和改善生活。1982年实行家庭联产承包责任制，村民以家庭为单位自主经营，20世纪90年代初富余劳力尤其是青壮年外出务工。2000年后有务工者致富后回乡创业搞基建，从而推动村庄建设，开始拆土墙瓦顶的传统民居改建钢筋水泥楼。2016年，全村人家住上钢筋水泥楼，有人在城镇建（购）房居住或开办商店；村道和巷道全部硬底化，生活垃圾定点集中清运；村内设有医疗卫生站2家，全体村民参加医保；孤儿、五保户、残疾人、复退军人、60岁以上老人享受国家补贴待遇；100%农户通电、通水、通电话；98%以上农户购进摩托车，有个体货运汽车30多辆、私家小轿车120多辆；较多家庭使用电器；有个体办日杂商店 9 家。1982 年建成万福学校，20 世纪 90 年代初调整停办后学童到龙田小学就读。随后普及九年义务教育，适龄儿童 100% 完成初中学业。70 岁以上老人仍衣着唐装化，大袖口、大裤脚、大襟衫、阔裆裤，女性扎红头绳、系红头巾；有新娘哭嫁和姐妹"吟书"送嫁、唱"南歌"等传统文化风情，2015 年以来外嫁姐妹开始在微信群中"吟书"、唱南歌、采茶歌等。

九、罗孔自然村

习惯称罗孔寨，多安村辖下自然村，位于永固镇西北面，距镇政府驻地 1 公里。总面积 1 平方公里，其中山地 1000 亩，耕地 112.4 亩（水田 92.14 亩）。农业种植以水稻为主，兼种番薯、木薯、花生、玉米等，有松、杉、杂木等山林资源。2016 年，全村总人口 140 户 900 人，有台湾同胞 9 人；全村生产粮食 8.29 万斤，村民人均可支配收入 10235 元。

中华人民共和国成立之初至 1978 年，罗孔村先后进行清匪反霸、土改分田地，家庭生产、互助生产、农业社以及人民公社集体生产集体经营和分配，逐步发展经济和改善生活。1982 年实行家庭联产承包责任制，村民以家庭为单位生产经营，其中饲养生猪多年，年存栏量 40 多头，稍后有村民数户合作承包集体山地发展种养业，1988 年后大多数青壮年劳力外出务工，至 2016 年村民以农业收入、外出务工收入为主要经济来源。1940 年开始设罗孔村小学，中华人民共和国成立之初设立为永固中心小学，罗孔村学童在永固中心小学读书。20 世纪 90 年代初，有村民改变传统土砖屋民居，建造钢筋水泥楼。1992 年全村农户安装管道接引饮用山泉水。1998 年村委会和部分农户安装程控固定电话，2009 年开通移动电话。铺设村主干道硬底化。2016 年所有农户住上钢筋水泥楼；拥有燃油摩托车家庭 51 户、运输汽车家庭 10 户、小（轿）车家庭 40 户；村内商营饮食杂货店铺 3 家。

十、文兴自然村

位于永固镇北面，永良村辖下自然村，距镇政府驻地 5 公里。总面积 30 平方公里，其中山地 1.6 万亩，有松、杉、杂木等山林资源，耕地 400 多亩（水田 342.16 亩），种植水稻为主。2016 年，全村总人口 300 户 2000 多人；五保户 5 人，低保户 8 户 32 人；革命烈属 4 户 15 人；全村生产粮食 30.79 万斤，村民人均可支配收入 10562 元。

中华人民共和国成立后，文兴村人民自 1950—1978 年先后进行清匪反霸、土改分田地、互助生产、农业社以及人民公社集体生产集体经营和分配，逐步发展经济和改善生活。1982 年实行家庭联产承包责任制，自主经营田地山林，多年保持年生猪存栏量 100 多头规模，加快发展生产和改善生活。稍后几户村民合作承包集体山地发展种养业。1993 年，各农户自资安装管道接引山泉水入户使用。1995 年路经永良村的怀城至永固公路完成水泥硬底改造，方便群众出行。20 世纪 90 年代起文兴村富余劳力外出务工，2016 年为 600 多人，形成在家务农加外出务工获取收入。2000 年开始有农户安装固定电话、移动电话、兴建楼房、建设村道等。2005 年获革命老区建设促进会和上级教育部门支持，另址建造创办于 1956 年的永良村小学新校舍，文兴村学童相应受惠。获东莞 LP48 爱心团队捐资建设永良小学教学楼 2 座，2016 年 8 月 20 日建成。2006 年改建村委会办公楼后内设农家书屋 1 间，建文体广场 1 个。2016 年，97% 农户住上钢筋水泥楼，43 户进城镇建（购）房屋居住或开办商店；村道和自然村巷道实现硬底化并路灯照明，生活垃圾定点集中清运；村内设有个体商店多家和医疗卫生站 2 家，全体村民参加医保，孤儿、五保户、残疾人、复退军人、60 岁以上老人享受国家补贴待遇；九年义务教育使适龄儿童 100% 完成初中学业；99% 以上农户购进摩托车，有个体货运汽车 15 辆、私家小轿车 35 辆；各户都使用有家庭电器。

十一、伯芒自然村

位于永固镇东面，永固河中游，富邦村下辖自然村，距镇政府驻地 16 公里。总面积 8500 多亩，其中山地 7900 多亩，有竹、松、杉、杂木等山林资源；耕地 600 多亩（水田 69.11 亩），种植水稻为主。2016 年，全村总人口 76 户 480 人，低保户 4 户 16 人，革命烈属 1 户 12 人；全村生产粮食 4.83 万斤，村民人均可支配收入 9862 元。

中华人民共和国成立之初至 1978 年，该村先后进行清匪反霸、土改分田地、家庭生产、互助生产、农业社以及人民公社集体生产集体经营和分配，逐步发展经济和改善生活。1982 年实行家庭联产承包责任制，村民家庭自主经营，种植粮食，生产林业，开展家庭饲养禽畜和多户村民合作承包集体山地发展种养业。20 世纪 90 年代初，富余劳力尤其是青壮年大多外出务工，至 2016 年形成以农业收入和外出务工挣钱为主要收入。1993 年，村民自筹资金安装管道接引山涌水入户饮用。2000 年开始有村民承包山地种植杉木等。2002 年村委会和部分农户安装程控电话，2009 年开通移动电话。随着生活逐渐富裕，伯芒村村民陆续建造钢筋水泥楼，村开始铺设主干道水泥硬底化和实现村道水泥硬底化并路灯照明，垃圾统一收集清运；农户俱通自来水、通电、通电话和互联网，使用多种家电器具。村内设医疗卫生站 1 个，全体村民参加医保，孤儿、五保户、残疾人、复退军人、60 岁以上老人享受国家补贴；九年义务教育使适龄儿童 100% 完成初中学业。

怀城镇老区村

　　珠洞村位于怀城镇最南端，2001 年以前属大山坑镇，2002 年改属怀城镇。村委会驻地钱屋距怀城镇政府驻地 22 公里。地势南高北低。柑洞水主流自南向北从村中流注绥江。总面积 9.09 平方公里，其中山地 13135 亩，耕地 500 亩（水田 280 亩）。山林有人工造杉林 1000 亩，余下山地 92% 面积为茶秆竹林，林间有松树、红黎、黎蒴、枫等阔叶树，有竹笋、木耳、蜂蜜、药材。耕地主要是沿河两边平缓山岗的梯田、山埇田、河溪冲积小滩地，粮食生产以水稻为主，每年两造。旱地轮种或间种番薯、玉米、花生、木薯等。2016 年，全村总人口 283 户 1809 人；烈属钱广卿、钱大君分别是烈士钱树三儿子、钱土侄孙；全村生产粮食 24.3 万斤，村民人均可支配收入 12050 元。

　　中华人民共和国成立前，珠洞村贫苦农民靠帮地主打工为生，以木薯、番薯为主食。中华人民共和国成立后开始新社会生产建设，逐步改善生活水平。但因珠洞山多地少，粮食自给不足，历年以代金形式交公粮（农业税），每年交代金为 1.8 万元。1963 年 11 月珠洞大队转让石壁栈坑 3000 亩山场给国营林场，每年领国家补偿的统销粮 1.2 万斤，可以解决全大队群众 1 个月的口粮。此后加大粮食生产，1970 年开始"农业学大寨"运动，各生产队共开山造田近 200 亩种植粮食。1970 年、1975 年分别种植水稻 630 亩、700 多亩，生产稻谷 26 万斤、28.9 万斤，生产玉米、番薯、木薯等杂粮 23.3 万斤、14 万斤，但群众温饱问题还没解决。1983 年实行家庭联产承包责任制，调动家庭生产积极性，加上播种杂优种子，粮食单造亩产 1000 斤左右，吃饭问题获得解决。之后富余劳力外出务工，耕种渐渐减少，导致山埇田基本不耕，2016 年所耕种面积为可耕地面积的 50%，村民从市场购买粮食补缺。1964 年，在林氹坑办珠洞大队林场，种植篾竹、杉林，实行改革开放时林场解散，林地对外承包。1983 年大部分山场（厘竹山）分到农户承包经营，2001 年起全村山林 13105 亩纳入国家生态林经营范围，每年获国家给予生态林补助，2016 年每亩 25 元，总收入 30 多万元，其中 70% 按人口分给村民，30% 由村委会用于集体事业。1970 年以前使用耕牛犁耙田，全大队年存栏耕牛 160 头左右，1986 年后群众嫌看牛费劳力乃少养至不养，2016 年只有钱屋养有肉用黄牛十几头。1971 年买进手扶拖拉机兼做机耕，1975 年开始有脱粒机。20 世纪 90 年代起手扶拖拉机小型化和价格降低农家普遍使用，2016 年全村有拖拉机 10 台，农田基本采用机耕。20 世纪 90 年代以前，一般家庭都养猪 1～2 头兼作农田积肥，养些鸡、鸭自食或出售，之后农户养猪渐少至不养。2016 年有养羊专业户 1 户羊 30 只。20 世纪 80 年代起，村民利用本地厘竹资源办厂加工扫把柄等半成品，之后增加香骨、竹签、篱笆等产品，改进从人工手工沙白、手工切锯到机械沙白、切割。2016 年全村有厘竹加工厂（专业户）10 家，就业 50 多人，年加工厘竹 5000 吨，总产值 500 多万元。

1970 年以前，珠洞村以崎岖山间小道与外界交通。1971 年下半年与升平、永平两大队组织群众合力修筑平安大路，搭接平南至大坑山公路，通行手扶拖拉机，1996 年扩宽平安大路可走汽车，2006 年革命老区道路建设中铺设为水泥硬底化公路，北可到县城，在升平村与大坑山公路相接经凤坑可到大坑山镇驻地，在大龙往西可抵闸岗镇。2010 年建成南到永固镇保良村的泥土山路，可通小汽车，2012 年部分硬底化。西经亚黎坑有泥土公路可到闸岗镇。2016 年村域内每条山埇均有宽可行驶农用车运竹木的泥土路。1971 年开始有村民购用自行车，21 世纪初农户基本普及摩托车，2005 年起有农户购买小汽车，2015 年开通珠洞到县城客运班车方便村民出行。1965 年利用黄屋水轮泵站安装碾米机碾米、安装发电机发电供黄屋村和学校晚上照明。1977 年建成铁排陂下水电站发电，白天用电加工木板和碾米，晚上供植屋、钱屋照明，至此全村俱可用电照明。2001 年开始使用县电网供电，村水电站停用。2000 年、2003 年、2015 年先后开通程控电话、移动电话和互联网，2016 年年轻人普遍使用手机；村里有杂货店10 家。

民国时期，珠洞村设有学堂，20 世纪 50 年代办安良学校，不久改为完全小学，1968 年附设两年制初中班，改校名为平安学校，1980 年停办中学。1993 年以村筹资金为主建成砖混结构高二层的教学楼 1 座，1995 年建成二层 8 室的教职工宿舍 1 座，2004年推进革命老区学校建设中加固翻新装修，2014 年改称为大坑山中心学校珠洞教学点，2016 年设一至六年级。20 世纪 60 年代起，每年有县电影队多次到大队露天放映，1973 年通电话和有线广播，1990 年基本每户都有电视机收看电视节目，2012 年开通有线电视。1997 年自筹资金建成钢筋混凝土结构的村办公楼兼文化楼1 座，2011 年扩建文娱活动场所。2010 年，村委会集资建成大洲文化广场，黄屋自然村村民集资建成文化广场；进行卫生村建设，生活垃圾集中收集处理，2012 年成为省卫生村，黄屋自然村获"广东省宜居示范村"荣誉称号。2016 年村中巷道实现硬底化。1970 年成立大队合作医疗站，配有赤脚医生 2 人，1979 年该医疗站转为村医个人承包，2016 年全村有医疗站 3 个。1984 年村民仍然饮用河溪水，其中有人以竹子为槽引山泉水到家，1985年村集体蓄引山泉水集中供水，至2016年或自家或联户安装管道引用山泉水。2009年，珠洞村被列为贫困村，接受对口扶贫单位扶持，县里统一用扶贫资金购买县城迪比利时代商城，珠洞村和下帅车福村、怀城镇谭舍村共受益各享商铺1家，马岭头麻子岗商铺1家，出租收益用于村集体公益建设，有扶贫单位肇庆调查队（肇庆市统计局）支持资金19.5万元列为村委会投资入股植勤喜昌隆竹制品厂，每年村集体可得收入2万元（后因该厂火灾而另作处置）；一对一帮扶贫困户20多户，每户发放价值1840元猪苗、化肥等。

中华人民共和国成立后，砍伐出售厘竹是珠洞村的主要经济收入，占集体收入的50%~60%。其农民收入在县内、社内处于中等以上水平。1980年生产队年终分红，前进生产队日工值1.35元为全大队最高，中心生产队日工值0.8元为较低。20世纪80年代群众生活加快改善，90年代村民在家务农，保持稳定收入，其中有人外出务工增加家庭收入。2016年一般家庭农业种水稻等粮食作物年收入约4000元，林业收入约1万元，其他家庭副业收入约1200元。1970年前后村民改土砖墙杉皮顶住房为砖瓦房，1990年开始有村民建砖墙水泥楼房，2016年全村各户均建成钢筋水泥楼房，有50户在县城或外地购住商品房。

附　录

附录一 革命遗址　文物　纪念场馆

一、革命遗址和文物

（一）革命遗址

从 20 世纪 20 年代大革命时期农民运动开始，到 1949 年 11 月 24 日怀集县解放为止的怀集县革命旧址、遗址，据 2010 年调查考证共有白云三甲中乡农民协会旧址等 21 处。

附表 1　怀集县革命旧址、遗址名表

序号	旧（遗）址名称
1	白云（崖）三甲中乡农民协会旧址
2	南区农民协会旧址
3	东区农民协会旧址
4	怀集县农民协会筹备处遗址
5	麦乌堡农民协会旧址
6	永攸村农会小组遗址
7	中共怀集县委机关驻地遗址
8	中共怀集县特别支部遗址
9	中共怀集特支联络点遗址
10	中共怀集特支南区联络站旧址
11	中共绥江地委和绥贺支队司令部遗址
12	永固分队驻地遗址

（续表）

序号	旧（遗）址名称
13	怀东大队部遗址
14	桂东独立团驻地旧址
15	怀南起义部队集结地旧址
16	怀南人民抗暴大队成立地旧址
17	石门战斗遗址
18	双庵涌突围战遗址
19	夜袭甘洒战斗旧址
20	怀西青年参加游击队集中出发地旧址
21	解放怀集最后一仗遗址

（二）革命文物

中华人民共和国成立至 2016 年，怀集县收集的革命文物有革命战争时期游击队使用过的枪械器物、阅读过的革命书籍和读书笔记等 23 件。这些文物存藏或复制存藏于怀集革命烈士纪念馆。革命战争时期游击队战士使用的枪械器物有：怀东游击队用过的火药枪、怀东游击队用过的火药炮、游击队使用过的土炮、游击队用来装火药的牛角、游击队用过的匕首、游击队用过的手枪、怀东游击队自制的土打地炮、怀南游击队用过的手电筒、游击队用过的马灯等共 9 件。革命战争时期游击队战士学习的革命书籍有：《政治经济学论丛》《中国共产党党章教材》《思想方法上的革命》《少年生活》《"七七"宣言及其研究》《中国共产党红军第四军第九次代表大会决议书》《反苏的暗流》《列宁读战争论的笔记》《领导作风》《思想方法论》《哲学》等共 11 件。革命战争时期游击队展示的读书笔记有：《哲学笔记》、《文艺思潮》笔记、《经济学》笔记等共 3 件。

二、纪念场馆

至 2016 年，怀集县确认的革命时期史迹以及为纪念革命斗争、缅怀革命先烈和弘扬革命传统而建设的碑亭园室共 18 处，其中：邓拔奇等革命人物故居 8 处，烈士墓 1 处，纪念碑（亭）有钱兴烈士纪念碑等 4 处，纪念馆（校）有钱兴纪念学校和怀集县革命烈士纪念馆等 4 处，烈士陵园 1 处。

附表 2　怀集县革命人物故居、烈士墓、纪念碑
（亭）、纪念馆（校）和烈士陵园名表

分项	名称
一、故居	1. 邓拔奇故居　2. 郑作贤故居　3. 梁一柱故居 4. 曾烜昌故居　5. 钱兴故居　6. 韩树铨故居 7. 植启芬故居　8. 邓偶娟故居
二、烈士墓	1. 甘洒革命烈士墓
三、纪念碑（亭）、纪念馆（校）	1. 钱兴烈士纪念碑（亭）2. 平山岗革命烈士纪念碑（亭） 3. 甘洒革命烈士纪念碑　4. 怀集革命烈士纪念碑 5. 怀集县革命烈士纪念馆6. 钱兴纪念学校 7. 平山岗小学　　　　8. 甘洒中学思源室
四、烈士陵园	1. 怀集县烈士陵园

革命历史文献辑存

一、历史文献

（一）邓拔奇《给广东省委的信》（节选）（1928 年 3 月 1 日）

4. 广西怀集县的农运工作，已由我们的同志李爱、杨日良（中央农民部特派员，广宁人）、麦聘升（怀集人）三人，已在南区永固诗洞方面组织了两区农会，与德庆毗连，且七星岩之山脚地异常险要。我因不知此三人踪迹没有方法联络，请省委一查此三人的行踪，任调一人来商量恢复并发展怀集的工作，或将怀集改为西江特委就近管理亦可。

5. 陈嗣跃［琰］、［郑］作贤（广大的医科、农科学生）两同志也是怀集人，以前工作尚努力，四月十五后在广州被捕下狱，未知广州暴动中能够脱险否？如果知其踪迹亦可派回怀集工作，或介绍来与我接洽分配工作为要。

广西特委邓拔奇　旧二月初十

——摘录自《缅怀邓拔奇》第 2 页

（二）邓拔奇给中央政治局《关于广西工作的报告》（节选）（1931 年 9 月 1 日）

3. 梧州市及桂平、平南、武宣、容县、贺县、怀集一带，原是一九二五—二七年工农革命运动最发展的区域。一九二八、二九年间，广西党的工作重心尚在那一带地方，只因遭受桂系军阀不断的摧残、屠杀和党的错误，甚至放弃了这一区域的工作，所以至今尚未发动起来，一九二七—二八年间，桂林的东乡和柳州的市郊都有我们的活动，城市亦有知识分子和 C．Y．［共产主义青年团］的工作，经过几次屠杀后就沉寂下去了。现在只有去年在七军派出的一个团政治指导员在桂林工作，郁委派过二人往柳州去。

——摘录自《缅怀邓拔奇》第 33 页

（三）邓拔奇《怎样做一个好的共产党员》（1932 年 6 月 10 日）①

共产党员是无产阶级的先进分子！工农群众的领导者，一切思想言论行动应该成为群众的模范，应要具有以下的条件：

（一）要确定革命的人生观，即是要确定以革命为自己终身的事业，要有始终忠实为无产阶级的利益，为实现共产社会而奋斗的决心！做成一个革命职业家！

（二）要认定革命的利益高于一切，党的关系比任何个人的家庭宗族亲戚朋友的关系更深；要有牺牲一切为党工作的精神。要有正确的亲爱的同志关系。

（三）一切思想必要无产阶级化，即是要以无产阶级的思想为思想，无论何时何地一言论、一举动都要站在无产阶级立场上来出发，排除一切非无产阶级的意识！

（四）要努力学习革命理论，经常研究以至彻底了解共产主义、党纲以及一切党的策略，要不忘列宁的遗训，在"工作中去

---

① 原文刊于广东东江特委《我们的生活》第 6 期，1932 年 6 月 10 日。署名希。

学习，在学习中去工作"，提高自己的政治水平与工作能力！

（五）要有明确的坚定的信念去切实执行党的策略。

（六）要自觉的绝对遵守党的纪律。

（七）要有自动的、积极的、刻苦耐劳的工作精神，绝不避难而趋易，造成一个积极勇敢的不屈不挠的顽强的战斗员，深入群众中去活动，领导群众去作革命的战斗。

（八）要有责任心无名誉欲，困难不让人，成功不自居，真实的认定革命是自己的、唯一的任务！

同志们！一致积极起来在艰苦的革命斗争中努力将自己锻炼成一个健全的共产党员，完成我们伟大的战斗任务！

——摘录《缅怀邓拔奇》第 51—52 页

（四）《爱国潮》杂志

五四运动爆发后，1919 年十月怀集县爱国学生分会编印发行的《爱国潮》杂志。

——摘录自《怀集县革命烈士纪念馆》第 5 页

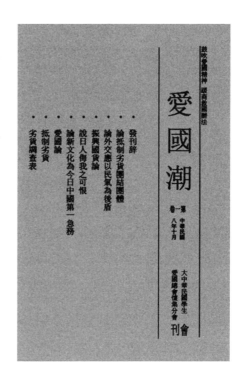

（五）《怀集农民组织先声》一文

1926 年元旦，《中国农民》第一期刊登了《怀集农民组织先声》一文，报道了广西怀集县农运情况和怀集农民代表上访广东省农民协会及抄录农会组织章程等情况，同时还报道了省农会已函饬广宁县农民协会就近派人前往怀集指导农民运动的消息。

——摘录自《怀集县革命烈士纪念馆》第 15 页

懷集農民組織先聲

廣西懷集縣農民，素受土豪劣紳種種壓迫，今以革命政府，切實保護農民，倡組農民協會，今特派代表來粵，向省農民協會，道逑苦況，幷查組織協會章程，以便着手進行，問省農會，經函飭廣寧縣協會，就近派員前往指導組織，云。

中山
匪徒胆擊農軍

（六）征粮征枪记录

1946 年甘洒邵屋片征集粮食和枪支给游击队的原始记录。

——摘录自《怀集县革命烈士纪念馆》第 48 页

（七）借枪借据

怀集县人民抗征义勇队向群众借枪的借据。

——摘录自《怀集县革命烈士纪念馆》第49页

（八）征粮文书

1947年7月至1948年3月，钱兴（化名李卫民）兼任怀集人民抗征义勇队（怀东大队）队长。这是以李卫民名义签发的征粮文书。（原件存广东省档案馆）

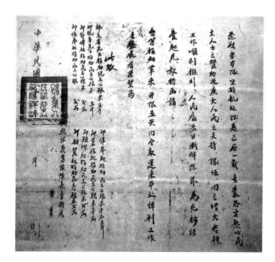

——摘录自《怀集县革命烈士纪念馆》第112页

二、重要革命人物传记和文章

（一）人物传记

传记怀集县革命者和革命斗争人物，根据党史研究有中共怀集县委第一任县委书记梁一柱、广州起义烈士郑作贤、联络站负责人何定、省委交通员曾烜昌、在黄埔军校南宁分校入党的梁需润、红军党代表邓卓奇、投笔从戎的陈如杰、抗战中为国捐躯的陈浩然、红色政权副乡长龙跃如、红色政权的后勤部长植培兴、怀东武装斗争早期的活动者韩树铨、宁死不屈的黄凡元、革命情侣植启芬与邓偶娟、武工队队长郑镜南、梁启铎父子三英烈、战地记者曾武、携妻参加游击队的高棣庭等烈士。以下传记邓拔奇、钱兴和梁一柱。

邓拔奇（1903—1932），又名邓岗，别名伯奇、白希、滕柏。怀集县最早的中共党员。土地革命时期先后担任过中共广西地委书记、中共广西特委书记、中共广东省临时委员会秘书长和中共两广省委常委等职，是中共在广西的早期组织者和领导者之一。

1903年6月，邓拔奇出生于广西省怀集县屈洞乡高富村（现永富村），1917年秋入读怀集县立中学，参加进步师生组织的"讲学会"，开始接触新思想、新文化。五四运动起发后，与郑作贤等同学走上街头或远及农村，演讲、宣传新文化、新思想，组织同学呼吁社会各界人士团结抵制、拒绝日本商品货物。1922年到上海浦东中学补习中，通过"两广留沪同学会"结识进步人士，阅读《新青年》《劳动界》等进步刊物，初步接触马克思主义。同年秋，邓拔奇入读厦门大学法律系，随即踊跃参加学校的各种进步活动，广泛接触革命同志，思想进一步朝着先进、革命的方向发展。1924年7月中止厦门大学学业，返抵广州，迈开革命生涯第一步。与在穗就学的怀集青年组成"怀集留穗同学会"，牵头编辑出版会刊《怀集青年》，在首刊上撰发《告怀集青年书》，揭露帝国主义、封建军阀反动统治的黑暗，号召家乡青年赶快觉醒，投身革命。这份刊物寄返怀集传读，对沟通怀集与外界的联系和促进县内青年思想觉醒起有一定的催化作用。不久后，邓拔奇加入中国新民主主义青年团，年底成为中国共产党员和职业革命者。1925 年 6 月参加省港大罢工游行示威，声援上海工人罢工。7 月中旬，根据省港罢工委员会布置，与陈知我、梁钟琛等人自广州步行返抵怀集开展募捐，将筹得的 600 元银元送交省港罢工委员会。是年冬，邓拔奇在广宁参加开展农民运动后返回家乡，宣传广宁县开展农民运动取得的成果和经验，发动家乡农民成立怀集县东区第一个农民协会——屈洞乡高富村农民协会，并到附近乡村了解农民的政治和经济状况，写成调查报告向广东省农民部作汇报，议请该部派员到怀集指导农民运动。1926 年底，受中共广东区委派遣，与廖梦樵到广西梧州做恢复广西党组织的工作。至此，邓拔奇从一个革命青年成为广西党组织的领导者之一，责任加重。1927 年 4 月，桂系军阀策动反革命政变，广西党组织再次遭受破坏，邓拔奇不顾个人安危，迅速布置其他同志转移，设法营救被捕入狱同志。未几，中共广西地委恢复正常工作，邓拔奇随即和几个地委委员到浔洲四属各县联络被冲散的党团员，重建被敌人摧残的基层组织，组织农民起来对抗敌人的"清乡"。10 月，广西地委书记廖梦樵被捕牺牲，关键时刻邓拔奇勇挑重担，立即将地委机关从梧州转移到桂平、平南两县交界的农村，同月底在桂平县白额、烂泥村重建广西地委领导机关。因缺人手，邓拔奇一人担负全盘工作。时值敌人到处通缉共产党员，邓拔奇曾三次遇险。1928 年，广西特委（广西地委改）领导成员接二连三被敌杀害，领导的担子几乎全部落在邓拔奇的肩上。中共六大代表胡福田在向中央汇报广西斗争情况时说道，广西"特委只一两人工作，多种工作都是由他（指邓拔奇，编者注）"来做。1929 年春，邓拔奇赴苏联莫斯科中山大学学习，半年后服从党组织命令，返回祖国工作，接受安排在中共广东省委机关工作，负责指导广西的革命斗争。1930 年 9 月，邓拔奇以中共中央南方局特派员身份巡视广西右江苏区，向红七军传达贯彻李立三"左"倾盲动冒险路线。红七军严重受挫后，邓拔奇致信广西右江特委及二十一师，主动反思并对这次传达错误路线给革命造成的损失表示"要负很大的责任"，表现了其共产党员敢于承认缺点、勇于批评和自我批评的品德。1931 年 2 月，邓拔奇担任中共广东省临时委员会秘书长，3 月开始担任中共两广省委常委至 6月。5 月，中共两广省委认为广西"右江工作亟须加紧"，派出邓拔奇为两广巡视员赴桂具体指导广西特委工作。他冒着生命危险在特务时常出没的地方活动，联系广西各地党组织和指导工作，同志们担心邓拔奇的安全，可他总是说"革命难免有牺牲"，无私无畏的革命精神溢于言表。邓拔奇关注当时"土地国有"等重大的土地革命政策，主张土地国有，禁止自由买卖，不同意土地分配以后仍允许自由买卖，因此被戴上"机会主义""政治错误"的帽子，甚至被否认其中共两广省委常委和省委代表身份，被责令回粤报告工作。邓拔奇不因此背负思想包袱，仍然不懈地为广西党组织的发展、壮大而努力工作。当时，敌人一直派以专一特务寻觅跟踪邓拔奇行迹，因此邓拔奇随时都有被捕的危险，但他奔波工作不止。一次，他给党中央的报告中写道："如果一时找不到相当的人，我亦可暂留广西工作，担负这一任务"，字里行间充盈着邓拔奇对党无限忠诚和对革命勇于献身的精神。1932 年春，中共两广省委调邓拔奇到广东东江大南山苏区先后任职苏区的党组织部干事和秘书，加强该苏区的领导力量。4 月 18 日，中共东江特委扩大会议后，邓拔奇及时制订出 5 月至 7 月的组织工作计划，纠正东江特委过去忽视组织工作的倾向。其时，邓拔奇眼睛近视，多病缠身，但他于此不顾，仍想方设法举办不同类型的干部培训班，参与东江特委机关刊物《东江红旗》和《我们的生活》的编辑，并先后在刊物上撰发《论党的一致》《反动政权统治下的农民组织问题》等十几篇评论文章。9 月，中共两广省委两次致函指出东江特委严重的右倾机会主义错误后，10 月 10 日上午 7 时左右，邓拔奇与东江特委在大南山田墘村（位于普宁市境内）召开委员扩大会议，贯彻中共两广省委指示。会议开始不久，遭敌人围捕，与会者奋力突围中邓拔奇和其他几位干部牺牲。

钱兴（1909—1948），原名钱发年，化名钱村夫、李卫民、李钱兴。怀集县诗洞凤南村人。1936 年参加中国共产党。曾任中共福建省厦门市工委书记、中共广西省工委书记、中共粤桂湘边区工委副书记兼边纵队副政委等职。

钱兴生于 1909 年 6 月，父亲早丧，由母亲抚养成长。1927 年在怀集县立中学读书期间，受教师、中共党员梁一柱的教育影响，思想进步，为表示自己"为振兴中华而奋斗"的抱负而改名为"兴"。1930 年初中毕业后到广州知用中学和中山大学附中读高中，1933 年升读中山大学法学院。钱兴与进步同学曾振声（曾生）、粟稔等在中大和多个大中专学校成立"读书会"和"社会科学研究会"，推动学生进步工作。同年 7 月，中共党员王均予到广州与钱兴、邱萃藻等人接上联系后，在"社会科学研究会"组织基础上成立"中国青年抗日同盟"（简称"中青"），钱兴任中大中青组长。地下党带领广州地区学生开展抗日救亡活动中，组成"广州市学生抗日救国联合会"，钱兴、曾振声以中大中青为骨干力量，多次发动广州地区学生举行抗日示威游行，反对反动当局及其帮凶破坏抗日救国和镇压爱国学生，推动广州地区的抗日救亡活动。1936 年秋，钱兴加入中国共产党。1937 年初，钱兴按组织安排，到机关设在香港的中共南方工作委员会工作，4 月奉命到福建任中共厦门市工委书记。日本侵略军占领厦门后，钱兴随厦门市工委撤至漳州，任漳州中心县委宣传部部长，兼负责云霄、平和、沼安三县边区的领导工作，深入各县，紧密依靠干部群众开展活动。1940 年冬受命担任中共广西省工作委员会书记，回桂重建广西省工委和恢复广西各地党的组织。1942 年 7 月 9 日，广西省工委遭破坏，副书记苏曼等人被捕牺牲。反动派大肆捕杀共产党员和革命群众，钱兴临危不惧，采取紧急措施，撤退和隐蔽各地党员，并发表《为反对顽固反共分子继续摧残告全体同志书》和《告父老书》等文章，揭露声讨反动军阀杀害革命同志的罪行，指示各地党组织和党员执行党的纪律、严守党的秘密，作好应变的部署。"七九"事变后，钱兴迅速健全广西省工委领导机构，转移广西省工委机关和相当部分党员到农村，坚持领导广西党组织的工作。1944 年夏，日寇入侵广西后，钱兴指示各地党组织发动群众，组织抗日武装队伍抗击日本侵略者。1945 年 10 月，钱兴到重庆向中共中央南方局汇报和请示工作获王若飞、钱瑛接见，从而恢复广西党组织与上级机关的直接领导关系。1947 年初国民党实行全面内战，4 月，钱兴在广西横县召集广西省内各地区党的主要负责人开会，传达中共中央香港分局的指示，作了《一切为着准备武装起义而奋斗》的报告，动员和布置全省各地开展武装斗争。7 月，中共中央香港分局配合全国解放战争的需要，成立几个武装斗争大边区，撤销广西省工委，钱兴奉命到粤桂湘边区任工委副书记兼边纵队副政委，兼管桂东党的工作。钱兴在广西白区转战七年之久，走山路、住茅棚、吃杂粮野菜、割柴草烧石灰,甚至当挑夫作掩护,为革命事业呕心沥血,作出了卓越的贡献。钱兴一直关注家乡怀集的革命斗争,1943 年 10 月回到怀集了解民情,检查党的工作,指示在平乐中学读书的中共党员黄江、黄凡元等毕业后回怀工作;1944 年春派陆永(卢蒙坚)到怀集成立中共怀集特别支部;1945 年 8 月与陈岱枫回怀,指示黄江等密切注视广宁游击斗争的动态,作好在怀集开展武装斗争的准备;1946 年春,钱兴再次返回家乡,密嘱钱泉等人利用钱、植两姓宗族矛盾,以宗派色彩作掩护,组织党领导的武装队伍;1947 年 4 月派遣有武装斗争经验的吴腾芳到任怀集特支书记,伺机发动武装斗争。钱兴在平息诗洞钱、植两姓宗族矛盾和发动南区人民投身游击斗争等方面做了大量的工作,并动员双目失明的胞弟钱汉年秘密为游击队办事,后来钱汉年惨遭敌人杀害。1948 年 7 月下旬,钱兴在绥江下游检查工作,与欧新、欧伟明等当机立断,率部伏击路过扶罗口的敌船,缴获国民党广宁县县长冯肇光的一船军械。9 月中,国民党粤西、桂东当局调集大量兵力"扫荡"广宁游击区,边区工委和纵队司令部以及主力部队撤出外围,伺机打击敌人,钱兴挺身而出,指挥留守部队掩护主力撤退和坚持当地斗争,率队与数十倍的敌人周旋几十天,11 月 6 日与吴凡突围到怀集坳仔仕儒村附近山头时,不幸被坳仔乡自卫队包围致光荣牺牲。

梁一柱(1901—1929),又名拔豪,笔名缥缈。怀集县城永安村人。少年时,接受四书五经的启蒙教育,稍长入读怀集县立中学,开始接受开明教师的教育,品学兼优,爱好文学,有文艺作品在上海等地的报刊上发表。1919 年五四运动后,参加学校新成立的学生会,和学校的老师、同学组织宣传队,到怀城街头讲演"外抗强敌、内除国贼、抵制洋货、振兴中华"的爱国思想,动员县城商店抵制日、英洋货。梁一柱怀中毕业后，于 1924 年到全国国民革命中心广州市，和在广州读书的怀集籍学生组织"怀集留穗同学会"，油印《怀集青年》刊物并秘密送转家乡，向青年宣传反帝反封建的革命道理。1926 年 3 月，进入广西农民运动讲习所学习，期间加入中国共产党。1927 年，梁一柱接受中共广西特委派遣，从南宁返回怀集，负责重建四一二反革命政变时被破坏的怀集地方党组织。其受聘于怀集县立中学，任国文教师兼童子军教练。其以教师的公开合法身份掩护，开展秘密的革命活动，并发展邓卓奇（甘洒人）、何定（连麦人）、曾烜昌（岗坪人）入党。1928 年春，中共广西特委决定成立中共怀集县委员会，梁一柱任县委书记，县委委员有何定、邓卓奇、曾烜昌。自此，梁一柱领导开展如下活动：一是组织"学生读书会""学校校工工会"，向师生宣传进步思想与马列主义；二是举办农民运动夜读讲习所，培养农民运动骨干 40 人；三是派何定回连麦组织成立麦乌堡农民协会，派曾烜昌回岗坪成立曾村农民协会，动员梁钟琛在梁村成立永攸村农会小组；四是成立广州革命同志社怀集第三支部，组织青年开展反帝反封建的斗争；五是在县城组织西洲扎运工会、怀城店员工会，开展反剥削、反压迫的斗争及抵制洋货活动，怀集工人运动得以开展；六是在梧州市大同路开办"春菌书社"作为党的地下联络站，派何定任春菌书社经理兼任地下党联络员，派共产党员、岗坪人曾纪良为交通员，负责广西特委与怀集党组织的联络；七是发展梁村梁钟琛、连麦陈浩然为中共党员，壮大党组织。1929 年 2 月中旬，梧州春菌书社被破坏，书社经理何定被捕。搜查书社中，梁一柱的身份也被反动当局发现，3 月 12 日在家中被捕后被投入梧州监狱，梁一柱不受当局的各色威迫利诱，忍受敌人的种种刑讯，坚贞不屈，始终守口如瓶，保守党的机密。4 月底，梁一柱和何定同时被国民党广西当局在梧州郊区杀害。

（二）文章册子

中华人民共和成立后，怀集县收集回忆革命斗争、缅怀革命先烈，编研党史和继承革命传统、弘扬革命精神的文章主要有：

《洊江魂》辑录的"革命烈士传略""革命烈士简介""革命斗争故事"和钱兴烈士夫人、老同志邹冰所撰《忆钱兴同志》等文字构成的党史资料（见中共怀集县委党史研究室 1996 年编印的《洊江魂》）；

《怀集县志》关于"怀南游击队反'围剿'""怀东游击队反'围剿'""怀集解放"和邓拔奇、钱兴、黄凡元、植启芬、邓偶娟的记载与立传（见怀集县地方志编委会编、广东人民出版社1993 年出版的《怀集县志》）；

著作《怀念钱兴》收集有"钱兴文选""有关钱兴活动的文献资料""纪念和回忆钱兴"专题文章资料（见中共怀集县委党史办公室编、广东人民出版社 1988 年出版的《怀念钱兴》）；

著作《缅怀邓拔奇》收集有"邓拔奇文稿""邓拔奇生平活动文献资料""缅怀邓拔奇"等专题文章资料（见中共怀集县委党史研究室编、广东人民出版社 1993 年出版的《缅怀邓拔奇》）。

资料印刷物有：《永固英魂》辑录有"英烈传略""革命回忆录""游击根据地斗争史"和"附录"等内容（见永固镇评划解放战争游击根据地办公室编、1993 年 5 月印制的《永固英魂》资料集）；《诗洞烽火》辑录有诗洞镇"各管理区概况""诗洞英魂"，怀南起义等"资料篇""怀念钱兴诗选""革命斗争故事"和"诗洞名山及革命烈士纪念碑"等内容（见中共怀集县委党史研究室、中共怀集县诗洞镇党委编，1997 年印制的

《诗洞烽火》资料集）；《怀东风云》辑录有"怀集东区革命斗争史""回忆录 革命故事 纪念文章""革命烈士"和"老区简介"（见中共怀集县委党史研究室编、2010 年 8 月印制的《怀东风云》资料集）。

三、重大革命事件记述文章

怀集县重大革命事件记述，系列史志、文集、汇编、专辑均有收集刊载。

《粤桂湘边风云录》收录有黄炎、梁金田、冯骐、林江、陈枫等老同志关于《开辟怀集东部游击区的斗争》《一夜端掉敌人三个乡公所》《拔除白坭坳敌据点》《难忘的 48 天》《怀念壮烈牺牲的黄凡元同志》等 20 多篇回忆、缅怀文章（见广州地区老游击战士联谊会、粤桂湘边纵队分会编，花城出版社 2003 年出版的《粤桂湘边风云录》）。

《洭江魂》有"怀集县革命斗争概况""大革命时期怀集县农民运动综述""怀中，怀集革命摇篮""怀南游击根据地建设"等文章；《诗洞烽火》有"怀南起义""艰苦岁月话当年""怀南的一年"等文章；《怀东风云》有"怀集东区革命斗争史""回忆录 革命故事 纪念文章"等专题。

以下选辑《计杀郭文田》等记（忆）述文章 5 篇。

（一）计杀郭文田

1928 年 10 月，中共广西特委常委昌景霖被捕叛变，中共广西省委临时交通机关被敌破坏，11 月 29 日重建的中共广西临时省委机关又被破坏，时为该机关负责人之一的邓拔奇机智脱险，返回怀集县梁村大成岗梁钟琛家隐蔽几天后，回老家屈洞高富村。几乎同时奉命跟踪邓拔奇到怀集县的国民党桂系军阀反动特务郭文田，以探访亲戚为名到梁钟琛家问梁知否同学邓拔奇消息，侦探邓拔奇行踪，梁钟琛否定回答并看穿郭文田投石问路伎俩，思及邓拔奇处境危险，待郭离去遂连夜赶抵县城给邓拔奇胞弟邓寿奇告知信息，要邓寿奇即刻回家通知邓拔奇火速躲避。而当郭文田带兵赶到邓拔奇家围捕邓时，邓已由堂弟卓奇偕同村农老董向导，去清远而转往香港了。郭扑空后继续在怀集做破坏共产党活动的勾当，1929 年 5 月其在怀城招兵买马组织"护党救国军"，自任司令。见机，曾烜昌、梁钟琛、陈浩然等共产党员研究派出中共党员陈桂（曾是广西特委委员）、农会骨干梁廷荣应"招"打入"护党救国军"内，伺机除掉郭文田。6 月爆发蒋桂战争，局势紧张，曾烜昌、梁钟琛立即指示陈桂、梁廷荣，利用郭文田与部下郭振亚之间的矛盾伺机兵变。一天深夜，郭在军驻地的县城李氏宗祠集会训话，欲带队参加蒋桂混战。受训的陈桂、梁廷荣觑准机会，突然在郭文田背后连开数枪将郭击毙，为革命除害，并趁混乱走出，连夜到梁村大成岗梁钟琛家汇报后各自隐蔽。事后人称此为"怀集兵变"。

（二）"反迫害，争人权"大罢课

1945 年 3 月某天晚上，县城学宫演出粤剧《火树银花》，县立中学学生黎炳炎因"对号入座"与强占位置的国民党第 64 军 156 师驻怀留守后方办事处的部分官兵发生口角。官兵怀恨报复，在演出结束时诬陷黎同学非礼某官姨太太，殴打黎致伤倒地并押回办事处驻地拘留。

县立中学师生对该办事处官兵如此行径感到惊讶、气愤，中共怀集县特别支部因势利导，指导县城中学生进行有理、有节的自卫斗争，秘密组织、指导县立中学学生自治会首先通过学校当局向国民党怀集县政府提出解决问题的请求，三天过后毫无消息反馈。第四天，自治会派出请愿团向县政府当局递交"要求无条件释放黎同学"的请愿书，并在门前静坐抗议。几天又过，仍不见释放黎回校。党组织乃研究决定依靠进步学生以及其他社会进步人士力量，以举行罢课给当局施加压力，促其交涉后方办事处放人，争取斗争的胜利。未几，县立中学以高年级进步学生为代表成立罢课委员会（简称罢委会），负责罢课行动展开。罢委会首先印发《为罢课事告全县父老书》《为抗议 156 师官兵暴行告同胞书》和《为什么罢课——给家长的信》等油印资料传播到城镇和乡村，跟着向社会宣布正式全面罢课，扩大向社会各界披露"黎炳炎事件"真相，同时给办事处一封公开信，提出三个复课条件：第一，立即无条件释放黎同学，并向黎赔偿医药费；第二，公开向县立中学赔礼道歉，保证以后不再发生类似的事件；第三，留守后方办事处立即撤离怀集。约有一个连兵力的驻怀留守后方办事处，驻县城东郊文昌阁，日常横行霸道，经常鱼肉百姓，1944 年秋日军窜越怀集时，其抢先逃跑，了无抗御意气。县人对其恨之入骨，这次又恃恶伤人、押人，更激起全县各界有正义感的群众的愤恨。县简易师范学校师生最先站出来响应支持县立中学罢课行动，部分学生家长紧接起应，后来政府部门的一些官员也加入声援。罢课第十天，驻怀办事处慑于学校师生的声势和社会各界舆论的压力，被迫无奈释放黎同学。罢课斗争取得第一步胜利。

罢委会鉴于另外两条件尚未兑现，决定继续罢课斗争。20 天后，怀中、简师两校依然没有复课迹象，全县为之震动，家长为此质问。国民党怀集当局这才察觉到罢课一事非同小可，乃向办事处严词陈述此事扩大化的严重后果，责令其审慎权衡利害关系；各界群众也纷纷写信敦促办事处以大局为重，答应罢委会的正当要求。高压情形下，办事处勉强接受第二个条件，公开给县立中学致信道歉，保证不再发生类似事情。至此，怀集特别支部以与时局相关，"有理有利有节"斗争，"适可而止"，与罢委会成员秘密协商达成共识，罢委会公开宣布复课。

（三）四进六龙坑，打通德庆—怀集交通线

1946 年底，党组织派陈家志从郁南都城到德庆县，组织发动德庆武装起义，而起义必须取得叶向荣领导、活动在怀集六龙坑的革命武装的配合和指导，才有成功保证。为此，必须打通从德庆县三河经封川根竹坪到怀集六龙坑游击区的交通线，才能和叶向荣部队取得联系。因此，中共三罗（罗定、郁南、云浮）特派员谭丕恒派陈家志到德庆并安排具体任务。1947 年夏天，为取得叶向荣部队的支持，保证起义成功，陈四进六龙坑。

一进六龙坑　碰壁

1947 年秋，陈家志利用事前经德庆县党组织负责人徐儒华介绍，认识一个同情革命的小学教师王佐龙的关系，带同黎永钦和谈四等四五个同志找到王一个学生的家，利用其家近怀集六龙坑的方便，向其说明陈等人要到六龙坑的意图，希望得到帮助，但这学生听后害怕，不敢再见面，并由其母亲出面转告"念在王老师的面上，我不报当地政府。你们快点走吧"。陈家志他们知道情况不妙，只好回撤，又因肚子饿，在一座大山脚下露宿至第二天才回到三河。一进失败。

二进六龙坑　遇敌

随后陈等人在山虾村讨论如何二进六龙坑，恰叶向荣同志派植青由黎珠带路来到山虾村。经研究，陈和植青即由黎珠带至七星后送往怀集六龙坑。陈、植随交通员到了六龙坑尾上桌山却找不到部队，只好沿六龙坑山脉行进至天将黑，交通员打算带陈和植青二人下村庄吃饭，陈说"我们不下去了，你下去煮好送上来吃"。交通员下山不久，就有敌人从两边山坑袭来，陈、植二人马上躲入洞口长有灌木林的山洞。敌人围着山洞射击、火烧，陈二人挺住不出，敌人也不敢进洞至最后撤走，陈二人遂趁夜黑转

移隐蔽至第二天夜晚，沿着山顶夜行日宿，走了两个晚上才走到怀集县诗洞钱兴同志家。这时，陈、植两人已三天没吃饭了，钱兴的弟弟说形势很紧张，不能停留太久，迅即派人带陈二人到钱的山庄棚厂煮饭吃。陈、植各饱吃大米饭三碗，满以为吃饱饭增加力气，不料饱食过度反而不舒服。待不多久，陈、植朝封川江口方向昼宿夜行，第二天就白天也赶路了，一天向一农民问路，对方看到陈等衣冠不整，不打伞不戴帽以为土匪，以怀疑眼神说一句"天光白日不戴帽，好人有限"，就走了。陈二人走到第四天晚上，才走到封川江口搭船回都城。二进也失败了。

三进六龙坑　遇虎

回到都城，陈将二进六龙坑失败的情况向谭丕恒汇报后，谭当即决定通过在都城胜利酒家工作的四会人陈锋三进六龙坑。于是，陈家志、植青先到四会县陈锋家找到地下党员陈德。陈德说，先到黄田交通站，再由广宁游击队送二人去六龙坑。陈、植随交通员到广宁黄田交通站陈松家。这是一处山坑独立小屋，陈松是农民，他热情接待陈、植二人。晚上睡觉，把他家仅有的一张床让给陈、植睡，他和妻子拆下门板在门口睡。那时山上常有老虎出没，当天深夜老虎果然来了，吼声震动山谷，全屋人都被惊醒，陈松赶快撑开雨伞顶住门口把老虎吓走。撑开雨伞在头上防虎、吓虎，是当地群众长期生活经验得来的不得已时的措施。当晚，向导和广宁游击队联系不上，去六龙坑的路线暂时不通，不得已陈、植又返回都城。这是三进失败。

四进六龙坑　成功

陈家志、植青再一次回到都城向谭丕恒汇报后，谭果断决定派陈锋亲自带陈家志、植青去广宁。三人由都城起程，经高要禄步、白土进入广宁，顺利找到欧新部队，欧即派人带陈家志、植青到广宁区队刘乃仁同志处，再由刘乃仁派人带到六龙坑，这时大概已是 1947 年冬天了。四进六龙坑，经历艰难曲折、千辛万苦，终于见到叶向荣政委，完成党交给的打通交通线，接上组织领导关系，为组织德庆起义作准备的任务。

参加德庆起义

陈家志向叶向荣政委汇报四进六龙坑的经过，以及德庆起义的各项工作准备情况，说明当前是"万事俱备只欠东风"。他同意陈对德庆情况的分析，果断决定派出主力部队帮助德庆人民举行武装起义，指示陈赶回德庆继续做好起义前的准备工作。第三天，叶向荣派人送陈家志到封、怀边的上桌山后，陈一人走山路经根竹坪返回德庆三河，继续起义准备工作。1948 年 2 月 15 日，陈带领谈四、徐更年和黎珠等人到怀集六龙坑向叶向荣和林锋同志汇报起义准备工作情况。2 月 26 日，叶向荣率领部队主力队 90 多人，从六龙坑出发，翻越上桌山穿过根竹坪入德庆，经两天两夜急行，于 2 月 27 日深夜秘密到达三河山虾村。部队黑夜行军，踏乱一些路边草，当地坏人莫庆森以此认定有大队人马经过，便向国民党高良乡公所告密。情况紧急，部队负责同志决定提前于 2 月 28 日，在德庆党组织和叶向荣部队领导下，以革命武装一夜间摧毁旺埠、罗阳和高良三个反动据点，并缴获机枪三挺，长短枪一大批。德庆县人民武装起义成功。

（四）1948 年反"围剿"斗争纪实

1947 年 8 月，共产党一支挺进广宁、德庆、怀集边界的游击队小分队，发动群众举行怀南起义，攻占国民党怀集南区区公所和永固乡乡公所后，成立诗洞六龙坑乡红色政权，创建以六龙坑为中心的怀南游击区。

1948 年 2 月 28 日，小分队派出队伍由德庆地下党配合，在德庆三河地区举行武装抗暴，随即成立广德怀人民抗暴义勇总队，下辖广宁、怀南、德庆 3 个区队和 1 个主力队。1948 年 4 月，总队与活动在绥江下游的游击队组建成粤桂湘边区人民解放军绥贺支队，开展武装斗争。

5月2日，国民党当局在怀集县成立"粤西桂东联剿指挥部"，部署"围剿"绥贺支队。6月1日，"粤西桂东联剿指挥部"调动粤省保安第六营、粤省警大队，广西保安一、二营以及广东的广宁、德庆、封川、开建，广西的信都、贺县、富川、平乐、钟山、荔浦、怀集等县的地方反动团队共2000余人，以"四面包围""分进合击"战术，以怀南游击区为重点，"围剿"广德怀封开边游击区。总队事前没有得到敌人"围剿"的准确情报，在敌来犯时便仓促应战，至当天中午发觉敌人越来越多，敌我力量悬殊，为保存实力，总队长率领100余人从六龙坑撤退，与敌周旋至6月6日终于跳出包围圈，转移到德庆县三河游击区。

面对屠刀 大义凛然

敌人攻占六龙坑后大肆烧杀掳掠，六龙坑乡人民政府工作人员、民兵和家属，以及一些失散的游击队员共45人，被捉押到平山岗后，敌人举屠刀吼叫："共产党失败了，你们还不赶快投降自新？""愿意自新的，快站过一边来！"但45人没有一个人移步。"再给5分钟你们思考，不愿自新的，一律枪毙！"敌人不停咆哮。5分钟过后仍然没人站过一边。敌人恼羞成怒，遂疯狂开枪射击屠杀这45人，一个个革命同志倒在血泊中。

勇士突破敌重围

反"围剿"中，怀南区队60余人被困在诗洞上桌山周围，与敌人周旋48昼夜，战斗在最后只有3人突出重围。6月1日晨，怀南区队袭击封川县云塘村附近的敌人反遭伏击，6月3日突围到怀南水园，欲与兄弟部队会合不果，当晚又遭数百敌人包围，拼死突围进入深谷后，敌人又紧追狂搜，队伍又被围被冲散。6月21日，区队长黄江及古高、林江、石山、彭才、吴京和陈鸿等

7人，被敌人重重围困在上桌山半山腰的几块大岩石之间，从上午8时坚持到天黑，多次退敌冲击。入夜，敌人停止进攻，砍倒周围树木设障，仍层层包围黄等7人。7战士决心趁黑夜突围，翻过两个山腰后派出一战士爬上山顶探听敌情，因枪托碰着睡在地上一敌并被该敌死死抱住枪托不放，这战士只好随势松手从草丛中滑回原地。敌人发觉情况后立即枪声大作，黄江也立即决定继续突围。中队长古高是抗日战争时期珠江纵队的老战士，看着自己腿受重伤，走路困难，毅然提出自己阻敌掩护大家快走，大家不同意，坚决带着他一齐走，并给古一些钱米，以防万一中途失散而便个人继续突围。继续突围中又被冲散，两天后除古高外，6位同志陆续到达预定集合地点，等待几天仍不见古高到来，都十分担心他的安全。原来，那夜古高以惊人毅力冲出包围圈，但因腿伤化脓又缺食，就摸到一个村里，后被坏人告密，被抓遇害。6位同志久等古高不至，只好分成两组分头转移。彭才、吴京、陈鸿3人转移到封川县七星时被敌人发觉被捕，黄江、石山、林江3人在深山里白天隐蔽夜间走路，饿吃树叶渴饮山水，12天粒米未进身体水肿，坚持到7月17日终于突出重围。

留得正气在人间

6月10日晨，怀南区队植启芬小队与广宁区队共60余人渡过永固河遭数倍的敌人截击包围，植启芬率队完成掩护广宁区队后，突围退回永固富禄村双庵涌与敌人再战至天黑，弹尽粮绝，植等多人被俘。被俘的植启芬、邓偶娟严词拒绝敌人诱降后某天，敌人押解植启芬等几个游击队员到刑场，一阵枪声响过只存植启芬，余皆被害，敌以此威迫植启芬说"再不投降，这就是你的下场！"植启芬正义严词，毫不畏惧。被捕的女战士邓偶娟，不借其父亲是国民党怀集县党部书记长身份脱难，严词答斥国民党广西平乐专署专员兼"粤西桂东联剿指挥部"指挥官罗福康的审问，毅然反对其父花巨款的保释，并登报声明脱离父女关系。敌人威吓利诱不成，又严刑拷打，但植启芬、邓偶娟等同志没有屈服低头，凛然一身共产党员和革命战士的英雄气概。1948年7月15日，植启芬、邓偶娟等7位革命同志在刑场上英勇就义。

（五）当年烽火浴血难忘

1948年4月，游击队员林江从广宁四雍游击区转移到怀南广德怀抗暴义勇总队，被分配到徐康领导的怀南区队。徐康，原名黄金钰，又名黄江。黄这一区队有队员60多人，主要在封川、怀南发展新游击区，但在敌人对怀南游击区进行"重点扫荡"中，战斗牺牲至最后只剩下6人，安全返回革命队伍的又只有黄江、石山和林江3人。从云塘战斗开始至最后突围的48天里，林江他们艰苦战斗，备受洗礼。

1948年5月底，敌人开始"扫荡"。当时黄江率队驻在封川、开建、怀集三县交界的"三不管"地区云塘，消息不灵通。一天，听群众说在不远处的半山腰有一班"牛骨"（指国民党兵）来住，队领导遂决定主动出击敌人，未料来敌竟然是冲黄江队而来的"扫荡"者。5月31日下半夜队伍出发，一步一步从后山摸抵敌驻山顶，控制了制高点，布置好埋伏，因为夜黑看不清不好打，等待天稍亮后打。及天有点亮又因朝雾弥漫仍看不清目标，于是黄江派战士数人摸下去探看清楚目标以便动手。不几下，敌人吹哨起床，其人声也能听到，但因大雾看不清楚地形，下去侦探的战士反而被敌哨兵发现，致战斗打响。敌我双方火力都强，都因朝雾弥漫，彼此看不清摸不清对方情况，战斗胶着。战斗从清晨开始，一直打到上午七八点钟，看到敌人火力猛烈及其烂缠，队伍决定撤移，从山后朝下撤到杨梅岭，刚转到一个山嘴，对面山忽有敌人朝黄江队伍（简称黄游击队）射击。此时，才发觉来敌不止一股。队伍迅即沿山旁转移，及至另一山嘴路岔时，对面山头又有一股敌人用机枪向黄游击队打来，好在距离比较远没打着，黄队便即登山至顶。这时，黄队没吃的也没喝的且都很累，就地稍作休息后又沿山头转移。这样，上山下山从这个山头到那个山头，左冲右突，反复转移，走到天黑也不敢宿营，继续摸黑走。这时，黄江他们意识到自己在敌人的重重包围之中了。

从6月1日至6月3日的3天时间里，队伍转辗迂回，到处碰敌，极想找到总队主力会合主力，但找来找去就是找不到，幸好此时黄江这队伍没有损失，并决定跳出敌人包围圈，朝怀南上桌山方向，日伏夜行，不走大路。战士们又累又饿，移动缓慢，转辗10多天才走到上桌山。

那时，黄江他们以为敌人只是包围其区队，思想上有点麻痹，所以到了上下桌山后，便派家在当地的龙桂标带队员数人下村庄回家搞粮食。未料，村寨群众已被敌人赶跑，六龙坑一带已很紧张，很多村庄都已没有人了。住上桌村寨不行，又撤到山上露宿。上桌山是座大山，山高林密，一天晚上下大雨，队伍宿在山上一块大石旁边，战士都全身被雨淋透，虽6月天时，但高山上的夏夜还是寒冷，所以这天夜里黄江他们又冷又饿，都睡不着。又由于转移失散，这时队伍只剩下30多人，并且有人产生悲观。

第二天清早，炊事员拿出半条米带，用"亚细亚"火水罐升火煮粥，但粗心大意，没有采取防范措施，炊烟缕缕冒出树林，缥缈升向高空。又因雨后被湿柴草难以燃烧着火，冒烟也越大越浓，凝聚在空中的烟团也越大越明显而成为目标，远处山头的敌人发现后立即从四面八方运动过来攻击，可是黄江他们仍未警觉，仍一心在拨弄烟火煮粥充饥，直到上午9时左右，听到派出警戒的哨兵鸣枪才知道有情况，这时粥还没煮好。情况危急，哨兵也失去了联系，黄江率队奋力冲向山顶，将到山顶时发现顶上已有敌人，就迅即改冲向山下，即将到山脚时又遇上埋伏的敌人，不得已退回山腰，原来敌人已将黄江他们包围，其不开枪，意图恃其人多要活捉这群游击队队员。经过这样上下来回的奔突，游击队伍被冲散了，黄江查点人数，只剩下 6 男 1 女共 7 人 6 支枪，分别是黄江一支驳壳，彭才一挺机枪，古高和石山各一支左轮，林江和江枫（又名陈鸿）各一支步枪，女队员吴京没有枪。明摆当下大白天已没有突出敌人重围的希望，黄江便指挥战士利用地形，占据在半山腰几块大石头的坑凹中间，横下一条心和敌人决一死战。这地方前后左右长宽不过几平方米，地形狭窄，却像天然碉堡。敌人向游击队乱喊话，游击队战士紧握手中枪，双双眼睛盯住敌人来路，发现来敌就给他一两枪。敌人不耐烦了，便上下向游击队开枪夹击。游击队中队长、原珠江纵队的老游击队员古高有作战经验，看到山下方向比较开阔，敌人火力也较大，他便接过彭才的轻机枪对付山下方向的敌人，其他队员的步枪专门对付山上方向。敌人火力密集，但游击队的地形好，敌人不易打到，敌人的手榴弹也掷得不少，爆炸声震耳欲聋，但敌不敢靠得太近，在老远掷手榴弹，加之游击队所处阵地上下两旁树高林密，敌掷出的手榴弹大都在阵地上空的树林间爆炸。也挺有意思，林江那支平日不大好用的步枪现在却好用，不卡壳不死火。敌人的上下反复冲锋都被打了回去。战斗激烈，烟硝弥漫，杀声震撼山谷，黄江则不断高呼："同志们决一死战吧，与敌人拼到底，为共产主义宁死也不做俘虏！"真的，当时战士 7 人都已横下"决一死战"的心了。

战斗从上午 9 时一直打到天黑，古高腿部中弹，其他人都负有轻伤。古高是军事干部，作战英勇。入夜后，趁敌人暂停开枪，黄江一众人商量突围办法后，静悄悄地爬过大石，向上爬一两丈后，就横向左边山腰移动。山腰没有现成的路，需要拨开草丛才可移行，这样走了很久还没走过两座山腰，大家又作商量，派出江枫爬上山顶探看敌人虚实。江枫挂着一支步枪慢慢上爬，刚到山顶，不料他的步枪刚好点到那个地上睡敌，那家伙立即死死抱住江枫的枪，江枫则机灵地松手，顺势从草丛中滑了回来。这伙敌人发现了游击队的行动，立即胡乱放起枪来，枪声一响，埋伏在周围山头的敌人跟着嚎叫起来，响枪呼应。情况危急，黄江果断决定，务必继续摸黑突围，并约定万一突围失散，明天晚上到指定的地点吹口哨联络。这时，古高自知腿伤移动困难就要求大家先走，不要因为照顾他而影响突围，说："同志们先走吧，我自己有办法摸出去，一定能摸到指定地方的，你们放心冲出去吧。"但，一众战友不放心，要带着他一起走，又怕中途散失，就将仅有的半条米带给了他。一两天后，黄江6人都到了约定的地方，但就是不见古高，也找不到而且接连几天都找不到古高，大家以为古高已经牺牲。

其实，古高当时并没有牺牲，他以老游击战士的惊人毅力也成功突围。在敌人"大扫荡"后一天，回到村里的群众发现有个负伤的同志摸到村里来，他负伤的腿已生虫蛆，没有药敷，这下到村庄要找食、找药敷。可是，这情况被村上一个坏人向国民党反动派告了密，致这位负伤的同志被敌人抓去杀害。这受伤被害的战士就是古高中队长。

再说当时，黄江6人在上桌大山周围转辗了几天，为了缩小目标便于跳出强敌包围圈，就把机枪和剩下的一支长枪挖坑埋藏起来，又分6个人为两个组行动：黄江、石山和林江一个组，只有黄江一支驳壳和石山一支左轮，决定向怀西方向跳出去；彭才、江枫和女队员吴京3人一个组，没有枪，化装成一般群众向封川方向走，决定经河儿口、渔涝到江口再坐船去广州。黄江又再三叮嘱，两个组跳出去后，一定到香港会合，不管是谁，先到香港的要立即向上级汇报。分手行动后，不清楚彭才小组的详细情况，后来听说敌人"在封川七星河儿口抓到 3 个红军，还有一个女的"等等，这样看来彭才小组 3 人都被捕了。

黄江、石山和林江 3 人，在大山里东移西转了 20 多天，才跳出敌人的包围圈。这 20 天里，足足有 12 天没有吃过一粒大米，一点粮食，都是白天宿山，晚上摸爬着走，饮山水，吃树叶，于是缺乏营养，大家都得了水肿病。有时在晚上摸下山到群众家找东西吃，当时山村群众都被敌人赶跑了，他们 3 人找到了吃的东西吃了。因为之前"打灰条"缴获，这时游击队员手上还有一些钱，执行"三大纪律、八项注意"，吃后照样给这家群众放钱。一天晚上，黄江 3 人下山到一户群众家找吃的，好不容易得了一餐饭吃。饭后，请户主帮买一点米。但黄江 3 人警惕着，户主出门后他们也立即走出门外到了一间柴房等待，并注视着周围的动静。果然不久，就有一个人扛着枪闯进刚吃饭那屋里，并顺手关门。见此情况，黄江 3 人就立即冲出柴房，横过大门朝左边山跑去，在横过大门口时，门前地坪对面竟然有敌人用粉枪打来，3个人每人身上都中好几粒铁砂，侥幸只是擦皮轻伤。黄江他们爬上山后，敌人打着火把从四面八方搜抄过来，并以为黄江 3 人从山坑走了，朝坑口追去。只是，黄、石、林 3 人隐藏在屋后山，坐看这伙反动民团举着熊熊火把，一个个吱喳鬼叫的乱窜。静待至下半夜，3 个人悄悄下山越坑爬过对面山，摆脱了敌人的搜查追击。

有一天，黄、石、林 3 人正在一处山腰草丛中休息，突然听到山坑方向有异样叫声，骤听有点像"石蛤"（山坑青蛙）叫，黄江他们立即警惕"可能是敌人搜山来了"。因为他们学"石蛤"叫，无非想伪装山坑周围没有人，麻痹黄江他们，谁知这倒令他们立即隐蔽，注意追听假"石蛤"从山脚叫到山上的声音。之后，这种情况多次遇着，有时假"石蛤"从山上叫到山脚，有时敌人从距黄、石、林3人10米的地方搜过去，敌背着枪，手拿一条竹杆，一路走一路左扫右打。后来敌不再学"石蛤"叫了，直接的叫喊起来："有没有见到人啊？"有的答："见到啦，在这里，快来呀。"更有大叫："我看见你们了，快出来，不出来就开枪啰！"虚张声势。敌人这回搜山，既狡猾又阴险，100多人上下穿梭，反复搜寻，几次在他们身旁路过，比上次在大石间抗击敌人更惊险，黄、石、林3人只有两支手枪，又没有坚固掩体。黄江叫大家做好准备，如果给敌人发现就先发制人，狠狠打击敌人，无论如何不给敌人捉住，宁可和敌人拼个死活、与敌人同归于尽。由于黄江3人坚定沉着，冷静应付脱险。

　　7月16日，黄、石、林3人跳出了敌人的"扫荡"圈，到了黄江家乡附近的怀集宁洞（即桥头），但还是白天宿山，天黑到山下一处小土名叫"水乒乓"的独屋人家找饭吃。这是强盗出没，来往客商常遭打劫的地方。为了安全，林江和黄江打扮成伙计，说是去梁村卖猪回来路过此地的，林江诈说肚子痛走不了，黄江就说肚子饿了，烦请屋主卖些玉米来帮助煮吃，石山则在大门外"看风睇水"。这样说服屋主煮了玉米给吃后轮换石山进屋吃，饭后乘黑夜继续赶路。次日天亮前，3人到了怀集县大岗乡黄江的家，伏在他家旁的菜园。天微亮，黄江的妈妈开门出来看见黄、石、林3人后，她吓了一跳，可她十分机警，立即把3人引进屋，在楼阁里掩藏，打算休息几天才走，谁料当天下午，同村有位中年妇女闯进屋来，发现黄江回家来。黄江妈妈随后立即给她送礼物，叫她不要传出去，但为安全，黄江他们晚上还是转移到屋后几里外的山上宿夜。在山上掩蔽两天后，黄江布置林江和石山分头活动。林江穿上黄江弟弟黄见仁所给黑纱衫，见仁陪同出乡到拦马后，林自己走向县城，在县城河南待天黑后入城到外婆家。外婆看见林江此时回来，先是吓了一跳，随即赶快引林进屋躲藏。外婆告诉说，国民党怀集县自卫大队队长苏达章不久前威胁林江大舅父，道"你弟弟和你外甥（注：分别指谢平、林江）当'共匪'"进行勒索，林大舅父遂走避去了四会。外婆认识黄凡元，又告诉说，游击队队员黄凡元被国民党抓捕杀害，被割下头颅挂在怀集县城。看见这惨状，几天都吃不下饭，担心谢平和林江两人的安全。在外婆家隐蔽10多天后，林江取道开建南丰、封川江口到广州与黄江、石山会合，又分别先后到香港找到组织，并联系上游击队叶向荣总队，叶部派人到港接黄江、林江回到日思夜想的战斗集体。

烈士名录和支前情况

自 20 世纪 20 年代大革命开始至怀集解放止，怀集县人民、怀集县革命老区人民为革命献身，给参与武装斗争的人员和游击队筹粮捐枪，为革命做出贡献。

一、烈士名录

洽水镇（9 名）：刘权民、罗利、李雪、李瑞光、欧凤、梁大苟、罗化、梁启铎、罗一标。

凤岗镇（7 名）：莫民、周受文、周卓进、周敏坚、陈福初、祝彩妹（女）、周月兰。

甘洒镇（24 名）：邓拔奇、邓卓奇、黄凡元、高棣庭、韩树铨、邵甫、邓希、邵德胜、韩成水、黎昔洪、周贤青、曾竞、彭纪茂、李月、罗环、曾广银、李全生、黄木兰、钱求善、钱思春、钱燥、钱水、邓寅昔、陈先。

坳仔镇（7 名）：郑作贤、郑镜南、区兆吉、蔡祥、蔡儿、邓祐、蔡为卓。

诗洞镇（70 名）：钱兴、植培兴、植青、龙跃如、龙忠、龙梅弟、仇信初、植拔杏、麦辉、植亚焕、龙亚三、邓炳光、罗安荣、李士汉、李秀生、林木弟、卢树达、植广富、植亚才、叶木、植亚里、植亚三、龙飞、徐春兆、孔树云、植槐初、植亚木、黄臻妹、龙亚日、孔宪佳、龙亚木、龙亚四、黄金水、植伍、植良武、植十、植亚耷、黄亚火、李亚土、李亚穿、李亚日、黄秀轩、黄国和、植十一、植树统、植英和、林福新、植二水、黄亚河、植木石、黄文兰、龙传朝、黄学辉、龙以明、植金才、植如才、植章兴、林亚罗、王亚七、黄亚弟、石天、巫亚大、龙亚陈、龙跃石、黄炳才、高瑞容、植亚木、黄水、黄亚弟、卢八。

永固镇（11 名）：植启芬、陈如杰、植英、植锡康、陈桂庭、植启英、孔庆石、孔繁梓、孔繁江、植维新、植启兆。

怀城镇（8 名）：梁一柱、邓偶娟（女）、莫玉姬（女）、温玉桃（女）、钱树三、林央、钱木生、钱土。

其他镇（17 名）：曾烜昌、何定、李家龙、梁需润、陈浩然、梁成立、姚世楫、李悠福、孔繁培、孔庆初、卢见枝、李启祯、梁接续、江贞新、冯四、苏永芳、曾武。

上列烈士 153 名（女 4 名），其中牺牲于土地革命时期 9 名、抗日战争时期 1 名、解放战争时期 143 名，属于 7 个老区镇的 136 名。

二、筹粮捐枪

解放战争时期，从开展怀东、怀南游击斗争至怀集解放，老区镇人民支持革命活动和人民武装斗争，共筹粮 432878 斤、捐枪 445 支（杆）。

附表 3 解放战争时期老区镇人民帮助游击队筹粮捐枪统计表

单位：斤（粮）、支（枪）

镇别	洽水镇	凤岗镇	甘洒镇	坳仔镇	诗洞镇	永固镇	怀城镇
筹粮	89450	46110	165090	22768	81460	18000	10000
捐枪	84	49	106	16	167	23	—

怀集解放前，老区镇广大农民本身都食不果腹，还能捐出如此多的粮食，可见其对革命的贡献之大和对革命期盼之切。

附录四

大事记

1919 年

5 月 5 日　大中华民国学生爱国总会怀集分会举行第二次常会，邓拔奇、陈嗣琰分别当选为演讲科科员和会计科科长。

10 月　大中华民国学生爱国总会怀集分会主编的《爱国潮》正式出版，号召全县各界人士团结一致，参加爱国运动，抵制洋货，声讨反动政府的卖国行径。

1924 年

7 月　邓拔奇中止厦门大学学业，去到大革命的中心——广州，与邓卓奇、陈嗣琰、郑作贤、梁钟琛、梁蕴石、郑淑鸾（女）等怀集籍进步青年成立怀集留穗同学会，出版《怀集青年》会刊并寄回怀集传播。

秋　邓拔奇加入中国新民主主义青年团，及冬在广州加入中国共产党，成为怀集县第一位中共党员。

1925 年

8 月　在广州参加省港大罢工的怀集籍榨油工人龙元、高贯堂、陈桂、林生才和黄国富等人返回家乡诗洞开展农民运动。

9 月下旬　诗洞白云三甲村农民协会成立。这是怀集县第一个农民协会。

11月　时任青年团广宁县特支书记的邓拔奇从广宁回到家乡怀集县高富村宣传广宁农民运动，发动本村农民组织成立了高富村农民协会。

1926 年

5月　在县城圣庙（今实验小学右侧商场处）成立怀集县农民协会筹备处，甘洒的邓慧奇、诗洞的徐式我等人为筹备委员。

6月　怀集南区农会组织成立300多人的农民自卫军，保障农民运动进行。

7月16日　在诗洞植念八庙大草坪举行怀集南区农民协会成立大会。这是怀集县第一个区级农民协会。

11月　怀集凤岗籍的中共党员麦聘升在广西省第一届农民运动讲习所学习毕业后，以广西省农民部特派员身份回到怀集东北区（包括现在的凤岗、甘洒、洽水等镇）活动，发动成立怀集东北区农民协会。

秋冬　怀集县第一个中共组织——中共怀集县支部正式成立。李爱任党支部负责人。

1927 年

4月12日　蒋介石在上海发动反革命政变后，"清党""清乡"逆流波及怀集。

10月　前县知事邓兆椿和卢星海、林缉伯等一伙土豪劣绅，勾结国民党怀集县县长杨星寰等镇压农民运动，至此怀集县农民运动被扼杀。

1928 年

春　中共怀集县委员会成立。梁一柱任县委书记。

1929 年

3 月 12 日　县委书记梁一柱在县城家中被捕，押往梧州后被害。中共怀集县委被破坏，党组织活动被迫停止。

1937 年

春　中共党员陈权（又名陈殿钊、陈铁，广东高明人）到怀集中学任教，开展恢复怀集地方党组织工作。

冬　在广州、梧州等地求学的怀集籍青年学生回到县城，与县内进步青年学生创办大众剧团，表演抗战剧目，宣传国共第二次合作和抗战必胜。

1938 年

7 月　中共怀集县临时支部成立，机关设在怀集中学。

11 月　中共怀集县支部宣传发动怀中进步学生植培兴、植青、严德辉、梁怀兆、邓仲槐、郭兆罴、邓雪容（改名邓艾，女）等 30 多人加入中华民国国民革命军广西抗日救国学生军（惯称广西学生军），开展抗日救亡运动。

1942 年

7 月　广西桂林发生"七九"反革命事件。怀集籍共产党员陈应祺、陈奕江（陈盛年）、刘绍东（关照）、黄若冰（又名黄艺，女）4 人根据钱兴的指示返回家乡隐蔽，后重返革命岗位。

1944 年

1 月　在平乐中学高中毕业的黄江、黄凡元、莫让等人回到怀集开展革命活动。

8 月初　受钱兴派遣，中共党员植培兴（诗洞人，1942 年入党）回诗洞凤南村以教师职业作掩护，负责怀集党组织与广西省工委之间的联络。

1945 年

3 月　国民党粤军一五六师驻怀留守后方办事处官兵无理殴打并扣押怀中学生黎炳炎。中共怀集特别支部发动组织怀中师生进行"反迫害、争人权"斗争，最终黎炳炎获释。

8 月上旬　钱兴回到怀集，指示中共怀集特支书记黄江准备开展武装斗争。

1946 年

3 月　中共广西省工委书记钱兴从广西昭平县回到怀集，在梁村梁钟琛家向黄江等人传达重庆《双十协定》精神和党中央关于"作好两手准备"的指示。

4 月　中共怀集特别支部指示进步青年欧家骥返回家乡阶洞，以教师身份作掩护建立地下联络站。

7 月中旬　从广西桂林师范毕业的共产党员黄励（又名黄育森）回到怀集，按照怀集党组织安排，返抵家乡永固建立联络站。

10 月　黄江、邓艾、刘绍东、刘绍润（刘文耀）、植启芬、龙跃如、黎家驿（黎明）、莫庆培、温少文、姚世楫、陈枫、石肖麟（石山）、廖辽等怀集籍党员、青年到香港达德学院求学。

后来这批人都投身革命。

10 月　活动于广宁四雍（今坑口镇）的西江游击队派出中共党员黄炎到甘洒开辟怀集东部地区游击区。

1947 年

2 月底　黄炎等人在甘洒、凤岗、阶洞、屈洞一带活动，并设立罗密坑尾村联络站，送高棣庭等 20 多人到广宁四雍加入游击队，成为怀东第二批游击队员。

4 月　广宁四雍的游击队以队内的怀东青年为基础成立 30 余人的怀东武工队，队长黄炎带队在甘洒与广宁边界地区开展活动。

7 月中旬　对被怀集县反动当局列入"黑名单"并欲逮捕的"反内战、反饥饿"的进步学生，中共怀集党组织分两批将其转移至广德怀边区参加游击队。

8 月上旬　广德怀挺进队以队内的怀中进步学生为骨干，成立"海燕队"，队长植启芬。

8 月 15 日晚　广德怀挺进队从广宁石咀出发，一路由林锋、吴腾芳率 40 余人赴诗洞凤合村与植于天等 20 余人的当地武装会合，攻打设在诗洞圩的南区区公所；一路由叶向荣、植启芬率领 30 余人直捣永固乡公所，俱不费一枪一弹成功攻击区（乡）公所，俘敌 30 余人，缴枪 30 余支。这就是怀南起义。

8 月 16 日　怀南起义部队打开国民党怀集当局设在诗洞圩、永固圩的粮仓，将几万斤仓谷分给当地农民。是晚，起义队伍回师诗洞六龙坑，举行军民庆祝怀南武装起义胜利大会，接收植于天所部加入游击队，成立怀南人民抗暴大队，怀集特支书记吴腾芳兼任大队长、政委，植于天任副大队长。

8 月 22 日　六龙坑军民抵抗击退国民党广西钟俊、怀集县苏达章纠集的保安、自卫队约 300 人的进犯。

8月24日　钟俊、苏达章保安队兵又犯。鉴于敌强我弱，广德怀挺进队主动撤往广宁石咀一带活动。翌晨，敌人乘机偷袭六龙坑，抢掠凤合村，烧毁植于天家的房屋数间，抓捕其亲属4人，杀害村民5人。

8月27日晚　粤桂湘边区人民解放军怀集人民抗征义勇队部分指战员配合周明率领的北挺飞雷大队袭取国民党甘洒乡公所后，继而包围攻取屈洞乡公所，在返回广宁途中顺手"收拾"坳仔鱼北乡公所。

9月中旬　广德怀挺进队重返怀南活动，重新打通广宁石咀到怀集六龙坑的游击队交通线。

9月　怀集县苏达章自卫大队驻兵甘洒，县军事科科员董群生回其村龙头寨纠集自卫队对抗游击队。未几，苏达章、董群生联合围攻、洗劫甘洒小竹村韩屋。

10月初　黄炎、黄凡元带领怀集人民抗征义勇队建立凤岗上磴游击联络点，继而改称队伍为怀集人民抗征大队（又称怀东大队），分派黄凡元、高棣庭各率一组在甘洒活动，冯骐率组在凤岗活动，郑镜南、谢三兵率组在坳仔活动。

10月中旬　怀东大队在南洞分界坳设伏击退在此处荼毒群众的县自卫队驻甘洒分队。

10月21日　黄凡元率怀东大队一部袭击甘洒罗密村宥孙祠驻守警队，捕捉惩处其中反动分子。

11月　钱兴、黄江率游击队一小队进入怀南活动。

12月15日　广德怀六龙坑乡人民政府在诗洞六龙坑金寮村成立。这是怀集县第一个人民民主政权。

12月20日　广德怀挺进队再次袭击国民党怀集永固乡自卫队。至年底，怀南形成以六龙坑游击根据地为主，诗洞、永固、桥头等地为配合的怀南游击区。

12 月　六龙坑乡人民政府在六龙坑平山岗设圩开市。群众称此为"红军圩"，半年后反"围剿"失利致关闭。

12 月底　粤桂湘边区人民解放军北挺第一大队 140 多人从广宁出发，沿阳山、怀集边界向连阳地区进发，途遇截击而后撤，在广宁、阳山、怀集三县交界处的云山里设伏打击追敌，毙俘有获。

1948 年

2 月 9 日晚　怀集人民抗征大队配合北挺第一大队奔袭驻罗密村宥孙祠的国民党桂东专署集训中队和驻六公祠的怀集县自卫大队怀东集训中队，获胜。

3 月 6 日　国民党广西平乐专署在怀集县城设立"贺信怀行署"，调集贺县、信都、怀集等县的保警队、自卫队对怀南游击区进行"三月扫荡"。

3 月 26 日晚　怀东大队百余名指战员从广宁四雍出发，成功夜袭凤岗白坭坳炮楼，擒毙守敌获胜。

3 月 29 日　黄凡元率怀东大队战士 10 多人在甘洒罗密、钱村等地筹粮。因坏人出卖，战士在罗密村被敌包围。突围战斗中黄凡元、黄木兰、李月受伤被俘，先遭严刑后被杀害，黄凡元头颅被挂到县城街头示众。

3 月　怀南区队奋起反"扫荡"，植启芬率永固分队 30 多人从永固出发袭击闸岗乡公所和税收站，并佯攻县城；黄江率怀南区队一部在南仁坑口与敌苏达章部激战，击毙、伤敌数名，转移后在桥头石门伏击，毙、伤 30 余敌，继而挺进桥头圩攻袭桥头乡公所，全俘驻敌。游击队多点出击，分散敌人兵力，各个击破，最终粉碎敌"三月扫荡"。

4 月 5 日晚　吴腾芳率领先遣队加冯骐怀东工作组配合，突袭罗岗、七坑两乡公所，开辟洽水新区。

4月底　林锋率桂东独立团200多人从广宁寮炭岗出发，取道怀集凤岗、洽水挺进桂东。于七坑乡新田村会合吴腾芳先遣队，与追截围堵的广宁、怀集、阳山三县600多敌人几番激战，部队损失较大，乃沿怀阳边的李仔坑折回广宁驻地。

5月2日　国民党粤桂当局成立"粤西桂东联剿指挥部"，驻怀集县城，集结1700余人兵力重点"联剿"广德怀边区。敌我兵力悬殊，反"围剿"失利。

6月1日　拂晓敌1000兵力重点进攻六龙坑游击根据地。驻守根据地的绥贺支队主力部队与民兵共200余人奋起还击，周旋5天后经上桌山突围到德庆三河地区。留守六龙坑的民兵和乡政干部坚持战斗3天不支。敌人攻陷六龙坑后，在平山岗一次成群杀害被俘军民45人。

6月10日　植启芬永固分队掩护刘乃仁等30余人安全突围到广宁边境后且战且退，至富禄村双庵埇激战到弹尽，植启芬、邓偶娟、陈如杰等20余名战士被俘。一个月后，植启芬、邓偶娟等7名游击队员在怀集县城就义。

1949 年

夏秋间　先后组成怀西队、东区武工队，并组织（建）西区、中区、北区人民武装队伍；绥贺支队司令部派出怀集工作组到怀工作；中共粤桂湘边区工委、绥江地委和桂东地工委分别派出工作组（地下工作人员）进抵怀集各区组建革命队伍，准备怀集解放。

11月21—24日　蔡灿光率东区武装和梁钟琛、莫庆铭率西路武装进军怀集县城，24日解放怀集，以"粤桂湘边纵队绥贺支队暂编第四团"番号公告安民。

表格索引

组织机构。根据中国老区建设促进会《关于编纂全国 1599 个革命老区县发展史的安排意见》和广东省老区建设促进会关于编纂《革命老区发展史》丛书的相关通知与要求，2018 年 5 月成立《怀集县革命老区发展史》编纂委员会，组织、领导《全国革命老区发展史》丛书之一《怀集县革命老区发展史》（下称本书）的编纂工作，并下设办公室，组成编辑部，聘请编辑人员进行具体编纂。之后，鉴于该编纂领导机构成员的变动，2019 年 5 月予以调整、充实其成员，继续组织推进工作。

编纂思想。明确怀集县虽非"革命老区县"，但根据上级意见，编纂本书，以"有革命老区"之意而用"怀集县革命老区"名。以怀集县境内为记载地域，以怀集县革命老区镇、革命老区村庄为史记主要区域。用"怀集县革命老区"例，记载洽水、甘洒、诗洞、永固四个革命老区镇和凤岗、坳仔与怀城有革命老区村庄的三个镇（统称为革命老区镇）的发展史。为简便，2002 年大坑山镇并入怀城镇之前以大坑山镇为实体，并入后以怀城镇为主体，记述该革命老区镇。同例，以其村有"革命老区村庄"而称该村为"革命老区村"。全书的记载时限以怀集县有革命活动开始为上限，2016 年 12 月为下限。

编目制定。2018 年 4 月，先期到位的编辑人员按照广东省《革命老区发展史》丛书编纂大纲规定，初步拟订本书分为"总述""概况""革命斗争""建设发展""革命遗址　文物　纪念场馆""革命历史文献""附录"和"后记"的编目，7 月分发征求意见后形成初稿。之后，根据收集资料的发现和结合本县实际，至编写史稿时予以修改、调整与改进。到交付定稿时，全稿顺序为图照、序言、凡例、目录、前言、总述、概况，革命斗争和老区建设事项分记，附录与后记，即"图照＋一述七章＋附录后记"的架构，其中专设"革命老区村概况"章，以"一村一条目"形式，逐一记载老区村的建设发展情况，以期读见其面貌，继续其建设，推进其发展。

资料收集。2018 年 4 月末，召开全县的编纂工作会议，布置任务，提出要求，铺开收集资料。5 月初举办培训班，对各老区镇和相关单位（部门）参加编纂工作者进行业务辅导；7 月，召开全县编纂工作推进会，要求加快收集资料；8 月再次召开会议，要求完整完善资料，并明确资料工作坚持至本书成稿、定稿方结束。

编纂本书所收集资料，编辑部将其条析为全县"两大块（革命斗争史＋发展史）、两体系（县整体＋老区镇村主体）、三维度（编辑部＋县直相关部门＋相关镇）"。编辑部则分工各编辑人员具体负责联系、指导收集老区镇村和县直相关单位（部门）需要提供的资料，并着各编辑人员利用线索、档案以及各种地情书册（报刊）等资料源收集资料，形成"全书把握＋县直相关部门＋老区镇村＋编辑部"展开收集的资料方队；又组织各编辑人员到相关部门，以及多次到老区镇指导、检查资料的收集，保证资料到位、资料质量。至编纂初稿时重申，本书以革命史实和中华人民共和国成立以来的发展建设实情为根据，以现有的中共怀集县党史资料为基础；使用法定统计单位的统计数据（若缺则使用主管部门数据）；考证、辨别使用新收集得到的资料，向历史负责。

至于文字、数字等项，以国家相关部门公布的简体字和国家质量监督检验检疫总局等单位关于《出版物上数字用法》的有关规定，执行使用；使用公历年份，引用中出现历史年号和民国纪年的，括号加注公历年份；度量衡单位，1949 年 10 月前后分别用市制和公制；地名，按照历史称法使用，必要者括号加注今名；职衔，按照当时称呼使用。

书稿编纂。2018 年 10 月编辑部开始编纂初稿，并明确以章节为结构，条目式、第三人称叙述，现代汉语书面语行文。文字叙述，表格、图照反映，文表相随。11 月完成"革命斗争史"一块的初稿和"发展史"一块县整体的部分初稿，并以进度快的老区镇、村带动其他老区镇、村完成资料提供，以边收集资料边编纂的方式，于 2019 年 3 月纂成近 50 万字的初稿。随后，根据丛书的编纂要求，修改、精简初稿，收集、遴选入书的图照，其中补拍欠缺而不受时限限制的照片。2019 年 5 月中旬形成初审稿，旋经接纳、采用初审的意见和建议，6 月中旬修改形成县审稿，7 月形成上送稿。继后，据广东省老促会关于提高全省革命老区发展史高质量的要求，采纳上级和有关部门的审稿意见，再次修改成为送印稿，送出版社审编出版。

书稿审改。为保证书稿质量，主编对初稿进行"一支笔"的纂改统合，形成修改稿，进行编辑部自审改进。2019 年 3 月开始修改、精简全稿，5 月上旬组织老区镇、县相关部门进行再改稿的初审，再而修改成为本书审稿组的县审稿，从而编定纂为"多幅图照"加"一述七章二十七节一附录一后记"结构的上送稿，得到肇庆市老促会审稿指导，以及得到肇庆市党史专家、退休老同志梁汝琛的应约审读，本编辑部采纳其意见进而修改成为初定稿。2019 年 11 月广东省老促会关于提高革命老区发展史书稿质量会议后，按照要求再次修改，成为上送出版书稿。参加本书编纂，何小丽录入，邓伟权、邵识烦工作至 2019 年 3 月，林昉、罗天兴、谢育飞工作至付梓出版。

本书收载的图照，得到了县委党研室、县志办、县文联、洽水镇和县博物馆、县文化馆、县摄影协会的提供，并使用了方权裕、徐维宁、方剑辉、黎红日、黎俏茵、孔志毅、蔡铮龙、邓明、卢月容、李世昌、林昉、谭扬汉、邵识烦、黄学畔、伍志锴等摄影者的照片，以及多幅不详作者姓名的照片，敬此致意！

限于编辑者的阅历、学识和能力，本书若有错误，敬请读者指正。

《怀集县革命老区发展史》编辑部
2020 年 4 月

广东人民出版社 党政精品图书

围绕中心，服务大局，做最具高度、深度和温度的主题出版物

中宣部主题出版重点出版物

《中华人民共和国通史》（七卷本）

· 全国第一部反映中华人民共和国70年光辉历程的多卷本通史性著作

· 中央党校、中央党史和文献研究院权威专家倾力打造

《账本里的中国》

一册册老账本，串起暖心回忆，讲述你我故事，体味民生变迁。

《全国革命老区县发展史丛书·广东卷》

· 挖掘广东121个革命地区的红色记忆

· 中国老区建设促进会牵头组织

《红色广东丛书》

· 广东省委宣传部重点主题出版物

· 传承红色基因，弘扬革命精神

本书配有智能阅读助手，为您1V1定制

《怀集县革命老区发展史》阅读计划

帮助您实现"时间花得少，阅读体验好"的阅读目的

建 议 配 合 二 维 码 一 起 使 用 本 书

您可根据自己的学习需求，量身定制专属于您的阅读计划：

阅读服务方案	阅读时长指数	为您提供的资源类型	帮助您达到以下学习目的
1. 高效阅读	阅读频次 较低　每次时长 较短　总共耗费时长 ■■■	总结类	快速学习和掌握红色精神。
2. 轻松阅读	阅读频次 较高　每次时长 适中　总共耗费时长 ■■■	基础类	简单了解革命老区的历史。
3. 深度阅读	阅读频次 较高　每次时长 较长　总共耗费时长 ■■■	拓展类	继承和发扬红色精神，推动老区发展。

针对您选择的阅读计划，您可以享受以下权益：

立刻获得的主要权益

▶ **专享本书社群服务：** 提供创造价值与私密的深度共读服务，群内分享阅读干货，发起话题探讨

▶ **1套阅读工具：** 辅助您高效阅读本书，终身拥有

每周获得的主要权益

▶ **专属热点资讯：** 16周社科文学类资讯推送，每周2次

▶ **精选好书推荐：** 16周文学社科热门好书推荐，每周1次

长期获得的主要权益

线下读书活动推荐： 精选活动，扩充知识开拓视野 不少于1次

抢兑礼品： 免费抽取实物大礼 不少于2次限时抽奖

微信扫码

添加智能阅读助手

只需三步，获取以上所有权益：

1. 微信扫描二维码；

2. 添加智能阅读助手；

3. 获取本书权益，提高读书效率。

※ 鉴于版本更新，部分文字和界面可能会有细微调整，敬请包涵。